KARL
PHILIPP MORITZ

XIII

KARL
PHILIPP MORITZ

DIE SCHRIFTEN
IN DREISSIG
BÄNDEN.

Herausgegeben
von
Petra und Uwe Nettelbeck.

XIII

DEUTSCHE SPRACHLEHRE für die Damen.

In Briefen
von

Karl Philipp Moritz.

Verlegt bei *FRANZ GRENO*,
Nördlingen 1988.

An die Sprache.

Laß mich aus deinem reinsten Quelle trinken,
Du, meines Liedes Schöpferinn,
Bis, freudetaumelnd, meine Kniee sinken
Und ich von dir durchglühet bin!

Dann schmücke den Gedanken, den im Dunkeln
Dein milder Lichtstrahl, schlummernd fand,
Und laß ihn einst in deiner Krone funkeln,
Wie einen hellen Diamant!

Du, deren Schall mit tausend Farben mahlet,
Durch die der Schwerbetrübte klagt,
Der Fromme, jauchzend, seinen Dank bezahlet,
Der Säugling, stammelnd, Mutter, sagt;

Durch die sich Seelen ineinander schmelzen,
Wenn deine sanften Töne sich
Durch alle Fibern ihrer Herzen wälzen,
Und du vereinigst sie, durch dich;

Von Gottes Ruf, der durch die Himmel schallet,
Und Welten aus dem Dunkeln schafft,
Bis auf des Kindes Worte, das noch lallet,
Erstreckt sich deine Wunderkraft.

Wenn Nächte den Gedanken noch umhüllen,
Und deine Zauberstimme spricht,
So muß er, wie ein Blitzstrahl, sich enthüllen,
Und in der Seele wird es Licht.

Du läßest auf der unumgränzten Fläche
Des innern Sinnes Thal und Höhn,
Beblümte Wiesen, Büsche, Silberbäche,
In einem Augenblick, entstehn.

Du kannst dich in des Freundes Busen schleichen,
Und allen Kummer, den er fühlt,
Weißt du, gleich einem Zephir, zu verscheuchen,
Der die noch offnen Wunden kühlt.

Dein Balsam, den du in die Seele gießest,
Ist lindernder, als Öl und Wein,
Wenn du von eines Freundes Lippen fließest,
Um des Betrübten Trost zu seyn.

Oft schlängelst du dich erst durch Blumenbeete,
Bald schwellen deine Fluthen an,
Schon wälzen sie, im Glanz der Morgenröthe,
Sich, schimmernd, in den Ocean.

Du stürmst daher, wenn deine Wellen steigen,
Als ob der Ewge donnerte:
Sanft rieselst du, und alle Stürme schweigen,
Still, wie auf einem Sommersee.

Die du Gedanken ihren Schmuck verleihest,
Nach deiner holden Phantasie,
Und sie, wie Perlen, aneinander reihest,
Der Sprache süße Melodie;

Bist du's, zu welcher sich mein Ohr gewöhnte,
Und war es reiner Silberklang,
Der jetzt durch deine vollen Seiten tönte,
So sey mein Lied dein Lobgesang!

———————————

Ich habe es versucht, dasjenige, was bisher mehr oder weniger eine bloße Sammlung von Regeln gewesen ist, in ein fortschreitendes zusammenhängendes Räsonnement zu verwandeln. Trokkenheit und Leere hat man von jeher der Wissenschaft vorgeworfen, die sich mit der nähern Kenntniß der Sprache beschäftiget. — Das Blatt verdorret, wenn man es von seinem Stengel reißt, woraus es Fülle und Leben saugt. — Um für das einzelne Wort mehr Interesse zu erwecken, habe ich es nicht einzeln und abgesondert, oder in Beispielen, die aus der Luft gegriffen sind, sondern in irgend einem schönen Ganzen, wozu ich mir eine Geßnersche Idylle gewählt habe, in seiner völligen Kraft und Wirksamkeit, dem Auge darzustellen gesucht. Um für die Sprachlehre mehr Interesse zu erwecken, lasse ich sie mit verschwisterten Kenntnissen Hand in Hand gehen.

———————

Erster Brief.

Das Vergnügen, welches
die nähere Kenntniß der Sprache gewährt;
ihr Endzweck, und ihr Rang unter
den übrigen Kenntnissen.

Sie wollen sich entschließen, verehrungswürdige Frau, jezt, da die ganze Natur sich wieder verschönert, die nie schlummernde Aufmerksamkeit Ihrer Seele auf eine Zeitlang von der duftenden Viole, dem säuselnden Westwinde, und dem sanftrauschenden Flusse hinwegzuziehen; um dieselbe der Betrachtung jener schönen, wunderbaren Töne zu schenken, die Ihr Mund hervorbringt, um alle diese herrlichen Gegenstände der Natur, und ihren reitzenden Zusammenhang untereinander zu bezeichnen?

Sie glauben auch nicht, daß Ihr Gefühl für die einfachen Schönheiten der Natur, durch diese wenigen Augenblicke leiden wird, welche Sie der unmittelbaren Beobachtung derselben rauben; sondern sind vielmehr überzeugt, daß die Schöpfung selbst sich Ihnen in verneuertem Glanze darstellen wird, wenn Sie bemerken werden, wie der helle Spiegel der Sprache ihren ganzen prächtigen Zusammenhang sowohl als die allerfeinsten Schönheiten derselben zurückstrahlt.

Insbesondere wünschen Sie, sich von Ihrer eignen Muttersprache eine nähere Kenntniß zu erwerben, und wollen dem Studium derselben eine Zeitlang Ihre Lieblingslektüre aufopfern. Sie haben den Muth gefaßt, bei einem Gegenstande auszudauren, wo anstatt der Empfindung blos der Verstand beschäftiget wird. — Eine Entschließung, die Ihnen Ehre macht! — Und Ihre Mühe wird sich reichlich belohnen, durch das Vergnügen, was Ihnen die nähere Kenntniß, einer so bedeutenden und nachdrucksvollen Sprache, als die unsrige ist, ohne Zweiffel gewähren wird.

Freilich haben wir einen etwas weiten Weg zurückzulegen, ehe wir das Gebiet so vieler Arten von Wörtern durchwandert haben, wodurch sich unsre Gedanken auf mannichfaltige Weise äußern. Statt beblümter Wiesen werde ich Sie durch die öden Labyrinthe der Nennwörter, Zeitwörter, und so vieler andern Arten von Wörtern führen müssen; allein lassen Sie uns nur den Faden nicht verlieren, der uns aus diesem Labyrinthe allmälig herausleitet, so werden wir eine Anhöhe nach der andern ersteigen, wo Sie den ganzen Bau und die Anlage dessen, was Ihnen vorher dunkel und verwirrt schien, mit einem Blick übersehen, und das passende Verhältniß aller Theile gegeneinander werden bemerken können.

Diese wiederhohlten Rückblicke auf die Gegend, die wir durchwandert haben, werden die Belohnung einer jeden kleinen Anstrengung seyn, womit Sie irgend einen der Gegenstände, die ich Ihnen nacheinander darstellen werde, durchdacht haben.

Keine Harmonie kann dem Ohre angenehmer tönen, als die Übereinstimmung einer Reihe von Gedanken, die man erstlich allmälig nacheinander, und dann auf einmal denkt, unsre Seele in ein süßes Staunen versetzt. Doch Sie haben dieß Vergnügen bei so mancher Lektüre für den Geist, schon zu oft geschmeckt, als daß ich es Sie jetzt erst dürfte kennen lehren.

Welch eine harmonische Übereinstimmung des Einzelnen zum Ganzen findet sich aber in der menschlichen Sprache! Nicht die kleinste Biegung eines Worts, durch ein hinzugefügtes *e* oder *en,* nicht der kleinste Zusatz zu demselben, kein vorgesetztes *be* oder *ge,* kein nachgesetztes *ung* oder *keit* ist unzweckmäßig; die kleinste Silbe, und, in manchen Wörtern, der einfachste Buchstabe, hat seine bestimmte Bedeutung, wodurch er zur Bildung des ganzen Worts das seinige beiträgt.

Nur zu sehen, wie es zugeht, daß alle einzelne Theile der Sprache so zusammenstimmen, und sich zu einem wunderbaren Ganzen vereinigen? Wie es zugeht, daß die einzelnen Laute sich zu Silben und Wörtern, und die Wörter wieder zu einem zusammenhängenden Ausdruck bilden, welcher den Gedanken aus den innersten Tiefen der Seele, wie Gold, durchschimmern läßt? Das zu untersuchen, und auf die Weise, durch die Sprache, welche ein Abdruck unsrer Seele ist, in unsre Seele selbst zu blicken, welch eine reitzende Beschäftigung für denjenigen, der an den höhern

Vergnügungen des Geistes Geschmack findet, welch eine reitzende Beschäftigung für Sie!

Blos deswegen seine Muttersprache näher kennen zu lernen, um sich in derselben richtig ausdrücken zu können, hieße die Kenntniß derselben zu tief herab setzen. Diesem Endzweck gemäß dürfte eine deutsche Sprachlehre ausser den Regeln der Rechtschreibung wenig mehr enthalten, als eine Sammlung der Fehler, welche gewöhnlich im Reden gemacht werden. Allein die Sprachlehre hat einen höhern Endzweck: sie soll uns die geheimen Fugen auseinander legen, wodurch das Gebäude unsrer Sprache sich ineinander schließt; sie soll uns aufmerksam machen, auf den Gang unsrer Gedanken, wovon unsre Ausdrücke nur Gemählde sind, und auf die Art soll sie uns das Gemählde mit dem Original vergleichen, und uns die Sprache, als die erste Quelle aller menschlichen Wissenschaften kennen lehren, woraus dieselben, wie unzählige Bäche entsprungen sind.

Nun wäre es gleichviel, durch welche Sprache wir in unsre Seele blickten, und den Gang unsrer Ideen zu erkennen suchten: denn eine jede Sprache wird in sich selber durch einerlei Band verknüpft, eine jede ist Abdruck der menschlichen Seele; aber warum sollen wir nicht dazu vor allen andern unsre Muttersprache wählen, da uns dieselbe einmal so geläufig ist, daß wir Muße gewinnen, ihrem innern Bau sorgfältig nachzuspüren, indem wir nicht mehr so sehr verlegen seyn dürfen, uns in derselben richtig auszudrücken. Je mehr wir aber das Innre unsrer Sprache kennen lernen, desto fester und richtiger wird auch unser Ausdruck werden, indem wir es immer deutlicher einsehen lernen, warum wir gerade so und nicht anders reden.

Doch selbst die Dankbarkeit fordert uns schon auf, demjenigen unsre nähere Aufmerksamkeit zu schenken, was uns so manche frohe Stunde im Leben gewährt; was so oft, wenn wir mit einem Freunde sprechen, seine geheimsten Gedanken zu uns, und die unsrigen zu ihm hinüber trägt, oder wenn wir in einem liebenswürdigen Schriftsteller lesen, die angenehmsten Gegenstände vor unsre Seele zaubert.

Demohngeachtet aber wird sich der Einwurf in Ihnen empor drängen: die Sprache bleibt doch immer nur Werkzeug in der Hand des Künstlers, er allein darf auf unsre Dankbarkeit Anspruch machen, und nicht das Werkzeug, das von seiner Meisterhand regiert wird.

Freilich kann es uns auf den ersten Blick beinahe scheinen, als ob die Sprache blos Werkzeug wäre; allein man siehet doch leicht, daß sie sich zu den Werken des Geistes, welche darinn hervorgebracht sind, ohnmöglich so verhalten könne, wie der Pinsel zu dem Gemählde, oder der Meißel zu der Bildsäule. Aber gesetzt sie wäre blos Werkzeug; erhöhen denn die Instrumente nicht die Kunst? Je besser die Flöte, desto vollkommner der Ton, je feingeschlifner das Glas, desto merkwürdiger die Entdeckungen, welche vermittelst desselben gemacht werden.

Aber, sagen Sie, ist es wohl gut gethan, hinter die Kulissen zu treten, und das Maschinenwerk zu betrachten, indes ein Schauspiel aufgeführt wird, das dem Auge eine angenehme Täuschung verursacht? Ist es wirklich so reizend, in das Innre der Sprache zu dringen, und das Triebwerk zu beobachten, wodurch solche Zaubereien in uns hervorgebracht werden? Wird nicht dadurch die süße Täuschung wegfallen, welche uns immer noch etwas Dunkles und Geheimnisvolles ahnden läßt?

Ich glaube nicht, daß wir dieses befürchten dürfen. Die Sprache hat Abgründe, in die der hellste Verstand nie dringen wird: Auch ist sie kein Maschienenwerk, das schlechter wäre als das Schauspiel, welches sie darstellt; sondern das Schauspiel selber, alle die unzähligen Wissenschaften, welche in der Sprache enthalten sind, und durch die Sprache in unsrer Seele dargestellt werden können, sind vielleicht nur ein Blick durch den Vorhang, welcher uns den ganzen innern Glanz der Sprache selbst verdeckt, nur ein Ausfluß von dem wunderbaren Lichte, womit sie unsre Seele durchstrahlt.

Vielleicht haben wir bisher den innern Werth der Sprache viel zu wenig geschätzt, und es kann uns damit gehen, wie einem Künstler mit seinem Werkzeuge, womit er lange Zeit mühsam arbeitete, und sich kaum sein Brodt erwarb; bis er endlich darauf fiel, die innre Natur des Werkzeuges selbst zu untersuchen, und in derselben einen kostbaren Edelgestein fand, der ihn aller fernern Mühe gänzlich überhob, und ihm zeigte, daß das Werkzeug, womit er arbeitete, an sich selber edler war, als alle Kunstwerke, die er damit hervorgebracht hatte. Lassen Sie uns in der Sprache diesen kostbaren Edelgestein aufsuchen, welcher uns für unsre angewandte Mühe reichlich belohnen wird.

Ohngeachtet aller meiner Gleichnisse, werden Sie mir noch einwerfen, daß sich die Sprachlehre doch nur mit Worten beschäftiget, da die andren Wissenschaften Sachen zum Gegenstande haben.

Allein was wären alle Gegenstände ausser uns, ohne die Gedanken in uns? Und was wären wiederum alle Gedanken, ohne die Worte, wodurch wir dieselben unterscheiden? Das Wort ist der Seele so nöthig, um zu denken, wie die Gestalt und Farbe, dem Auge, um zu sehn, und der Schall dem Ohre, um zu hören. Dieß bestätigt sich wirklich dadurch, daß die Taub- und Stummgebohrnen, wenn sie ihr Gehör wieder erhalten, erst durch die Sprache Begriffe bekommen, und sich von ihrem vorigen Zustande, in welchem es ihnen, wegen Mangel des Gehörs, an der Sprache fehlte, nichts erinnern können.

Indem die Sprache dem Gedanken erstlich ein hörbares, und dann auch, durch die Schrift, ein sichtbares Gewand gab, so ertheilte sie ihm zugleich sein ganzes Wesen. Der Gedanke bildete sich zum Worte, und das Wort selber war der Gedanke; und durch das Wort ward das Band der Menschheit fest geknüpft, daß sie sich zu einem großem Endzweck vereinigten, Städte zu bauen, sich zu sichern, sich auszubreiten, und tausend Dinge zu thun, wodurch sie ihren Vorzug vor allen übrigen Geschöpfen behaupten konnten.

Und das Wort sollte uns geringschätzig, und unsrer Betrachtung unwerth scheinen, deswegen, weil es blos Wort ist? Die Wissenschaft, welche sich mit der Natur der Worte beschäftiget, sollte von uns unter irgend eine andre Wissenschaft herabgesetzt werden?

Sie ist der höchste Schwung des menschlichen Geistes; denn die Sprache verhält sich zu alle dem, was wir wissen, beinahe so wie das Auge, zu den Gegenständen, die wir sehen. Wenn wir lange genug die Gegenstände selbst mit Muße betrachtet haben, so führt uns der höchste Grad der Aufmerksamkeit auf den Urquell des Sehens selbst zurück, und lehrt uns den geheimen Bau des Auges erforschen, worinn sich alle diese Gegenstände so wunderbar darstellen — so führt uns die Wissenschaft, welche uns die Natur der Sprache kennen lehrt, nachdem wir über tausend Dinge gedacht haben, auf den Urquell unsers Denkens selbst zurück. Sie ist daher eine Wollust des Geistes, welcher sich gleichsam über sich selbst erhebt, indem er über dasjenige nachdenkt, was so sehr in sein Innerstes verwebt ist.

Wenn Sie in der Folge unsrer Betrachtungen dieß Vergnügen wirklich werden empfunden haben, so werden Sie nicht mehr zweifeln, daß die Kenntniß der menschlichen Sprache eine der erhabensten Wissenschaften ist, worinn alle übrigen gleichsam, wie in ihrem Keime schlummern, und woraus sie sich eine nach der andern entwickelt haben.

Doch ich fürchte, daß ich schon zu weit gegangen bin, um Ihnen das Studium einer Wissenschaft zu empfelen, die sich so sehr durch sich selbst empfielt. Verzeihen Sie es mir daher, wenn ich oft Ihre eignen Gedanken über diese Sache aus Ihrer Seele herausgehohlt, und sie Ihnen als die meinigen dargestellt habe.

———————————

Zweiter Brief.

Von der Sprache überhaupt:
die Kraft der Sprache, aus einzelnen Bildern,
die schon in unsrer Seele liegen, neue Bilder
zusammenzusetzen, und Leben und Bewegung
in dieselben hinein zu tragen,
aus einer kleinen Erzählung entwickelt,
nebst der ersten Darstellung eines Hauptunterschiedes
zwischen den Wörtern.

Jetzt denke ich mir, wie Sie mit meinem Briefe in der Hand auf Ihrem Altan sitzend, die ganze schöne Gegend um Ihre ländliche Wohnung überschauen. Ihre Seele ist der Spiegel, worinn der Fluß, die Wiese, der Tannenwald, und der entfernte Hügel sich darstellen; und das Gemählde, welches Sie mir in Ihrem letzten Briefe von allen diesen Gegenständen entworfen haben, ist wiederum ein Spiegel Ihrer Seele, worinn ich Ihre feinsten Empfindungen und Ihre lebhaftesten Vorstellungen lese.

Indem ich Ihre Beschreibung durchging, stiegen allmälig der Fluß, die Wiese, der Tannenwald und der dämmernde Hügel in meiner Seele empor, bis das ganze Bild vollendet war, und mit

allen seinen Gestalten und Farben in mir selber da
stand.

Mit Vergnügen bemerkte ich, wie eine Saite
nach der andern angeschlagen, eine Erinnerung
nach der andern in mir hervorgerufen ward, und
endlich aus so vielen einzelnen Bildern, die schon
lange in meiner Seele geschlummert hatten, sich
nun ein ganz neues Bild zusammenfügte. Oft hatte
ich mir schon *Wiese, Fluß,* und *Tannenwald,* einzeln
oder zusammengenommen gedacht, aber doch
noch nie gerade in dem Verhältniß und in der
Stellung gegen Ihre Wohnung, wie Sie mir dieselben beschrieben haben.

Es ist ein grosses Vergnügen, auf die mannichfaltigen Eindrücke Acht zu geben, welche durch
die Sprache auf unsre Seele gemacht werden. Wie
Z. B. einige Wörter die Erinnrung an eine Gestalt
oder Farbe, die wir gesehen, andre an einen Ton,
den wir gehört, und noch andre an eine Empfindung, die wir gehabt haben, in uns hervorrufen.
Wie durch die Wörter die einzelnen Bilder, welche
schon in der Seele liegen, gleichsam wie die Töne
aus einem Instrumente hervorgelockt werden, so
daß durch jede neue Erzählung oder Beschreibung,
die wir hören oder lesen, eine neue Melodie in uns
erweckt wird. Lassen Sie uns mit folgender kleinen nur zu diesem Endzweck erdichteten Erzählung einen Versuch machen:

> Ein Knabe kletterte auf einen Baum
> Der nah an einem Fluße stand:
> Er wolte eine reiffe Kirsche pflücken,
> Und faßte sich an einem Ast,
> Allein der Ast zerbrach,

Und der bedauernswürdige Knabe
Fiel in den Fluß, sank unter, und ertrank.

Sollte diese kleine Erzählung durch Gemählde dargestellt werden; so müßte der Knabe etwa erst abgemahlt werden, wie er auf den Baum klettert, dann noch einmal, wie er oben ist, mit der einen Hand den Ast ergreift, und mit der andern die Kirsche pflücken will, und dann wäre noch ein andres Gemählde nöthig, wo wir ihn im Fluße wirklich untersinken sehen; das Ertrinken aber könnte wiederum nicht anders bezeichnet werden, als durch noch ein Gemählde, wo wir ihn, nachdem er herausgezogen wäre, todt am Ufer liegend erblickten; und demohngeachtet wäre dann in dieser ganzen Erzählung noch kein Leben, weil alle diese Gemählde zusammengenommen noch keine Bewegung anzeigen können.

Wie einleuchtend ist hier der Vorzug der Sprache vor dem Gemählde! Indem Sie die Worte der obigen Erzählung hören oder lesen, so ist es fast, als ob Sie die traurige Begebenheit selber mit ansehn. In Gedanken sehn Sie wirklich den Knaben auf den Baum klettern, hören den Ast brechen, an dem er sich festhielt, und bedauren ihn, indem er ohne Rettung im Strome ertrinkt. Und alle diese abwechselnden, lebhaften Bilder in Ihrer Seele entstanden durch wenige Worte, die man auf ein kleines Blättchen schreiben, oder in weniger als einer Minute hersagen kann: das ist die wunderbare Kraft der Sprache; sie kann uns Dinge als gegenwärtig darstellen, die uns, im Ganzen genommen, nie gegenwärtig waren, und kann uns also einen Begriff von demjenigen machen, was wir nie selbst mit unsern Augen gesehn haben.

Ein Gemählde von Baume Z. B. hat zwar weit mehrere Ähnlichkeit mit demselben als das Wort *Baum,* aber dafür stellt es uns auch nur eine Ähnlichkeit des Baumes dar; das Wort Baum hingegen ist ein Zeichen, das wir einmal statt des Baumes selber setzen, und sobald wir es hören, steht auf einmal ein Baum in unsern Gedanken da, so groß und schön, wie er wirklich ist, mit seinem Stamm, seinen Zweigen, und allen seinen grünen Blättern, und nicht etwa flach und verkleinert, wie auf einem Gemählde. Sobald wir das Wort *Knabe* hören, stellen wir uns auch diesen im Leben vor; und sagt uns nun jemand noch das Wort *klettern,* so daß es sich von dem Knaben auf den Baum bezieht, so klettert in unsern Gedanken der Knabe wirklich auf den Baum hinauf, und so steht in unsrer Seele ein Gemählde, worinn alles lebt und sich bewegt, und welches deutlicher und schöner ist, als jedes andre Bild, das ein Mahler davon entwerfen könnte.

Hiebei kann ich Sie vorläufig auf einen Hauptunterschied der Wörter aufmerksam machen, der uns in der Folge zu statten kommen wird. Welche Wörter sind es eigentlich, die erst Leben und Zusammenhang in das Gemählde bringen, das durch obige Erzählung in der Seele hervorgebracht ward? — So lange Sie sich die Wörter

Knabe, Baum, Fluß,
Kirsche, Ast, und wiederum
Ast, Knabe, Fluß,

21

allein denken, so lange steht alles stille, und die einzelnen Bilder sind noch zerstückt und abgesondert: wenn Sie sich nun aber die Wörter

kletterte, stand, wollte,
pflücken, faßte, zerbrach,
fiel, sank, ertrank,

und alsdann noch die Wörter *auf, an,* und *in,* wo es nöthig ist, hinzudenken, so wird es mit Hinweglassung einiger, das Bild noch mehr ausmahlender Wörter, ohngefähr so heißen:

Ein Knabe kletterte auf einen Baum
Der an einem Fluße stand,
Wollte eine Kirsche pflücken,
Faßte einen Ast,
Der Ast zerbrach,
Der Knabe
Fiel in den Fluß, sank und ertrank.

Und nun ist auf einmal alles in Bewegung gerathen. Die Bilder haben sich zusammengefügt, und in dem ganzen Gemählde ist Leben.

Die erstern Wörter, bei denen noch alles stille stand, waren bloße Namen oder Benennungen von Dingen, sie heißen deswegen *Nennwörter;* diejenigen aber, welche Leben und Bewegung in das Gemählde brachten, waren keine Benennungen von Dingen, denn unter *kletterte* Z.B. kann ich mir ja keine Sache denken, sondern sie zeigten die mannichfaltigen Arten des Zusammenhangs, und der Veränderungen und Bewegungen der Dinge untereinander an, darum heißen sie *Zeitwörter,* weil zu einer jeden auch der kleinsten Veränderung oder Bewegung allemal Zeit erfordert wird.

Die kleinen Wörter, welche die Nennwörter mit den Zeitwörtern verbinden, als *auf, an, in,* sind gleichsam der Kit, welcher das Bild zusammenhält; wenn man sie auslassen wollte, so würde das Gemählde oft ganz auseinander fallen. Sagte man Z.B. *ein Knabe kletterte einen Baum,* anstatt *auf einen Baum,* oder *er fiel den Fluß,* anstatt *in den Fluß,* so hätte man nichts zusammenhängendes gesagt: *Knabe* und *Baum,* und *Knabe* und *Fluß* wären immer voneinander getrennt geblieben. Diese letztern kleinen Wörter wollen wir also fürs erste *Bindungen* in der Sprache nennen. Dieß ist erst ein Hauptunterschied zwischen den Wörtern; die nähere Kenntniß der übrigen kleinen Wörter in unsrer Erzählung würde uns jetzt zu weit vom Ziele abführen.

Wenn man auf einem Instrumente spielt, und eine und eben dieselbe Saite berührt, so entsteht auch immer wieder eben derselbe Ton. Die Gedanken liegen schon in der Seele, wie der Ton in den Saiten, aber diese müssen erst berührt werden, wenn man ihn hören soll. Die Bilder vom Baum und Knaben lagen schon einmal in unsrer Seele, aber durch die Wörter *Baum* und *Knabe* mußten sie erst wieder erweckt werden, dieß waren gleichsam die Klaves, die man erst anschlagen mußte.

Wahrscheinlicher Weise haben Sie in Ihrem Leben noch keinen ähnlichen traurigen Auftritt, gerade auf die Weise, gesehn, wie er in obiger Erzählung geschildert wird; allein die Bilder von *Knabe, Baum, Fluß,* und die Vorstellungen von *klettern, stehen, pflücken, brechen, fallen, sinken,* u. s. w. waren schon in Ihren Gedanken vorhanden: einzeln erinnerten Sie sich wohl, alle diese Dinge gesehen und bemerkt zu haben, aber nur noch nicht gerade in dem Zusammenhange, worinn Sie sie nun betrachten. Vielleicht haben Sie das Herunterfallen vom Baume wohl an einem Apfel, und das Ertrinken im Fluße an einem Thiere bemerkt, aber beides wahrscheinlich noch an keinem Menschen gesehen.

Wenn Sie ein neues Stück auf dem Klaviere spielen, so greifen Sie dazu immer eben dieselben Töne, deren Sie sich schon zu manchen andern Stücken bedient haben, aber Sie setzen sie nur beständig auf eine andre Weise in Verbindung. So ist es auch mit jeder neuen Erzählung: wir nehmen immer eben dieselben Worte dazu, die wir schon zu tausend andern Erzählungen gebraucht haben, auch bedienen wir uns der Vorstellungen, welche schon seit langer Zeit in unsrer Seele waren, nur setzen wir dieselben ebenfalls immer wieder auf eine andre Art zusammen. Eben so wie wir zu den Wörtern, die wir schreiben, immer wieder eben dieselben Buchstaben nehmen, womit schon so viele tausend andre Wörter geschrieben sind.

Die einzelnen Bilder selbst müssen also schon da seyn, und können durch das Wort nicht erst hineingetragen werden. Bei einem Blindgebohrnen kann daher das Wort *Baum* niemals das Bild von einem Baume hervorbringen, weil dieses noch nicht vorher in seiner Seele liegt. Durch das

Gefühl kann er wohl wissen, daß der Stamm des Baumes rund und nicht eckigt ist, eben dadurch kann er auch wissen, daß ein Blatt dünne und länglicht rund ist, und durch das Gehör kann er auch eine Vorstellung von dem Rauschen der Blätter im Winde haben; aber weil er den ganzen Baum nicht umfassen kann, so hat er auch keine Vorstellung von seiner eigentlichen Gestalt und Größe; eben so wenig kann er sich an den Blättern die grüne, an der Blüthe die weiße, und an dem Stamme die schwarze oder graue Farbe denken, er mag das Wort *Baum* auch so oft hören, wie er will.

Ist aber ein Bild Z.B. von einem Thiere noch nicht in der Seele gewesen, so kann man es doch, vermittelst der Sprache, aus andern zusammen-setzen, die schon darinn liegen, und es auf die Weise hineintragen. Hätten Sie noch keinen Löwen gesehn, so würde ich Ihnen doch durch Worte eine Vorstellung davon machen können, indem ich ihn beschriebe, als ein Thier mit einem großen Kopfe, platten viereckigtem Gesichte, dicken Beinen, kurzen Füßen, über Kopf, Kinn, Hals und Schultern mit einem langen lockigtem Haare geziert, u.s.w.

Ich weiß, Sie wundern sich nicht darüber, daß ich nicht, wie es sonst gewöhnlich in den Sprachlehren geschiehet, den Anfang mit den ein-zelnen Buchstaben gemacht habe: denn was ist wohl natürlicher, wenn man anfängt, über die Sprache nachzudenken, als zuerst seine Aufmerk-samkeit auf die wunderbaren Wirkungen, und auf

die mannichfaltigen Eindrücke zu richten, welche
bei dem, was wir lesen oder hören, durch die
Sprache, in unsrer Seele selbst hervorgebracht
werden?

———————————

Dritter Brief.

Vorläufige Eintheilung der Wörter, in Bildwörter,
Tonwörter, Empfindungswörter, und Verhältnißwörter.
Entwickelung der Vorstellungen bei den
einzelnen Wörtern aus dem Anfange
einer Geßnerschen Idylle.

Sie haben recht, verehrungswürdige Frau! es ist
eine angenehme Beschäftigung des Geistes,
dem wunderbaren Spiele seiner eignen Gedanken
auf eine kleine Weile zuzusehen, wie sich einer aus
dem andern entwickelt; wie der eine steigt, indes
der andre sinkt; wie der eine durch den andern
verdrängt wird; und wie sie dann alle am Ende
sich wieder friedlich miteinander vereinigen, daß
eine angenehme Stille in der Seele herrscht.

Es ist aber sehr schwer, sich auf die Weise, über
seine eignen Gedanken zu erheben, und der Geist
kann diese Anstrengung nicht lange ertragen:
sehr bald werden wir wieder in das Interesse der
Gedanken verwickelt, so daß sich das deutliche
Bewußtseyn unsrer selbst in dem jedesmaligen
Gedanken, der uns gegenwärtig ist, verliert.

Leichter ist es, der Entwickelung und dem Spiele
der Gedanken nachzuspähen, welche, indem wir

etwas lesen, durch die Sprache in uns hervorgebracht werden.

Wenn es ruhig ist in meiner Seele, wenn der
Ton in jeder Saite schlummert, so ergreife ich ein
Buch, und indem ich lese, entsteht in mir eine neue
Melodie. Ich suche mich dann über meine eignen
Gedanken zu erheben, und opfre die Süßigkeit
der dunklen Empfindung eine Zeitlang der deutlichen Erkenntniß auf. Indem ich weder Wiesen
noch Quellen, weder Hügel noch Thäler vor mir
sehe, gebe ich Achtung, durch welche Zauberkraft
meine Seele getäuscht wird, daß sie sich dieses alles
so lebhaft vorstellt, als ob es wirklich vor meinen
Augen da stände. So wie ich lese, merk' ich, wie der
vergangne Gedanke vor dem gegenwärtigen be-
scheiden zurück tritt, und sich in eine immer dunklere Ferne zieht, je mehr neue Gedanken auf ihn
folgen. Mir däucht, ich sehe die schönste Perspektive vor mir, indem ich so eine ganze Reihe von
Bildern in meiner Seele, wie eine Allee von Bäumen, durchschaue.

Wenn Sie diesen Gang wählen, so werden Sie
dadurch im Stande seyn, sich selber nach und
nach, vermittelst eigner Beobachtungen, eine
Sprachlehre zu bilden, indem Sie die Sprache
selbst in einer weit nähern Beziehung auf Ihre
eigne Seele kennen lernen, wodurch das Studium
derselben zugleich weit mehr Interesse für Sie
gewinnen wird.

Auch ist es nöthig, wenn wir die Natur der
Wörter untersuchen wollen, mehr in die innre
Natur der Gedanken einzudringen, welche bei

denselben in uns entstehen. Nun werden aber bei den meisten Wörtern Erinnrungen in uns erweckt, entweder an etwas, das wir gesehn haben, und wovon das Bild noch in unsrer Seele schlummert, als bei den Wörtern *Baum, Hügel, Bach;* oder an einen *Ton,* den wir irgend einmal gehört haben, als bei den Wörtern *brausen, rasseln, murmeln;* oder an eine Empfindung, die durch irgend etwas in uns erregt ward, wie bei den Wörtern *freuen, zürnen, trauren;* oder an ein Verhältniß, das wir zwischen mehreren Dingen bemerkt haben, als bei den Wörtern, *groß, klein,* u. s. w. Wir könnten also fürs erste eine Eintheilung der Wörter in *Bildwörter, Tonwörter, Empfindungswörter,* und *Verhältnißwörter* machen, bis uns unsre Betrachtungen weiter führen werden.

Diese Eintheilung vorausgesetzt, sollen uns nun einige mahlerische Stellen aus einer Geßnerschen Idylle den Stoff zu unsern Beobachtungen darbieten: denn bei einer philosophischen Abhandlung möchte uns freilich diese Eintheilung weniger zu statten kommen. Bei dem ersten Bilde wird es uns weit mehr Mühe kosten, unsre Vorstellungen davon zu entwickeln, als bei den folgenden; wir werden uns daher auch etwas länger dabei verweilen müssen. Lassen Sie uns also zum Werke schreiten; der Vorhang wird aufgezogen, und das Schauspiel hebt an:

Bei frühem Morgen — Indem Sie diese Worte lesen, ist gleichsam die Scene eröfnet. Es sind zwar eigentlich nur Verhältnißwörter: *früh* bekömmt erst durch den Gegensatz von *spät,* und

Morgen durch den Gegensatz von *Abend* seine Bestimmung. *Bei* ist gleichsam nur die Klammer, welche alles, was nun noch folgt, an die Vorstellung vom *frühen Morgen* hinanfügt. Demohngeachtet aber können Sie nicht vermeiden, daß bei dem Verhältnißworte *Morgen,* sich nicht zugleich ein schwankendes Bild in Ihrer Seele empordrängen sollte, welches durch das andere Verhältnißwort *früh* noch mehr Bestimmung erhält. Und wenn Sie auf sich Achtung geben, so werden Sie finden, daß gerade das Bild von dem frühen Morgen, den Sie zuletzt beobachtet haben, oder der einmal, mit besondern Nebenumständen vergesellschaftet, den stärksten Eindruck auf Sie machte, auch zuerst in Ihrer Seele erwachen wird. Sie werden sich Z. B. vielleicht die röthlichen Streifen am östlichen Himmel denken, indes die westliche Hälfte noch in falbes Grau versenkt ist, und sich dann zugleich die Gegend dabei vorstellen, wo Sie diese Ver- ändrung in der Natur zuletzt bemerkten. Zu dem Gemählde Ihrer Seele sind also gleichsam schon einige der ersten Linien entworfen. Auf der noch unbemahlten Fläche kann nun noch ent- weder eine blutige Schlacht, oder eine Scene häus- licher Freuden, oder die Begebenheit eines ein- zigen Menschen geschildert werden. Also *bei frühem Morgen*

kam der arme Amyntas — Diese vier Wörter bringen sogleich Leben und Interesse in das Gemählde, obgleich alles noch immer sehr unbe- stimmt ist. Es wird von einem Menschen geredet, als ob derselbe uns schon bekannt wäre. Ohne etwas weiter von ihm zu sagen, als daß er arm ist, wird uns gleich sein Nahme genannt, welcher durch das bezeichnende Wort *der* noch genauer bestimmt wird. Hätten wir gelesen *ein armer Hirt,* oder *ein armer Mann, Nahmens Amyntas,* so wäre unsre Erwartung lange nicht so sehr rege gemacht, als nun, da wir durch den genau bezeichneten, eigenthümlichen Nahmen, uns gleichsam in den ganzen Lebenslauf des Mannes hineindenken, wovon seine folgende Begebenheit ein Stück ist. Für denjenigen, der einen Menschen kennt, ist der eigenthümliche Nahme desselben das Allerbestimmteste, so wie er für den, der ihn nicht kennt, das Allerunbestimmteste ist; eben deswegen aber erregt er auch bei dem letztern am meisten die Erwartung, weil sich noch so viel darinn bestimmen läßt, indem der Nahme eines Menschen die Vorstellung von allen seinen Schicksalen, und demjenigen, was ihn von andern Menschen auszeichnet, umfaßt. — *arm* ist eigentlich ein Empfindungswort: es erweckt in uns die Erinnrung an die Empfindung, welche wir hatten, wenn es uns an etwas Nothwendigem mangelte; demohngeachtet aber drängt sich zugleich ein Bild mit empor, indem wir uns an dem Amyntas einige äußerliche Zeichen der Armuth, ein schlechtes Kleid, hagre Gestalt, oder so etwas denken, was wir vielleicht das letztemal, da wir einem armen Menschen begegneten, an demselben bemerkt haben. Wir sehen aus diesem und dem vorhergehenden Beispiele vom Morgen, wie sehr die Seele geneigt ist, ihre Gedanken und Empfindungen immer auf sinnliche Bilder zurückzuführen. Die drei Wörter, *der arme Amyntas* sind es also, welche Interesse in das Gemählde bringen, und *kam* ist nun das Wort, welches Leben und Bewegung hineinträgt. Unsre Aufmerksamkeit wird dadurch vorzüglich auf den Amyntas gezogen, von welchem sich nun vermittelst des Worts *kam* zuerst die Erzählung anhebt. Folgende Stellung der Worte wird uns ihren natürlichen Fortschritt darstellen:

Der arme Amyntas — kam
bei
frühem Morgen

früher Morgen ist nur eine Nebenvorstellung, welche durch die Bindung oder durch die Klammer *bei* an die Hauptvorstellung von dem *Amyntas* hinangefügt wird; von diesem letztern geht nun die Erzählung aus, das Bild von frühem Morgen wird zurückgelassen, und kömmt nun nicht weiter in Betrachtung, außer, daß eine schwache Vorstellung davon in der Seele zurückbleibt, welche immer noch durch die übrigen durchschimmert.

kam ist ein sehr merkwürdiges Wort: denn ehe es da war, war eigentlich noch nichts gesagt. Und hätte es auch Z.B. geheißen: *der arme, gute, alte Amyntas,* und wären auch noch so viele ähnliche Wörter vorhergegangen, so wäre doch mit allen diesen Wörtern eigentlich noch nichts gesagt; die Erzählung wäre um keinen Schritt weiter fortgerückt, und wenn der Erzählende still schwiege, so würden wir noch immer auf das Wort horchen, wodurch nun eigentlich von dem Manne etwas erzählt, oder wodurch ihm noch eine Eigenschaft oder eine Handlung zugeschrieben werden sollte. Hieraus können Sie sich den Begriff noch mehr aufklären, und noch genauer bestimmen, welchen Sie sich aus meinem letzten Briefe von den *Zeitwörtern* werden gemacht haben. Es sind nehmlich solche Wörter, ohne welche dasjenige, was wir sagen, oder erzählen, keinen Schritt weiter fortrücken kann; ohne welche die menschliche Sprache sich mit den bloßen Benennungen, und die Seele sich mit den bloßen Vorstellungen der einzelnen Dinge, behelfen müßte, ohne etwas davon zu *reden,* oder darüber *urtheilen* zu können. Die Zeitwörter sind also eigentlich die Wörter, *wodurch wir erst von denen Dingen wirklich reden, die wir mit den Nennwörtern blos benannt haben;* so wird in unserm Beispiele durch das Zeitwort *kam* erst wirklich von dem Manne *geredet,* den wir durch die Nennwörter *der arme Amyntas* blos *benannt* hatten.

Indem wir die Wörter nun Z. B. in Zeitwörter und Nennwörter eintheilen, betrachten wir dieselben mehr außer uns; indem wir sie aber Bildwörter, Tonwörter, Empfindungswörter, u. s. w. nennen, sehen wir mehr auf die Wirkungen, welche durch dieselben in unsrer Seele hervorgebracht werden. Nun können aber Z. B. die Zeitwörter wiederum entweder helfende Bildwörter, Tonwörter, oder Empfindungswörter seyn, als *der Baum grünet, der Wagen rasselt, der Mann friert.* Die erste Eintheilung ist mehr für den Verstand, die andre mehr für die Einbildungskraft. Die erste lehrt uns den innern Bau der Sprache zergliedern, die andre läßt uns, durch den Weg des Nachdenkens über die Sprache, Beobachtungen über unsre eigne Seele anstellen. Nehmen Sie aber immer diese Eintheilungen nur noch als vorläufig an, und lassen Sie uns sehen, wie wir dieselben in der Folge immer genauer bestimmen können.

Unter dem Worte *kommen* denken wir uns etwas Ähnliches mit *gehen,* nur mit dem Unterschiede, daß bei dem Kommen das Gehen schon sein Ziel erreicht: daher pflegt sich uns gleich bei der Vorstellung vom Kommen nicht die Frage, wohin? sondern die Frage, woher? immer zuerst aufzudringen, welches auch hier der Fall ist, wir fragen, *woher kam* denn der Mann? Ferner wird durch das Wort *kommen* nunmehr das ganze Bild von dem Manne gleichsam vor uns hingestellt. Hieße es, *er ging,* so würden wir ihm nachsehen, nun sehen wir ihn auf uns zukommen.

Daß es aber heißt, *er kam,* und nicht, *er kömmt,* ist ein Zeichen, daß, eh noch dieses erste Bild völlig vollendet ist, ihm schon ein andres vorgeschoben werden soll. Eh noch das Kommen des Mannes seine Endschaft erreicht hat, soll schon irgend eine neue Handlung von ihm anfangen, wodurch die Erzählung von der erstern gleichsam verdrängt wird, so daß die Erinnerung daran durch die Erzählung von der zweiten nur noch durchschimmert. Hieße es, *er war gekommen,* so ließe das freilich auch erwarten, daß noch eine Handlung wird erzählt werden, aber man denkt sich die erste Handlung schon völlig als vollendet, eh die zweite anfängt. Das erste Bild ist schon völlig in der Seele zurückgetreten, eh sich das zweite demselben vorschiebt. Hieße es aber, *der arme Amyntas ist gekommen,* so ließe das weiter gar nichts erwarten; die Vorstellung in der Seele schiebt sich nicht zurück, um noch einer folgenden Platz zu machen: ich denke mir diese letztern Worte nicht als den unvollständigen Anfang einer Erzählung, sondern etwa als die vollständige Antwort auf eine Frage. Diese Bemerkungen werden Ihnen zu statten kommen, wenn wir in der Folge einmal von Imperfektum, Perfektum, und Plusquamperfektum uns werden unterhalten müssen.

Weil unsre Erzählungen nicht mit den nächsten sondern mit den entferntesten Gegenständen zuerst anfangen, um das Nachfolgende aus dem Vorhergehenden entwickeln zu können, so sind wir genöthiget, das erste Bild immer weit genug in unsrer Seele zurückzuschieben, um für die folgenden Platz zu laßen. Jede Erzählung erregt daher eine Perspektive in unsrer Vorstellung, und zwar so, daß die Perspektive der Vorstellung sich immer umgekehrt zu der Perspektive der Erzählung verhält, indem dasjenige, was zuerst erzählt wird, am nächsten von uns gedacht wird.

Es ist wunderbar, wie die ganze Vorstellungskraft der Seele auf einmal ganz anders gestimmt wird, wenn sie sich etwas als vergangen denkt: es ist, als ob plötzlich ein dunkler Schleier die Gegenstände bedeckte, und die Vorstellung des Vergangnen verhält sich zu der Vorstellung des Gegenwärtigen, wie die entfernte gedämpfte Musik zu der rauschenden, wie die Dämmrung zu dem Lichte. Woher wird aber diese plötzliche Verschiedenheit hier anders verursacht, als durch die einzige kleine Veränderung des Worts *kömmt* in *kam?* — Lassen Sie uns nun unser Bild vollends ausmahlen: *bei frühem Morgen kam der arme Amyntas aus dem dichten Haine* — *Hain* ist ein Bildwort, und *dicht* ein helfendes Bildwort; aus *dem,* und nicht aus *einem* Haine, weil man sich einen Wald wie den andern vorstellt, und also vorausgesetzt wird, als ob man den Hain, von welchem die Rede ist, schon kennte; so wie man auch sagt, *die Wiese,* weil man sich alles, was in der Natur den Nahmen *Wiese* führt, beinahe wie ein Einziges denkt, und daher kein Bedenken trägt, das Bestimmende *die,* wie bei einem uns genau bekannten Gegenstande, davor zu setzen, es mag von einer Wiese die Rede seyn, von welcher es wolle. Freilich wird bei dem Worte *Hain,* die Vorstellung von dem Walde in uns entstehen, den wir zuletzt gesehen haben, oder wovon Vorstellung, bei verschiednen Nebenumständen, den stärksten Eindruck auf uns gemacht hat. Durch das helfende Bildwort *dicht* drängen sich die Bäume in unsrer Vorstellung aneinander, und das dichte Grün des Waldes, macht mit der frühen Morgengestalt des Himmels in unsrer Einbildung den schönsten Kontrast.

früher Morgen, armer Mann, dichter Hain sind drei einzelne Bilder, welche durch die Wörter *bei, kam,* und *aus,* in den schönsten Zusammenhang miteinander, und Beziehung aufeinander, gebracht werden. Durch *kam* und *aus* fügen sich die Bilder von *Mann* und *Wald* zusammen, die sich zugleich durch *bei* dem Bilde des frühen Morgens nähern. Bei dem Worte *aus* denken wir uns, daß der Mann, indem er kam, den Wald *verließ:* die Vorstellung von der Verlassung ist es also, welche vorzüglich in diesem Worte liegt: allein es liegt auch außer dieser noch eine Nebenvorstellung darinn. Wäre der Mann *auf* einem Berge gewesen, so hätte es heißen müssen, er kam *von* dem Berge, da er aber *in* einem Walde gewesen war, so daß ihn der Wald *umgab,* so heißt es, er kam *aus* dem Walde: die Verlassung der Oberfläche eines Dinges wird also durch *von* ausgedrückt, da hingegen die Verlassung eines Dinges, von dem man umgeben war, wie der Mann vom Walde, durch *aus* angezeigt wird. In dem kleinen Worte *aus* sind also zwei Vorstellungen zusammengedrängt, daß nehmlich der Mann, indem er kam, den Wald *verließ,* und daß er vorher *in* dem Walde gewesen war.

Die nähere Kenntniß dieser kleinen Wörter, als *auf, an, aus, von* u. s. w., ist außerordentlich wichtig, und wird Ihnen die schönsten Aufschlüße über den ganzen Zusammenhang der Sprache geben. Die Begriffe zu diesen Wörtern sind zuerst aus der Körperwelt hergenommen, und alsdann auch auf unkörperliche Dinge angewandt worden: denn man sagt z. B. *ich gehe über die Brücke,* und man sagt auch, *ich denke über die Sprache nach.* Besonders sind die Begriffe von *auf, an, unter* u. s. w. zuerst vom menschlichen Körper selbst hergenommen: *auf* brauche ich, wenn etwas meinen Kopf, *an,* wenn etwas meine Seite, und *unter,* wenn etwas meinen

Fuß *berührt; über* brauche ich, wenn sich etwas meinem Kopfe, *bei,* wenn sich etwas meiner Seite *nähert; von* brauche ich, wenn etwas meinen Kopf, Seite, oder Fuß *verläßt.* Nun gründet sich aber auf *Berührung, Annäherung,* und *Verlassung* der ganze Zustand und alle Veränderungen in der Körperwelt; denn ohne diese würde alles ohne Zusammenhang und ohne Beziehung aufeinander seyn. Man siehet also leicht, wie wichtig diese kleinen Wörter sind, wodurch diese drei Hauptbegriffe ausgedrückt und auf mannichfaltige Weise abgeändert werden. Doch, wir wollen sie gelegentlich kennen lernen, und für jetzt will ich nur noch eine figürliche Darstellung von einigen dieser wichtigen Wörter voranschicken, die ich Ihrer eignen Erklärung überlasse.

	Berührung,	*Annäherung,*	*Verlassung.*
Kopf:	auf	über	von
Seite:	an	bei, neben,	von
Fuß:	unter	unter	von

Das folgende Bild aus unserm Geßner wollen wir bis zu einem künftigen Briefe versparen.

———————

Vierter Brief.

Fernere Entwicklung der Vorstellungen
bei den einzelnen Wörtern
aus dem Anfange einer Geßnerschen Idylle.

Lassen Sie uns nun unser erstes Bild wieder in
Augenschein nehmen, und Achtung geben,
wie der Dichter noch einen Zug hinzusetzt, ehe
er dasselbe vollendet. — *Bei frühem Morgen kam*
der arme Amyntas aus dem dichten Haine,
    das Beil in seiner Rechten. — Die Vorstellung von
dem Beile in der rechten Hand schmiegt sich an
die Vorstellung von dem Manne hinan, obgleich
das Bild von dem dichten Haine sich zwischen
diese beiden Vorstellungen gedrängt hat. Wie
geht es zu, daß hier keine Verwirrung der Bilder
entsteht, da erst das Bild vom Manne entworfen,
dann das Bild vom Walde erweckt, und dann
wieder das Bild vom Manne weiter ausgemahlet
wird? Das Wort *seiner* ist die Schraube, welche das
Bild, vom Beile in der rechten Hand, so fest an die
Vorstellung von dem Manne schließt, indes das
verknüpfende Verhältnißwort *in* die Bilder vom
Beil und der rechten Hand zusammenfügt, und der
erstern die Biegung giebt, das letztere zu umfassen.

Das Wort *seiner* ist hier stellvertretendes Bildwort und Empfindungswort zugleich: mit ihm erwacht das ganze Bild vom Manne wieder in der Seele, und zugleich die Empfindung, welche wir dabei haben, wenn wir etwas, es sei was es wolle, das Unsrige nennen können. Das Wort *in* gehört mit zu den merkwürdigen kleinen Wörtern, wovon ich Ihnen in meinem vorigen Briefe eine figürliche Darstellung gemacht habe, indem ich sie alle unter die Begriffe von Annäherung, Berührung und Verlassung brachte. Dieses *in* ist nun eines der allermerkwürdigsten unter diesen Wörtern, weil es gerade den höchsten Grad der Berührung, oder der Annäherung anzeigt. Wir wollen es daher einmal mit den verwandten Wörtern in Vergleichung stellen:

	Berührung,	*Annäherung,*	*Verlassung.*
Der Spitze eines Dinges	auf	über	von
Der Seite eines Dinges	an	bei	von
Des Fußes eines Dinges	unter	unter	von
Aller auswendigen Seiten eines Dinges	um	um	—
Aller inwendigen Seiten eines Dinges	in	in	aus

Um zeigt schon einen weit stärkern Grad der Berührung oder Annäherung an, als *auf, an, unter,* u. s. w. indem man sich dabei denkt, wie etwas alle auswendigen Seiten eines Dinges berührt, oder sich denselben nähert. Nun läßt sich aber kein höherer Grad der Berührung oder Annäherung denken, als wenn etwas alle die Seiten eines Dinges zugleich berührt, von welchem es wieder von allen Seiten berührt wird; oder wenn etwas sich allen Seiten eines Dinges zu gleicher Zeit nähert, dessen Seiten sich ihm alle zu gleicher Zeit wieder nähern; und dieser Grad der Berührung oder Annäherung ist es eben, welcher durch *in* ausgedrückt wird. Daher scheinet es auch zu kommen, daß die Verlassung in diesem Falle durch ein eignes dazu bestimmtes Wort, nehmlich durch *aus* bezeichnet wird, da sie in allen übrigen Fällen nur durch *von* oder durch Umschreibungen ausgedrückt werden kann.

Jemehr wir in die Natur dieser kleinen Wörter eindringen, desto besser werden wir uns das innre Triebwerk der Sprache entwickeln lernen. Lassen Sie uns also immer etwas länger, als bei den blossen Bildwörtern, bei denselben verweilen: denn sie machen gleichsam die innersten Fugen, und die künstlichste Zusammensetzung der mannichfaltigen Bilder in unsrer Seele aus. Das Beil berührte alle inwendigen Seiten der rechten Hand des Mannes, von welchem wiederum alle seine Seiten berührt wurden — so viele Vorstellungen sind in dem kleinen Wörtchen *in* zusammengedrängt.

Indem wir *das* Beil und nicht *ein* Beil lesen, so scheinet es, als ob wir auch mit dem Werkzeuge des Mannes, dessen er sich bei seinen Arbeiten zu bedienen pflegt, gleichsam schon bekannt wären.

Überhaupt fangen die Bilder nun im Ganzen an, sich einander aufzuhellen: daß Amyntas bei frühem Morgen, mit dem Werkzeuge zu einer harten Arbeit, aus dem Walde kömmt, ist ein Zeichen seiner Armuth. Wir sind nun zu dem folgenden Bilde vorbereitet, indem sich ganz natürlich die Frage in uns empordrängt, was hatte er denn mit dem Beile in dem Walde gethan? —

Er hatte sich Stäbe geschnitten. — Anstatt ihrer Natur nach vorwärts zu gehn, geht hier die Erzählung einen Schritt wieder zurück, um die Geschichte tiefer herauszuholen. Eben den Mann, welcher mit dem Beil in der Hand aus dem Walde kömmt, sehen wir nun zu gleicher Zeit tief im Hintergrunde Stäbe schneiden. Allein diese Vorstellung schiebt sich vermöge des Worts *hatte* und der Silbe *ge* in *geschnitten* hinter das erste Bild noch weiter in die Vergangenheit zurück. Es kömmt uns sehr zu statten, daß wir solche Hülfsmittel, als das Wort *hatte* und die Silbe *ge* haben, um eine Vorstellung, die zuletzt erregt wird, hinter diejenige zu stellen, die zuerst erregt ward: wäre dieß nicht, so würden sich die Bilder sehr untereinander verwirren. Nun aber konnte der Dichter diesen Kunstgriff nutzen, um die nähern Bilder mehr zusammenzudrängen, und das Entferntere nur zwischen durch schimmern zu lassen. *Er* ist stellvertretendes Bildwort: es läßt den Mann mit dem Beile in der Hand, dessen Bild nun einmal in unsre Seele eingedrückt ist, nach einer kleinen Pause wieder auftreten, und zugleich stellt es uns ihn als eine Person vor, die wir nicht unmittelbar selber, sondern erst mittelbar, durch die Erzählung eines andern, handeln sehen.

schneiden ist ein helfendes Bildwort, welches Bewegung und Handlung in das Gemählde trägt. Näher vor uns sahen wir den Mann unthätig mit dem Beile in der Hand; plötzlich sehen wir ihn, weiter von uns entfernet, dasselbe aufheben, und Stäbe damit abhauen. Weil aber jede Handlung eines vernünftigen Wesens wiederum auf ein vernünftiges Wesen abzielen muß, so ist auch diese Abzielung durch das kleine Wort *sich* ausgedrückt, welches hier vielleicht das erste ist, das durch kein Gemählde dargestellt werden kann, indem es uns in die Seele des handelnden Mannes versetzt, und uns an die ganze Empfindung erinnert, die wir dabei haben, wenn wir etwas für uns selber, und nicht für einen andern thun. *Er* wäre also stellvertretendes Bildwort, *hatte* könnten wir hier das Zurückschiebungswort nennen, *sich* wäre blos Empfindungswort, wodurch wir uns in das ganze Selbstbewußtseyn des Mannes hineindenken, und welches sich auf kein sinnliches Bild zurückbringen läßt, *Stäbe* wäre unbestimmtes Bildwort, weil es nicht heißt *die Stäbe,* sondern Stäbe überhaupt, wie man sie sich auf tausenderlei Art denken kann, *geschnitten* wäre helfendes Bildwort, welches durch das Wort *hatte* und die Silbe *ge* noch hinter eine nähere Vergangenheit zurückgeschoben wird.

Indem nun aber der Mann die Stäbe für seine eigne Person wohl nicht brauchen konnte, so entsteht wieder die Frage in uns, wozu hatte er sich denn diese Stäbe geschnitten? Um also den Grund zu wissen, warum der Mann mit dem Beile aus dem Walde kam, wurden wir in die entferntere Vergangenheit zurückgezogen; und um nun den Zweck zu erfahren, warum wir ihn dort handeln sahn, werden wir plötzlich aus dieser entferntern Vergangenheit, über das Bild, welches uns näher lag, hinweg, zu der Zukunft des Mannes fortgerissen, welche wir uns wieder näher denken müssen, als seine ganze jetzige Begebenheit. So mächtig spielt die Sprache mit der Zeit, daß sie Gegenwart, Vergangenheit, und Zukunft, in einem Nu, in unserer Vorstellung zusammendrängt. Es heißt nehmlich, der Mann *hatte sich Stäbe geschnitten*

zu einem Zaun — Vorher sahen wir ihn im Hintergrunde wirklich Stäbe schneiden, jetzt aber können wir uns die künftige Anwendung dieser Stäbe etwa zu der Verfertigung oder Ausbesserung eines Zauns, nicht anders als mittelbar, durch die Vorstellung von seinen eignen Gedanken, darstellen. Daher ist auch die Vorstellung von der Anwendung der Stäbe durch einen doppelten Schleier verdunkelt, und schimmert nur gerade so stark durch, als nöthig ist, um uns nicht wegen des Zwecks der Handlung eines vernünftigen Wesens ganz in Ungewißheit zu lassen. Das Wort *zu* führt uns gleichsam in die Seele des Mannes, und stellt uns den Zaun mehr wie eine Vorstellung in seiner, als wie ein Bild in unsrer eignen Seele dar. Auch ist *Zaun* kein bestimmtes sondern ein allgemeines, schwankendes Bild, so wie vorher *Stäbe,* weil es nicht *der Zaun,* sondern *ein Zaun* heißt. Aber wenn auch nach dem Worte *zu* noch eine ganze Reihe von Bildern gefolgt wäre, so hätten wir uns doch dieselben alle mehr wie Gedanken in der Seele eines andern, als wie Bilder in unsrer eignen Seele, denken müssen. Auf die Weise stellen wir uns ein Bild in dem andern vor, gleichsam als wenn wir in einem Gemählde von einem Zimmer, wiederum andre kleinere und dunklere Gemählde entdecken, welche die Wände desselben schmücken.

Nach dieser kleinen Ausschweifung kömmt der Gang der Bilder wieder in sein Gleis, und das Bild, was nun wieder ordentlich in der Reihe voran steht, wird vermittelst des kleinen Wörtchens *und* an ein andres hinangefügt, das weit im Hintergrunde steht, nunmehr aber auf dieses die schönste Beziehung hat. *Der arme Amyntas,* also, *hatte sich Stäbe geschnitten, zu einem Zaun,*

und trug ihre Last gekrümmt auf der Schulter — Die Wörter *und* und *ihr* sind gleichsam die subtilen Fäden, welche dies nähere Bild mit dem entferntern zusammenhängen. Das Bild vom Tragen der Stäbe, schließt sich dicht an die Vorstellung vom Kommen des Mannes aus dem Walde, und verwandelt sich mit derselben beinahe in eine einzige, weil das Kommen und Tragen zu gleicher Zeit geschiehet. *Der Mann kam aus dem Walde, er trug Stäbe auf seiner Schulter,* das sind zwei Bilder, die gleichsam nebeneinanderstehend die Fronte des Prospekts ausmachen: *er hatte die Stäbe geschnitten,* ist ein Bild, das hinter die beiden erstern in einiger Entfernung zurückgeschoben werden muß, von dem sich aber lauter Fäden zu denselben hinziehen,

45

wodurch sie Zusammenhang und Wahrheit erhalten.

Tragen ist ein Empfindungswort, welches uns an das stärkere oder schwächere Gefühl von der Schwere erinnert: es artet ebenfalls zu einem helfenden Bildworte aus, indem wir uns mehr die äußeren Kennzeichen von der Empfindung der Schwere, als diese Empfindung selbst vorstellen: und in diesem Bilde macht die Sprache insbesondre ein Meisterstück, indem sie gleichsam Schlag auf Schlag immer einen neuen Zug zu dem Bilde von dem Manne hinzusetzt, worauf wir durch den vorhergehenden schon vorbereitet sind. Durch *tragen* werden wir schon auf die Vorstellung von *Last* oder Schwere, und durch *Last* wiederum auf die Vorstellung von der *Krümmung* des Körpers, als einer Folge des Drucks der Schwere vorbereitet, und das Bild von der Krümmung mahlt sich wiederum noch deutlicher aus, indem wir uns die Bürde *auf der Schulter* des Mannes ruhend denken.

ihre Last, oder *die Last der Stäbe* — Zuerst wurde die Vorstellung von den Stäben erweckt, indem wir den Mann dieselben schneiden sahen: nun werden sie uns vorgestellt, wie sie auf seiner Schulter ruhen, was dazwischen vorging hilft uns unsre Einbildungskraft hinlänglich ausmahlen. *Last* ist völlig Empfindungswort; denn daß die Stäbe eine Last waren, lag nicht sowohl an ihnen selber, als vielmehr an der Empfindung dessen, der sie trug. Durch eine Versetzung der Ideen aber denkt man sich oft seine Empfindungen an dasjenige hinan, was dieselben hervorbringt, und dieses ist auch hier der Fall. Auf die Weise drängen sich bei dem Worte *Last* zwei Vorstellungen in eine zusammen, indem man sich die Empfindung selbst, und zugleich die Anzahl zusammengebundner Stäbe vorstellt, wodurch dieselbe hervorgebracht wird. *Er trug die schweren Stäbe* würde daher lange nicht soviel ausdrücken, als, *er trug die Last der Stäbe,* denn in diesem letztern Falle denken wir uns die Stäbe gleichsam als handelnd oder würkend, und den Mann als leidend: weil *Last* auch wirklich von dem Handlunganzeigenden Worte *laden* entstanden ist, und durch die Verwandlung des weichen *d,* in das harte und zischende *st,* den stärksten Grad des *Ladens* bezeichnet.

Diese kleine Bemerkung kann uns ein Wink seyn, wie wir die Wörter auch noch aus einem andern Gesichtspunkte, als in Ansehung des Eindrucks, den sie in unsrer Seele hervorbringen, oder in Ansehung der Gegenstände, welche sie bezeichnen, betrachten können. Wenn wir nehmlich auf die Wörter, an und für sich selbst betrachtet, oder in Ansehung der Buchstaben und Silben, woraus sie bestehen und entstehen, aufmerksam sind, so wird uns dieses noch viele Aufschlüße, über die Natur der Sprache sowohl, als über die Verschiedenheit unsrer eignen Vorstellungen geben; indem wir beobachten, wie oft eine und eben dieselbe Vorstellung durch eine Anzahl einzelner Buchstaben, erhöhet, erniedriget, und auf mannichfaltige Weise bestimmt und abgeändert werden kann. Doch dies ist nur ein Blick auf ein weites Feld, das noch vor uns liegt.

Die Silbe *ge* in *gekrümmt,* stellt uns noch mehr die Last der Stäbe als wirkend, und den Mann als leidend dar. Hieße es, *sich krümmend,* so wäre er selbst die Ursach des Krümmens; nun aber erweckt die hinangefügte Silbe *ge* die Vorstellung, daß ihn etwas, außer ihm, krümmt oder darniederbeugt. *Krum* ist ein helfendes Bildwort, es hilft die Gestalt oder den Umfang irgend eines Dinges bestimmen: verwandle ich nun das *u* in *ü,* und setze noch die Silbe *en* hinzu, daß *krümmen* daraus wird, so trage ich den Begrif von der Ursach des Krumseyns eines Dinges, oder von einem handelnden Wesen, wodurch etwas krum *gemacht* wird, mit hinein: das geschiehet durch eine so kleine Verwandlung, und durch einen Zusatz von zwei Buchstaben. — *Er trug die Last der Stäbe gekrümmt*

auf der Schulter — Das Wörtchen *auf* weiset nun der Bürde des Mannes ihren bestimmten Platz an, indem es soviel heißt, als *den öbern Theil eines Dinges berührend,* in welcher Bedeutung wir es schon kennen gelernet haben. Daß es aber hier heißt, *auf der Schulter,* und nicht *auf die Schulter,* ist ein Zeichen, daß die Schulter nicht das *Ziel* war, *wohin* der Mann seine Bürde trug, sondern blos der *Ort, wo* er sie trug. Dieser Unterschied zwischen *Ziel* und *Ort,* zwischen der Frage *wo* und *wohin,* wird uns in der Folge sehr wichtig seyn. In diesem letztern Bilde bemerken wir nun eine wirkliche Handlung, die eines Gegenstandes bedarf: denn *tragen* kann ich mir gar nicht denken, ohne etwas, das getragen wird. Der Gegenstand des Tragens aber sind hier

die Stäbe, oder die Last der Stäbe; mit diesen rückt
eigentlich erst die Handlung fort, indem sie wirklich auf etwas übergeht: mit den Wörtern *gekrümmt,* und *auf der Schulter* aber bleibt sie noch
immer da stehen, wo sie steht, wie in folgender
figürlichen Darstellung:

> Der Mann trug — die Last der Stäbe
>   auf
>   der Schulter,
>   gekrümmt,

Aber was ist hier nicht für Wirkung und Gegen-
wirkung! Der Mann wirkt durch sein Tragen auf
die Stäbe, daß sie fortbewegt werden; die Last der
Stäbe wirkt wieder auf den Mann, daß er gekrümmt geht, indem sie auf seinen Schultern
ruhen. Wie genau sind alle diese Vorstellungen
ineinander verwebt! Unser Dichter hat sie aber so
geordnet, wie die eine die andre am natürlichsten
vorbereitet, und die Vorstellung von demjenigen,
was bei der Handlung selbst am zufälligsten war,
hat er ans Ende geschoben. Die Frage, *was* einer
getragen hat, intereßirt uns auch natürlicher Weise
immer mehr als die Frage, *wie* oder *wo* er es getragen hat. Wenn wir erst die Hauptsache wissen,
dann ists uns auch angenehm, die Nebenumstände
zu erfahren.

Im Ganzen genommen ist nun die Erzählung
noch nicht weiter fortgerückt, weil die Wörter *kam*
und *trug,* wodurch sie allein hätte fortrücken können, etwas Gleichzeitiges anzeigen. Indem ich
lese, *er kam, er trug,* so warte ich nun noch immer

auf etwas, das erst angehen soll, indem der Mann aus dem Walde kömmt, und indem er die Stäbe trägt, oder ehe sein *Tragen* und *Kommen* noch vorbei ist. Dieses muß mir aber durch ein besondres Zeichen angedeutet werden: denn wenn es Z.B. immer weiter hieße, *er sahe, er trat, er hörte,* u.s.w. so würden alle Bilder sich nebeneinander stellen, und nicht aufeinander folgen; sie würden dann alle zu gleicher Zeit hervorzutreten scheinen, indem man dächte, daß die Handlungen, *kommen, tragen, sehen, treten, hören* alle schon zugleich ihren Anfang genommen hätten. Nun aber schiebt das kleine Wörtchen *da* die vorigen Bilder in etwas zurück, und läßt ein neues hervortreten, welches sich nicht neben dieselben, sondern vor dieselben stellt, ohne sie jedoch ganz zu verdrängen.

So geht die Erzählung, wie ein künstliches Gewebe fort, wo die Übergänge unmerkbar sind, indem sich eine Farbe in die andre, und eine Schattirung in die andre, allmälig verliert.

———————

Fünfter Brief.

Eine Fortsetzung des vorigen.

Unser Dichter fährt fort, von dem armen Amyntas zu erzählen: als derselbe aus dem Walde kam, und Stäbe auf seiner Schulter trug,

da sah er einen jungen Eichbaum — *Da* ist das kleine merkwürdige Wort, vermöge dessen die Erzählung fortrückt. Es läßt eine neue Handlung des Mannes jetzt erst anfangen, nachdem die vorhergehenden noch fortdaurenden Handlungen *kommen* und *tragen* schon wirklich ihren Anfang genommen haben. Es gehört daher mit zu den Wörtern, die an und für sich selber keine Bilder hervorbringen, sondern gleichsam das innre Triebwerk ausmachen, wodurch die hervorgebrachten Bilder zusammengefügt oder getrennt, zurück oder vorgeschoben, und auf mannichfaltige Weise hin und hergelenkt werden können.

sehen ist eigentlich Empfindungswort, wird aber hier zum helfenden Bildworte, indem ich mir dabei vorstelle, wie der Mann seine Augen nach einem Gegenstande hinwendet. *Sehen* erfordert auch, so wie *tragen,* nothwendig einen Gegenstand, und das ist hier ein junger Eichbaum. *Jung* ist eigentlich Verhältnißwort, indem sich *jung* und *alt* beinahe eben so entgegengesetzt sind, wie *früh* und *spät;* auch heißt *jung* ebenfalls, sich dem Anfange nähernd, nur wird es mehr von Personen gebraucht, anstatt daß *früh* mehr von der Zeit gilt, als *der frühe Morgen.* Hier aber wird *jung* demohngeachtet zum helfenden Bildworte, indem es bei *Baum* steht. Ich denke mir nehmlich an dem Baume die äußern Kennzeichen woran ich sehe, daß er noch jung ist, den dünnern Stamm, die kleinern Zweige, u. s. w. *Eichbaum* nähert sich schon etwas mehr der eigenthümlichen Benennung, als *Baum;* demohngeachtet aber ist es noch ein sehr allgemeiner Nahme, welcher einer so grossen Menge einzelner Dinge zukömmt, als es Eichen in der Welt giebt.

So lange wir nun den Eichbaum, welchen der Mann sahe, noch nicht weiter kennen, wird er auch nicht durch das Wörtchen *der* gleichsam aus der ganzen Anzahl aller übrigen Eichbäume herausgehoben, und unsrer Aufmerksamkeit dargestellt, sondern es heißt, er sahe *einen* jungen Eichbaum; dieses *einen* läßt uns die Freiheit, uns den Eichbaum vorzustellen, mit wie viel Ästen und Zweigen, wie lang und gerade oder gekrümmt wir wollen, wenn er nur Merkmale eines jungen Eichbaums an sich trägt: Allein durch den Ort, wo er steht, erhält er erst eine genauere Bestimmung, und wird uns wichtiger gemacht: Der Mann sahe nehmlich den Baum

neben einem hinrauschenden Bache — Das Wort *neben* fügt *Baum* und *Bach,* welche in unsrer Vorstellung tausend Meilen weit voneinander seyn können, plötzlich zusammen; es hohlet gleichsam die Vorstellung vom Bache, sie mag nun in unsrer Seele schlummern, wo sie wolle, hervor, und läßt den Bach sich *der Seite des Baumes nähern.* Die Vorstellung vom Sehen des Mannes ist aber noch immer die herrschende, und der junge Eichbaum neben dem hinrauschenden Bache ist uns nur in so fern interessant, als der Mann denselben siehet, wir sehen ihn gleichsam mit des Mannes Augen. So wie nun der Eichbaum dadurch aus der Anzahl aller übrigen Bäume seiner Art gleichsam herausgehoben wird, daß er neben einem Bache steht, so unterscheidet sich wiederum der Bach dadurch von andern Bächen, daß er neben einem jungen Eichbaume hinrauscht. Da nun also diese beiden Bilder wechselsweise durch sich selbst bestimmt, und aus der Anzahl aller ähnlichen Vorstellung gleichsam herausgehoben sind, so wird auch in der Folge das unbestimmte *ein* mit dem bestimmenden *der* vertauscht; und es heißt nun, *der Baum,* nehmlich, welcher neben dem Bache stand, und *der Bach,* nehmlich, welcher neben dem Baume hinrauschte.

Indem ich jetzt von dem jungen Eichbaume eine Weile geredet habe, so habe ich ihn blos *den Baum* genannt; und indem ich vorher vieles von dem armen Amyntas redete, so nannte ich ihn immer nur *den Mann;* warum blieb ich nicht immer bei den Benennungen, welche den Baum sowohl als den Mann genauer bezeichneten? — Dieß kann uns auf eine wichtige Bemerkung leiten: indem wir von einer Person oder Sache vieles reden, und auf dasjenige aufmerksam seyn wollen, was wir von ihr reden, so müssen wir die Vorstellungen von der Person oder Sache selbst einigermaßen verdunkeln, wenn sich unsre Gedanken nicht verwirren und ineinanderfließen sollen. So lange ich den Mann selber kennen lernen wollte, war es mir recht lieb, daß ich seinen Nahmen und seinen Zustand erfuhr, indem ich las, *der arme Amyntas.* Da ich aber nachher über seine Handlungen nachdenken wollte, so würde es mich sehr aufgehalten haben, wenn ich immer aufs neue hätte zurückgehen wollen, um die Vorstellung *der arme Amyntas* noch einmal durchzudenken: ich setzte daher an die Stelle dieser Vorstellung gleichsam einen Merkstab hin, und sagte *der Mann,* weil es mich lange nicht so sehr im Denken aufhält, mir einen Mann überhaupt vorzustellen, als einen armen Mann, welcher Amyntas heißt. Aus eben dem Grunde setzte ich an die Stelle der Vorstellung von einem jungen Eichbaume, gleichsam wie einen Merkstab, die allgemeine Vorstellung von einem Baume, weil es mir nun leichter ward, auf dasjenige aufmerksam zu seyn, was von dem jungen Eichbaume gesagt wurde, indem sich die Vorstellung von ihm selbst verdunkelte, und gleichsam nur schwankend blieb. So eingeschränkt sind wir in unserm Denken, daß wenn wir eine Vorstellung haschen wollen, wir erst die andre müssen fahren lassen, und wenn die eine helle werden soll, die andre erst muß verdunkelt werden. Was ich jetzt vorläufig gesagt habe, wird uns bei einer Eintheilung der Wörter zu statten kommen, welche Benennungen von Dingen sind, wenn wir dieselben betrachten, in so ferne sie nur einem einzigen Dinge, oder einer ganzen Art von Dingen zukommen, da wir sie denn in eigne *Nahmen* und *Gattungsnahmen* eintheilen werden.

Lassen Sie uns nun wieder in unser Bild einlenken! — Amyntas sahe den jungen Eichbaum neben einem *hinrauschenden* Bache — *rauschend* ist das erste Tonwort, welches uns, unter so vielen andern Wörtern, vorkömmt. Die Tonwörter scheinen am sparsamsten in der Sprache ausgestreuet zu seyn, und sind es auch wirklich. Dieses läßt sich sehr leicht daher erklären, weil die Sprache ein Abdruck der Natur ist, worinn die Verschiedenheit der Töne gegen die Verschiedenheit der Gestalten sehr unbeträchtlich ist. Indes unser Auge tausend mannichfaltige Gegenstände in der Natur unterscheidet, ist es etwa Fliegengesumme, Windesrauschen, Vogelgezwitscher, und nichts weiter, wodurch unser Ohr beschäftiget wird. Ob nun gleich die Sprache, bei ihrer Entstehung, Nachahmung der tönenden Natur gewesen ist, so haben sich doch diese Spuren ihres ersten Ursprungs mit der Zeit so sehr verwischt, daß man sie bei den wenigsten Wörtern noch entdecken kann. Überdem drängt sich gemeiniglich bei den Tonwörtern ein Bild mit in der Seele empor, welches oft heller ist, als die Vorstellung von dem Tone selbst. So wird hier durch das Wort *hinrauschen* vorzüglich die Vorstellung von der Schnelligkeit erweckt, mit welcher sich der Bach ergießt, und das Rauschen denkt man sich nur als eine Wirkung dieser Schnelligkeit. Durch das hinangefügte *hin* bekömmt die Vorstellung von *rauschen* eine bewundernswürdige Bestimmtheit, indem dieß Wörtchen gleichsam das Geräusch des Baches an die schnelle Fortbewegung desselben knüpft, und es mit dieser zugleich fortdauren lässet.

Der Dichter geht nun wiederum in seiner Erzählung einen Schritt zurück, und läßt aufs neue im Hintergrunde ein Bild entstehen, das vermittelst des Wörtchens *und* und des stellvertretenden Bildworts *seine* mit dem nähern Bilde, vom jungen Eichbaume neben dem hinrauschenden Bache, zusammenhängt, durch das Wort *hatte* aber in eine dunkle Entfernung zurückgeschoben wird. Es heißt nehmlich:

und der Bach hatte wild seine Wurzeln von der Erd' entblößt — Hier thut die Sprache Wunder: wir sehen jetzt die entblößten hervorstehenden Wurzeln des Baumes, und stellen uns beinahe in demselben Augenblick vor, wie sie noch mit Erde bedeckt waren, und dann wieder, wie von der reißenden Fluth allmälig ein Stückchen Erde nach dem andern weggespült ward; so denken wir uns dasjenige, was ist, und was nicht mehr ist, beinahe zugleich. Indem aber von dem Bache gesagt wird, daß er die Wurzeln des Baumes von der Erde entblößt habe, so wird ihm eben sowohl eine Handlung zugeschrieben, wie vorher dem Amyntas, von dem es heißt, er *hatte sich Stäbe geschnitten,* und doch ist der Bach kein handelndes Wesen; auch wird ihm die Eigenschaft *wild* zugeschrieben, wobei wir uns eine zügellose, uneingeschränkte Freiheit denken, die ebenfalls nur bei einem handelnden und freien Wesen statt finden kann: wie kömmt es nun, daß die Sprache einem leblosen Wesen menschliche Eigenschaften und Handlungen beilegt? — Dieß giebt uns Veranlassung zu einer Bemerkung, welche uns wichtige Aufschlüsse über die Sprache sowohl als über unsre Vorstellungen gewähren kann. — Wir betrachten nehmlich alle Gegenstände außer uns nicht unmittelbar, sondern unsre Vorstellungen davon müssen immer erst durch die Vorstellung von uns selber durchgehen. Bei allem, was wir denken, denken wir erst an uns selber, sonst wären wir uns dessen, was wir dächten, nicht bewußt: da wir also unzähligemal öfter an uns selber, als an irgend etwas außer uns denken, so ist es ja kein Wunder, wenn die Vorstellungen von den Dingen außer uns gleichsam das Gepräge von der Vorstellung unsrer selbst annehmen, und wenn daher auch die Sprache der ganzen leblosen Natur das Gepräge des Menschen aufdrückt. Dieß geschiehet nun entweder, indem man die leblosen Dinge als handelnde Wesen betrachtet, wie man Z.B. sagt, *der Wind reißt einen Baum darnieder, die Wellen verschlagen ein Schiff;* oder indem man der ungebildeten Masse die Form des menschlichen Körpers eindrückt, wie man Z.B. sagt, *der Rücken eines Berges, der Arm eines Flußes, ein Meerbusen* u.s.w. So muß selber die Vorstellung von Gott erst durch die Vorstellung von uns selber gehen, und trägt daher auch sichtbar das Gepräge von uns selber an sich, indem wir diesem höchsten Wesen alle die guten Eigenschaften, die wir an uns selbst bemerken, nur im höchsten Grade, zuschreiben. Den frühesten und den dichterischen Vorstellungen von Gott hat sich sogar die Vorstellung von der Form des menschlichen Körpers eingedrückt, indem man diesem unkörperlichen Wesen die Glieder beilegte, wodurch sich die Eigenschaften, welche wir ihm zuschreiben, bei uns zu äußern pflegen, als die Macht, durch den Arm; die schöpferische bildende Kraft, durch die Hände, u. s. w. Dadurch nun, daß wir den Gegenständen außer uns, und insbesondre auch den leblosen Dingen, unser eignes Gepräge aufdrücken, bekommen dieselben weit mehr Interesse für uns, und wir verweben sie gleichsam mit uns selber.

Indem es nun heißt: *der Bach hatte die Wurzeln des Baumes von der Erd' entblößt,* so bemerken wir, wie durch die vorgesetzte Silbe *ent* und durch das Wörtchen *von* die Vorstellung von der Verlassung in uns erweckt wird. *Bloß* erweckt beinahe die Vorstellung von *loß,* nur daß dieselbe durch das vorgesetzte *b* verstärkt wird, indem es soviel heißt, als *ganz oder allenthalben loß* von jeder Bedeckung oder Anklebung: so sind *kleiden* und *bekleiden* unterschieden, indem das vorgesetzte *be* hier ebenfalls die Idee verstärkt, so daß *bekleiden* so viel heißt, als *ganz oder allenthalben kleiden. Entblößen* ist daher etwas mehr, als *entlösen* oder *loßmachen,* und wird hier von dem Bache gesagt, indem er die Erde von den Wurzeln des Baumes *ganz und allenthalben abgelöset hatte. Erde* ist beinahe so ein Wort, wie *Wald,*

K. P. Moritz
»So lange der Mensch
noch ohne Sprache
war, muß die Welt
gleichsam ein Chaos
für ihn gewesen seyn,
worinn er nichts unter-
scheiden konnte,
wo alles wüste und leer
war, und Dunkel und
Finsterniß herrschte – «

ISBN 3-89190-075-9 / 4400

»So lange der Mensch
noch ohne Sprache
war, muß die Welt
gleichsam ein Chaos
für ihn gewesen seyn,
worinn er nichts unter-
scheiden konnte,
wo alles wüste und leer
war, und Dunkel und
Finsterniß herrschte –«

wo ich nichts Einzelnes unterscheide, sondern mir Z.B. alles, was in der ganzen Welt den Nahmen *Wald* führt, wie ein Einziges vorstelle, wo ich aus der ganzen Masse gleichsam ein Stück heraushebe, das ich besonders bezeichne, indem ich sage, *der Wald,* nehmlich welcher vor mir liegt. Eben so sage ich auch hier, *die Erde,* nehmlich, welche den Baum bedeckt hatte; *Erde* ist also ein ganz andres Wort, als *Baum* und *Bach,* weil es keine Vorstellung von irgend einer Figur oder Gestalt, sondern das Bild von einer unbestimmten, unförmlichen Masse, in meiner Seele erweckt, worinn ich nichts einzelnes unterscheide, die immer in einem fortgeht, und sich auf die Weise durch die ganze Welt erstreckt, so daß ich sie mir nur einmal, und nicht mehrmal nebeneinander denken kann, wie ich mir etwa mehrere Bäume oder mehrere Bäche denke. Ein Baum kann dicht neben dem andern stehen, und ich weiß doch, wo der eine aufhört oder der andre angeht, wenn aber ein Wald sich an den andern, und eine Masse von Erde sich an die andre schließt, so weiß ich nicht, wo eins aufhört, und das andre angeht; dasjenige, was ich unterscheiden will, verschwimmt sich ineinander, und ich kann mir nicht mehr als ein einzigsmal *Wald* und *Erde* denken. Dieß leitet uns auf eine neue Eintheilung der Wörter, wodurch wir die Dinge benennen, indem sie nehmlich entweder eine Gattung einzelner gebildeter Gegenstände, die in der ganzen Natur einerlei Figur und Gestalt haben als *Bäume* und *Menschen,* oder indem sie eine unförmliche, ungebildete Masse, die sich in der ganzen Natur

gleich bleibt, als *Wasser* und *Erde,* bezeichnen. —
Nachdem der Dichter uns in die entferntere Vergangenheit zurückgeführt hat, um den gegenwärtigen Zustand des jungen Eichbaumes aus dem
vergangnen Zustande desselben zu entwickeln,
und auf die Weise mehr Interesse für denselben zu
erwecken, so läßt er ihn wieder hervortreten,
indem er uns durch ein allgemeines Wort *Baum*
wieder an unsre gehabte deutlichere Vorstellung
von demselben zurückerinnert; auf die Weise
fährt er nun fort:

und der Baum stand da, traurig, und drohte zu
sinken — Durch das Wort *stand* welches eben so
wie *sahe* den Nebenbegrif von einer noch nicht
völlig vergangnen Zeit in sich faßt, schließt sich
nun, dieß letztere Bild von dem Dastehen des
Baumes wiederum dicht an die Vorstellung von
dem Hinsehen des Mannes an; und das Bild *wie*
der Bach die Wurzeln des Baumes von der Erd' ent-
blößet, steht weit im Hintergrunde, weil das Wörtchen *hatte* die Vorstellung von einer *mehr als ver-*
gangenen Zeit erweckt. Denn indem der Mann den
Baum sahe, da erreichte ja die Entblößung der
Wurzeln des Baumes von der Erde, nicht erst
gerade in dem Augenblick ihre Endschaft, sondern da sie ihre Endschaft vorher erreicht hatte,
war schon wiederum etwas andres dazwischen
vorgegangen: eben so mußten wir auch die vergangne Handlung des Mannes, da er Stäbe schnitt,
noch gleichsam hinter eine andre Vergangenheit
zurückschieben; denn sie ging ja nicht erst gerade
da zu Ende, als er aus dem Walde kam, sondern

er war dazwischen noch eine ganze Strecke im Walde fortgegangen, und dieses Fortgehen war nun auch schon vorbei, also mußte die vergangne Handlung des Schneidens der Stäbe hinter noch etwas Vergangnes zurückgeschoben werden, und war daher eigentlich *mehr als vergangen;* das ist aber eben die Vorstellung, welche durch *Plusquamperfektum* ausgedrückt wird.

Daß der Baum in seinem damaligen Zustande mit entblößten Wurzeln da stand, denken wir uns zwar jetzt als vergangen, indem wir diese Erzählung lesen, aber es war damals noch nicht völlig vergangen, da der Mann den Baum sahe: ob der Zustand des Baumes sich gleich schon seiner Endschaft nähert, so hat er dieselbe doch nicht erreicht, und dauert noch immer fort, indes verschiedene andre Handlungen des Mannes ihren Anfang nehmen. Auf die Art stellt uns die Sprache etwas als vergangen, und doch zugleich, in Rücksicht auf andre Dinge, als noch fortdaurend dar, und läßt uns also, auf eine bewundernswürdige Weise, die Gegenwart noch selbst in der Vergangenheit erblicken. Alles dieses wird aber bloß durch die Veränderung von *steht* in *stand* bewirkt, und die Vorstellung davon ist in dem Ausdruck *Imperfektum* enthalten. Übrigens erweckt *stehen* die Erinnrung an eine Anstrengung derjenigen Kräfte, deren wir uns, um nicht zu liegen, oder zu sitzen, sondern uns in gerader Richtung empor zu halten, bedienen müssen; es ist also wiederum ein Wort, wodurch wir einem leblosen Dinge eine thätige Kraft beilegen, und ihm das Gepräge unsrer eignen Natur aufdrücken. Das Wörtchen *da* ist uns schon einmal vorgekommen, da es von der Zeit gebraucht ward; hier weist es dem Baume seinen Ort an, und heftet ihn gleichsam an den Platz, den wir ihm in unsern Gedanken gegeben haben. Durch das Wort *traurig* legen wir dem Baume ebenfalls eine Empfindung bei, die wir an uns selbst bemerkt haben; demohngeachtet aber behält das Bild, oder die äußern Kennzeichen der Traurigkeit, auch hier in der Seele die Oberhand: wir denken uns nehmlich den niedergesenkten Wipfel des Baumes, womit er gleichsam, wie wir, mit niedergesenktem Haupte, zu trauren scheinet.

Der Baum drohte zu sinken — Unter *drohen* denke ich mir vorzüglich die Miene oder Stellung eines solchen, der im Begriff ist, eine Handlung zu unternehmen, wodurch er jemanden Schaden zufügen will, der aber diese Handlung noch nicht wirklich vollzieht: ich schreibe also dem Baume dadurch aufs neue eine thätige Kraft zu. Weil nun das Drohen an sich etwas Unbestimmtes ist, so muß wenigstens eine Handlung ausgezeichnet werden, wohin es sich neigen würde, wenn es zur wirklichen That übergienge: diese Hinneigung wird hier durch das Wörtchen *zu* ausgedrückt, und *sinken* wird dem Baume ebenfalls als eine Handlung zugeschrieben, die von ihm selber abhängt, da es sonst auch wohl im eigentlichen Verstande von demselben hätte gesagt werden können, weil es nicht so, wie die Wörter *stehen* und *drohen,* eine thätige Kraft voraussetzt.

Indem nun der arme Amyntas mitleidig da steht, und den traurenden Baum betrachtet, wird er selbst redend eingeführt. Wie mächtig behauptet hier die Sprache ihren Vorzug vor dem Gemählde! Die mitleidige, sprechende Miene des Mannes, indem er seine Blicke theils auf den Baum, und theils auf das wilde Wasser richtet, wohinein derselbe zu sinken drohet, kann das Gemählde wohl ausdrücken; aber muß nicht die Sprache selbst uns erst dieses Bild enträthseln, indem man es Z.B. durch die Worte erklärt: der Mann siehet aus, als ob er sagen wollte, *schade, daß der junge, schöne Baum in dieß wilde Wasser stürzen soll!* Das Redenwollen kann also das Gemählde wohl einigermaßen ausdrücken, aber nie das wirkliche Reden; daher sagt man auch von dem schönsten Gemählde weiter nichts, als, es ist *zum* Sprechen; bis auf den Punkt des Ausdrucks durch die Sprache ist die Leidenschaft in der Miene geschildert.

Schade, sprach er — *sprechen* ist das zweite Tonwort in unsrer Erzählung: für sich selber erregt es aber nur eine unbestimmte Vorstellung, wenn nicht mehrere Wörter dabei stehn, die gesprochen werden, und welche es dann in unsrer Vorstellung ebenfalls tönen läßt, indem es ihnen etwas von seiner eignen Natur mittheilet, wie es hier wirklich der Fall ist. Die Worte, die Amyntas spricht, beschäftigen unsre Aufmerksamkeit nun auf eine doppelte Art, indem sie nicht nur die Bilder, welche sie bezeichnen, sondern auch die Vorstellung von sich selber, als tönende Zeichen dieser Bilder, in uns erwecken. Die Wörter *sagen, reden, sprechen, nennen,* machen uns nicht sowohl auf Sachen, als auf Worte aufmerksam, wodurch Sachen bezeichnet werden. Daher kömmt es auch, daß, wenn jemand redend eingeführt wird, die Bilder in unsrer Seele schwächer und dunkler sind, weil unsre Aufmerksamkeit zwischen Wort und Sache getheilt wird. Daher kömmt es auch hier, daß wir bei dem, was jetzt Amyntas sagt, uns mehr seine Empfindung im Ganzen, als die einzelnen Gegenstände, welche durch seine Worte bezeichnet werden, vorstellen.

Durch *sprach,* worinn der Nebenbegrif des noch nicht völlig Vergangnen liegt, fügt sich das Bild von dem Manne, wo er seinen Mund eröfnet, um zu reden, an die Vorstellung, wo er sein Auge nach dem Baume am Bache hinwendet. Nach einer kleinen Pause, worinn er bemerkte, daß die Wurzeln des Baumes von der Erd' entblößt waren, öfnet sich erst sein Mund, um zu reden; wir sehen also, daß vermittelst des Worts *sprach* die Erzählung wiederum einen Schritt fortrückt. *Sprechen* artet ebenfalls in Bildwort aus: wir denken uns den etwanigen Ton des Mannes nicht so deutlich als seine Stellung, und die Bewegung seines Mundes, im Reden. Und diese Vorstellung von dem redenden Manne ist es allein, welche in Reihe und Glied mit den übrigen Bildern geht: Dasjenige, was er sagt, und wenn es auch noch so viele Vorstellungen erweckte, bleibt immer nur der Hauptvorstellung von dem redenden Manne, als eine untergeordnete Nebenvorstellung, einverleibt, und kann nur erst mittelbar durch diese in die Gesellschaft der übrigen Bilder unsrer Erzählung kommen.

Schade — ist gleichsam erst das Resultat von den dunkeln Vorstellungen des Mannes, welche schon in seiner Seele waren, ehe er anfing zu sprechen. Allein natürlich geht der Ausdruck der Empfindung von der Entwicklung der Vorstellungen her, wodurch diese Empfindung veranlaßt ward. Übrigens ist *schade* ein allgemeiner Ausdruck der Empfindung bei dem schon gegenwärtigen oder noch bevorstehendem Verlust einer jeden Sache, die uns werth ist. Wenn etwas schon mit in den Kreis unsrer angenehmern Vorstellungen verwebt ist, und nun in demselben eine Lücke entsteht, so drängt sich unwillkührlich die Empfindung in uns empor, welche wir durch den Ausdruck *schade!* bezeichnen. Schade, sprach also der Mann

Solltest du Baum in dieß wilde Wasser stürzen — Wie natürlich die Anrede des Mannes an den Baum, welchem hier gar eine Persönlichkeit beigelegt wird, wodurch er fähig wird, angeredet zu werden. Auch hier sehen wir eine Spur, wie der Mensch die leblose Natur um sich her belebt, und sich sogar in dem Drange oder in der Einfalt seines Herzens mit ihr unterredet. Wir denken uns den Amyntas in einem solchen Zeitalter, wo das natürliche Gefühl der Menschen noch so unverderbt war, daß selbst ein junger Baum, der schon in seinem Aufblühen umzufallen drohte, Mitleid und Erbarmen einflößen konnte. Und nun schließen wir ganz natürlich auf den weit höhern Grad des Mitleids bei dem Anblick der leidenden

Menschheit: wie schön hat uns also der Dichter durch diesen Zug auf die edle That des Amyntas vorbereitet, wovon wir am Ende dieser Erzählung unterrichtet werden! — Schade, sprach Amyntas, *solltest du Baum in dieß wilde Wasser stürzen* — Hier erweckt die Sprache wieder ein Bild in unsrer Seele von dem, was nicht wirklich ist, sondern nur vielleicht wirklich werden könnte. Wir wissen, daß der Baum noch neben dem Bache steht, und doch sehen wir denselben, obgleich erst mittelbar in der Vorstellung eines andern, in die Fluth stürzen. Es ist schon eine große Kraft der Sprache, daß sie einer Reihe Bilder, die wir uns beinahe als gegenwärtig denken, etwas Zukünftiges, das gewiß ist, mit einweben kann, wie die Vorstellung vom Zaune bei der Vorstellung von dem Stäbeschneiden: aber noch eine weit größere Kraft derselben ist es, daß sie etwas Zukünftiges, das blos als zukünftig gedacht wird, ohne vielleicht jemals in Erfüllung zu gehen, einer Reihe solcher Begebenheiten, die wir uns als wirklich geschehen denken, mit einweben kann, und das geschiehet hier durch das einzige Wort *solltest.* Die Vorstellung von dem Hinstürzen des Baumes wird also auf doppelte Weise verdunkelt: erstlich durch *sprach,* wodurch unsre Aufmerksamkeit mehr auf den redenden Mann, als auf den Baum, gezogen wird; und dann durch *solltest,* welches das Hinstürzen des Baumes, selbst in der Vorstellung des Mannes, in eine, noch dazu ungewisse, Zukunft verschiebt. Die Wörter *sollen, wollen, müßen,* und einige ähnliche, bezeichnen den Zustand des

Handelnden, welcher vor einer Handlung, die noch zukünftig ist, vorhergehen muß, wenn sie wirklich werden soll. Je näher nun dieser Zustand der künftigen Handlung ist, desto gewisser denken wir uns dieselbe. Hieße es also, *sollst du Baum in dieß wilde Wasser stürzen,* so dächten wir uns das *sollen* als gegenwärtig, und das *stürzen* schon als gewiß: nun aber scheinet es, als ob die Ursach des Stürzens, welche in *sollen* liegt, gleichsam weiter zurückgeschoben, und in der Entfernung gehalten wird, indem wir uns das *sollen* schon als *beinahe vergangen* denken, ohne daß es die gewünschte oder befürchtete Wirkung hervorgebracht hätte. So müssen wir zu der Vergangenheit wieder unsre Zuflucht nehmen, wenn wir uns etwas Künftiges als ungewiß denken wollen. In diesen Fällen aber leidet doch größtentheils das Imperfektum einige Veränderung: wenn man z. B. *kommen* sich als etwas ungewisses künftiges denken will, so verwandelt man *kam* in *käme,* und auf eben die Art *konnte* in *könnte,* und *mußte* in *müßte,* und sagt daher, wenn er doch käme, könnte, müßte, u.s.w.

Der Baum, welcher vorher immer als eine Sache betrachtet ward, *von* welcher gesprochen wird, steht nun plözlich durch das Wörtchen *du* in einem neuen Verhältniß, nach welchem, zu gleicher Zeit, *von ihm,* und *zu ihm* geredet wird. Der Baum ist nunmehro nicht nur der Gegenstand oder der Stoff dessen, was Amyntas spricht, sondern er ist zugleich der Zweck seiner Rede, welche er an den Baum, wie an ein vernünftiges Wesen, richtet. Auch scheinet, durch die Vorstellung einer Anrede, auf einmal mehr wirkliches Leben und Darstellung in die Erzählung zu kommen, wenn wir uns das Wort *sprach* hinwegdenken, wodurch die lebhaftere Darstellung vermittelst der Anrede gleichsam wieder verdunkelt wird, um dieselbe nach dem Tone der kälteren Erzählung herabzustimmen. — Noch ist zu bemerken, wie die immer genauere Bestimmung des Baumes zunimmt, indem es erstlich *ein Baum,* dann *der Baum,* und endlich *du Baum,* heißt. — *Solltest du Baum*

in dieß wilde Wasser stürzen — Wie natürlich der Blick vom Baume auf das Wasser, das gleichsam wie ein Feind des Baumes betrachtet wird! Das merkwürdige Wörtchen *in* zeigt hier ebenfalls den stärksten Grad der *Berührung* an, und setzt also *Baum* und *Wasser* in eben solche Verbindung, wie vorher *Beil* und *Hand,* indem es das Wasser den Baum, eben so wie die Hand das Beil, *umgeben* läßt: nur mit dem Unterschiede, daß hier das Wasser noch nicht der *Ort* der Berührung ist, *wo* der Baum schon wirklich untergetaucht liegt, sondern blos das *Ziel* der Berührung, *wohin* er, durch seinen Sturz, erst kommen und untergetaucht werden soll. Hätte das Wörtchen *in* den *Ort* der Berührung angezeigt, so hätte es heißen müssen, *in diesem wilden Wasser,* da es aber das Ziel der Berührung anzeigt, so muß es heißen, *in dieses oder in dieß wilde Wasser.* Hier macht also, das *m* und *n* in den Wörtern *diesem* und *wilden* anstatt *dieses* und *wilde,* den ganzen Unterschied: das erste, wodurch hier der *Ort* der Berührung angezeigt wird, nennt man *Dativ,* und das andre, wodurch das Ziel der Berührung angezeigt wird, nennt man *Akkusativ* — doch dieses jetzt nur beiläufig!

So wie durch das Wörtchen *du* der Baum die allergenaueste Bestimmung erhält, so muß auch der Bach, oder das Wasser, im Gegensatze gegen den Baum, auf das genaueste bestimmt werden, und dieß geschiehet hier wirklich vermittelst des bezeichnenden *dieses,* wodurch nun die Masse von Wasser, die den Baum umzureißen drohet, von allem andern Wasser in der Welt herausgehoben, und ganz für sich allein betrachtet, gleichsam wie eine Person, die Aufmerksamkeit der Seele auf sich ziehet. Die genaueren Bestimmungen von Baum und Bach steigen immer gemeinschaftlich, in folgender Parallel:

> *Ein Baum, der Baum, du Baum,*
> *Ein Bach, der Bach, dieser Bach,*
> oder *dieses Wasser.*

Und so wie anstatt junger *Eichbaum* nachher blos das allgemeinere Wort *Baum* gesetzt ward, nachdem man einmal wußte, was es für ein Baum war, so wird auch statt *Bach* der allgemeinere Nahme *Wasser* gebraucht, nachdem wir einmal wissen, daß es ein Bach, und nicht ein See oder Teich ist. Die Ursach dieser Vertauschung der besondern mit den allgemeinern Nahmen, habe ich in meinem vorhergehenden Briefe berührt.

Das Wort *wild,* welches wir schon näher kennen gelernt haben, bekömmt hier einen Zuwachs durch das hinangefügte *e,* wodurch es sich auf einmal an die Vorstellung von dem Wasser hinanschmiegt, und sich gleichsam in dieselbe verliert, da es vorher mehr an und für sich selber eine eigne Vorstellung erweckte, indem es hieß: *der Bach hatte wild die Wurzeln des Baumes von der Erd' entblößt.* Nun zogen wir die Vorstellung von *wild* auf die Handlung, welche dem Bache, gleichsam als einem handelnden Wesen, zugeschrieben wird, und zu gleicher Zeit fügte sie sich auch an die Vorstellung vom Bache hinan, ohne sich jedoch in derselben zu verlieren. Hätte es geheißen, *der wilde Bach hatte die Wurzeln des Baumes von der Erd' entblößt,* so hätte sich die Vorstellung von *wild* weder auf die Handlung noch auf den Bach, als etwas für sich betrachtetes, bezogen, sondern sie hätte sich in der Vorstellung vom Bache verlohren, und würde im Ganzen keine so große Wirkung gethan haben. Soll sie nun keine zu lebhafte Wirkung thun; soll sie gleichsam nur untergeordnet, oder eine Vorstellung in einer andern Vorstellung seyn, so setzt man das Wort *wild* vor das Wort, welches die Hauptvorstellung anzeigt, und fügt ein *e* hinzu, wodurch es sich an dieselbe anschließt, so wie es hier heißt, *das wilde Wasser —* Das Wasser wird nun als unthätig, und blos als der Ort betrachtet, wohin der Baum stürzen kann; gegen das Hinstürzen des Baumes ist *Wasser* selbst hier nur eine Nebenvorstellung, die nicht überhäuft werden darf, und *wild* soll nur noch als eine schwache Erinnerung durchschimmern, um uns auf den Zustand des Baumes schließen zu lassen, wenn er in das Wasser gestürzt seyn wird, darum mußte die Vorstellung durch das hinangefügte *e* gemildert werden, und dieselbe mußte sich gleichsam in eine andre verschmelzen.

Um nun diesen feinen Unterschied, den unsre Sprache macht, zu bezeichnen, wollen wir sagen: das Wort *wild,* in so fern ich es mir mehr an und für sich als eine besondere Vorstellung denke, die ich *neben* eine andre setze, und sie damit verbinde, als wenn ich sage, *der Bach ist wild,* zeigt es eine *Beschaffenheit* an; in so fern ich es aber, nicht als eine Vorstellung von gleichem Range und von gleicher Klarheit, neben eine andre stelle, sondern es als eine untergeordnete Vorstellung in eine andere hineindenke, indem ich sage, *der wilde Bach,* so zeigt es eine *Eigenschaft* an: weil die Silbe *eigen* in dem Worte *Eigenschaft* schon weit mehr Hineindenkung des einen in das andre ausdrückt, als die Silbe *be* in dem Worte *Beschaffenheit.* Wir können also wiederum eine ganze Anzahl Wörter, in so fern wir uns, vermittelst derselben eine Vorstellung an die andre *hinan,* oder in dieselbe *hinein* denken, in *Beschaffenheitswörter* und *Eigenschaftswörter* eintheilen; welche Eintheilung uns, in der Folge unsrer Untersuchungen, desto besser zu statten kommen wird, je genauer und bestimmter wir uns jetzt diesen Unterschied zwischen einer Klasse von Wörtern zu entwickeln gesucht haben.

Sechster Brief.

Übergang zur Betrachtung der Wörter
aus verschiednen Gesichtspunkten.

Solltest du Baum in dieß wilde Wasser stürzen —
Stürzen setzt keine thätige Kraft voraus, und
könnte also wohl im eigentlichen Verstande von
dem Baume gesagt werden, wenn nicht das Wort
sollen vorherginge, welches einen Zwang anzeigt,
den man sich nur bei einem freien und handelnden
Wesen denken kann. *Sollen* wird hier nach der
Person, welche angeredet wird, genau bestimmt,
und in *solltest* verwandelt, *stürzen* aber bleibt so
wie es ist, weil ich es mir noch auf keine Weise
als wirklich denke. Ein jedes Zeitwort, wenn es
etwas anzeigt, das noch künftig ist, bleibt so stehen, als ob es gar keinen Einfluß in die Rede hätte,
und in gar keinem Zusammenhange mit ihr stände.
lieben Z. B. sage ich, wenn ich das Lieben ganz für
sich allein, seiner Natur nach betrachte, ohne in
Erwägung zu ziehen, daß es von irgend einer
Person *wirklich* geschiehet; *lieben* sage ich auch,
wenn ich es mir als etwas Zukünftiges denke, ob
ich gleich glaube, daß es wirklich geschehen *wird;*
daher heißt es nicht, *du wirst liebest,* sondern *du*

wirst lieben: das künftige Lieben trägt noch nicht den Charakter der Wirklichkeit an sich, welcher hier in dem *st* liegt, und nur dem *werden* zukömmt; denn das Werden, oder die Entstehung des Liebens, denk' ich mir wohl als wirklich, aber noch nicht das Lieben selbst. Wir können uns etwas Zukünftiges immer nur mittelbar, entweder durch das allmälige *Werden* oder *Entstehen* desselben, oder durch eine *Nothwendigkeit,* oder durch einen *vorhergegangenen Willen,* vorstellen. So sagen wir, *ich werde reden, ich muß oder soll reden,* und *ich will reden.* Wir haben also keine eigne Form, worinn wir unsre Zeitwörter kleiden können, wenn sie etwas Künftiges bezeichnen sollen, sondern müssen uns andrer Wörter bedienen, wodurch wir diesem Mangel abzuhelfen suchen.

Eben so denken wir uns die Vergangenheit, auf eine ganz eigne Art, erst durch den Mittelbegrif von *haben,* wobei wir uns sonst immer einen Besitz vorstellen. Es scheinet, als ob wir uns die Zeit, wie eine Summe Geldes denken, die uns in Stunden, Tagen, und Jahren, nach und nach zugezählet wird. Der Theil der Summe, der uns nun schon zugezählet ist, den *haben* wir, und denjenigen, welcher uns noch nicht zugetheilet ist, sollen wir erst *bekommen.* Wir denken uns also Vergangenheit und Zukunft einander so entgegengesetzt, wie *haben* und *bekommen:* Diese Vorstellung der Vergangenheit unter dem Worte *haben* erklärt sich sehr gut durch den Ausdruck, *sie haben ihren Lohn dahin!* Die Summe von Freuden, welche ihnen zugedacht war, *haben* sie nun erhalten, und es ist nichts mehr übrig, das sie *bekommen* könnten. Beinahe scheint es, als ob wir die Erinnrungen aus der Vergangenheit unsres Lebens mit zu demjenigen rechnen, was wir wirklich besitzen, indem wir auf einerlei Art sagen:

> *ich habe — einen Garten,*
> *ich habe — ein Haus,*
und, *ich habe — gelebt.*

Zuweilen denken wir uns das Vergangene durch den Mittelbegrif von *seyn,* als, *ich bin gegangen, ich bin gereist,* u. s. w. auch ist die Silbe *ge* auf keine Weise überflüßig, um das Vergangne zu bezeichnen; doch davon in der Folge ein mehreres, damit wir uns den Stoff zu manchen Betrachtungen nicht schon im voraus wegnehmen! — *Schade,* sprach also Amyntas, *solltest du Baum in dieß wilde Wasser stürzen;*

Nein, dein Wipfel soll nicht zum Spiele seiner Wellen hingeworfen seyn. — Wie natürlich sind wir auf dieß *Nein* durch das Vorhergehende vorbereitet! wie unmerklich geht durch dieses Wort Gedanke und Empfindung in Entschließung über! — *Nein* ist ein mächtiges Wort, wodurch eine ganze Reihe von Vorstellungen einer ungewissen Zukunft plötzlich aufgehoben wird, und welches hier zugleich die Entschließung und die ganze thätige Kraft des Mannes bezeichnet, der es so unbedingt sagen konnte. Wenn zwei Reihen von Vorstellungen in der Seele miteinander streiten, so daß eine die andre aufhebt, so ist das Resultat derselben *Nein,* harmonieren sie aber miteinander, so

ist das Resultat derselben *Ja*. Nun muß man sich
aber in der Seele des Mannes eine Reihe von Vorstellungen denken, welche schon durch die Betrachtung des jungen Eichbaumes in ihr erweckt
waren, und Theilnehmung für denselben erregt
hatten; diese ganze Reihe von Vorstellungen
würde aber durch den Gedanken, daß der Baum
in das Wasser stürzen sollte, aufgehoben und
gestört worden seyn, wenn sie nicht stark genug
gewesen wäre, in der Seele des Mannes einen
Entschluß zu erwecken, durch dessen Ausfüh-
rung der Gedanke, daß der Baum in den Fluß
stürzen könnte, gänzlich aufgehoben ward: und
diese Aufhebung einer Reihe von Vorstellungen,
die erst in die Seele kommen, durch eine andre
Reihe von Vorstellungen, welche schon vorher
darinn befindlich waren, ist es, welche hier durch
nein bezeichnet werden soll. — Indem der Mann
durch den Sturz des Baumes aus der Reihe seiner
angenehmen Vorstellungen eine zu verlieren
fürchtet, so spricht er, *schade!* das ist Ausdruck der
Empfindung. Indem er sich aber immer mehr für
den Baum interessiret, so drohet der Sturz desselben die ganze Reihe seiner angenehmen Vorstellungen zu zerstören, und nun sträubt sich seine
ganze Seele dagegen, die Empfindung geht zur
Thätigkeit über, und er sagt, *nein!* das ist Ausdruck der Entschließung.

Ehe die Empfindung in Thätigkeit übergehen
konnte, mußte sie erst bis zu einem gewissen Grade
der Stärke anwachsen; dieß geschiehet hier, indem die Einbildungskraft die Vorstellung von dem

hinstürzenden Baume sich noch weiter ausmahlet: wie derselbe schon wirklich hingesunken da liegt, und wie nun sein schöner Wipfel zum Spiele der wilden Wellen dienet. So mahlt die Sprache uns in der Vorstellung des Mannes die schönste Perspektive: wir erblicken nicht unmittelbar sondern mittelbar, durch den dunkeln Schleier der Vorstellung eines andern, das Schicksal des Baumes, welches ihm in einer nähern und dann in einer entferntern Zukunft bevorsteht; allein diese ganze Vorstellung ward nur erregt, um durch das Wort *nicht* wieder aufgehoben zu werden, und wie ein Traum zu verschwinden. Demohngeachtet aber war sie bei dem Manne nöthig, um seine Kräfte in Thätigkeit zu setzen; und in uns ward sie mit Fleiß erweckt, damit wir die Triebfedern der nachfolgenden Handlung kennen lernen, und gleichsam die Entstehung derselben bemerken sollten.

Auf die Handlung des Mannes, wodurch er dem Hinstürzen des Baumes vorbeugt, werden wir schon durch sein unbedingtes *nein,* und *soll nicht* vorbereitet: er könnte beides nicht sagen, wenn nicht in seiner Seele schon die Vorstellung von einer Handlung im Hinterhalte läge, wodurch er das Hinstürzen des Baumes verhindern *will* und *kann.* — Indem er nun noch immer den ganzen Baum anredet, so richtet er demohngeachtet zuletzt seine größte Aufmerksamkeit auf den Wipfel desselben. Vermöge des Wörtchens *dein* redet er von dem Wipfel insbesondre, und denkt sich doch zugleich denselben als etwas, das zu dem Baume gehört, den er anredet; er erweckt also in sich die Vorstellung von dem Wipfel mit der Vorstellung von dem Baume selbst, und auf die Weise kann er immer in der Anrede bleiben, die er einmal angefangen hat. Welch eine Bequemlichkeit verschaft uns dieses kleine Wort, daß wir den Wipfel von den übrigen Theilen des Baumes erstlich in Gedanken absondern können, um desto stärker unsre Aufmerksamkeit auf ihn zu heften; und daß wir ihn uns doch, zu gleicher Zeit, wieder gerade an den Baum, den wir anreden, hinandenken können. *Dein Wipfel,* heißt es also

soll nicht zum Spiele seiner Wellen hingeworfen seyn — *soll* erweckt die Vorstellung von einem äußern Zwange, welcher von einem handelnden und thätigen Wesen herrührt, dahingegen *muß* mehr einen innern Zwang bezeichnet, als wenn ich sage, *ich soll zu Hause gehen,* und *ich muß zu Hause gehen.* — *nicht sollen* setzt freilich bei dem Baume eine Art von *wollen* voraus, und kann also nur auf eine figürliche Weise von demselben gesagt werden: eigentlich drückt es bloß den festen Entschluß des Mannes aus, das Umfallen des Baumes zu verhindern. — Indem der Mann sich den Baum vorstellt, wie er *hingeworfen ist,* so denkt er sich denselben, wiederum in figürlichem Verstande, als einen *leidenden Gegenstand,* gleichsam als ob etwas, außer dem Baume, ihn *hingeworfen hätte.* Die vorhergehenden Veränderungen des Baumes, *sinken* und *stürzen* denken wir uns als etwas, das in dem Zustande des Baumes selbst gegründet ist, und wobei wir uns kein wirkendes Wesen außer demselben zu denken brauchen, das sein *sinken* oder *stürzen* hervorbringt. Hieße es aber, der Baum *wird* in die Fluth *versenkt,* oder er *wird* von einer Anhöhe *herabgestürzt,* so muß ich mir nothwendig dabei denken, daß sein *sinken* und *stürzen* von einem handelnden Wesen außer ihm bewirkt wird. Dieses ist auch der Fall, wenn ich mir den Baum als *hingeworfen* denke. Bei *hinwerfen* stelle ich mir eine Handlung vor, die von einem handelnden Wesen erst *ausgeht;* bei *hingeworfen werden* hingegen, eine Handlung, die schon *ausgegangen ist,* und nun auf einen Gegenstand wirklich *übergeht.* Wenn ich mir also den Baum vorstelle, wie er *hingeworfen da liegt,* so denke ich mir nacheinander, figürlicher Weise, wie die Handlung des *Hinwerfens* erstlich von einem handelnden Wesen *ausging,* dann auf den Baum *überging,* und nun schon auf ihn *übergegangen ist.* Dieses kann uns auf einen neuen Unterschied aufmerksam machen, der zwischen allen Wörtern statt findet, die *wirklichgeschehende* Handlungen anzeigen: wir können uns nehmlich alle Handlungen vorstellen, in so fern sie erst von einem handelnden Wesen *ausgehen,* diese Beschaffenheit derselben drückt man durch den Nahmen *Aktivum* aus; oder wir können sie uns vorstellen, wie sie schon von dem handelnden Wesen *ausgegangen* sind, und nun auf einen Gegenstand außer dem handelnden Wesen wirklich *übergehen,* diese Beschaffenheit derselben bezeichnet man durch den Nahmen *Passivum.* Es heißt: *der Wipfel des Baumes soll nicht hingeworfen*

seyn — Dieses letztere ist das merkwürdigste unter allen Wörtern, die wir bis jetzt aus unserer

Erzählung näher kennen gelernt haben, und ist vielleicht das merkwürdigste Wort in der ganzen Sprache. Durch das Wort *seyn* wird hier die auf den Baum *übergegangne* Handlung des Hinwerfens demselben gleichsam einverleibt, so daß wir die Vorstellung von der übergegangnen Handlung mit der Vorstellung von dem Baume selbst unzertrennlich verknüpfen würden, wenn nicht diese Verknüpfung durch das Wort *nicht* wieder aufgehoben würde. So sagen wir, *der Baum ist gepflanzet,* und nun knüpft sich, vermöge des Worts *ist,* die Vorstellung von der *übergegangnen* Handlung des Pflanzens unzertrennlich an die Vorstellung von dem Baume, oder sie wird derselben gleichsam einverleibt, ob ich mir gleich den Baum und die Handlung des Pflanzens besonders gedacht habe. Vermöge dieses Worts kann ich mir alle Eigenschaften eines Dinges, unbeschadet ihrer genauern Verknüpfung mit dem Dinge selbst, besonders denken: so sage ich, *der Baum ist grün,* denke mir also die grüne Farbe des Baumes besonders, ohne sie jedoch von dem Baume selbst zu trennen, weil das Wort *ist* diese Trennung mit aller seiner Kraft verhindert, und gleichsam in dem Augenblick, da ich es sage, den ganzen Baum in meiner Vorstellung mit der grünen Farbe überzieht. Doch wir werden dieß merkwürdige Wort in der Folge noch näher kennen lernen. — Lassen Sie uns nun noch den letzten Zug zu dem Gemählde in der Vorstellung des Amyntas hinzusetzen: *Der Wipfel des Baumes sollte nicht in das wilde Wasser hingeworfen seyn zum Spiele seiner Wellen* — Amyntas legt der wirkenden Ursach, welche den Baum ins Wasser hingeworfen haben würde, nicht nur, auf eine figürliche Weise, handelnde und thätige Kraft, sondern auch sogar eine Absicht bei, indem er sich vorstellt, als hätte dieses wirkende Wesen, *deswegen* den Baum ins Wasser hingeworfen, *damit* die wilden Wellen mit seinem Wipfel nach Gefallen ihr Spiel treiben könnten. Diese letztere Vorstellung steht nun in der Perspektive des Zukünftigen ganz am Ende, indem die Bilder so aufeinander folgen:

Schade — solltest du Baum in dieß wilde Wasser stürzen?
Nein — dein Wipfel soll nicht hingeworfen seyn
     zum Spiele seiner Wellen!

Schade und *nein* waren nur die Resultate dieser zusammengedrängten Bilder. — Durch das Wort *Spiel* bekommen sogar die Wellen, in unsrer Vorstellung, eine Art von Thätigkeit. Unter *spielen* denke ich mir eine jede Handlung, die weiter kein Ziel hat, als die Belustigung desjenigen, der sie unternimmt. So sehr ist hier das Gepräge des Menschen der leblosen Natur aufgedrückt, daß man sich die Wellen vorstellt, wie sie sich gleichsam daran belustigen, den Wipfel des Baumes auf mancherlei Art zu krümmen, und die Blätter desselben hin und her zu werfen. Indem wir uns nun die Handlung des Spielens vorstellen, wie sie schon von den Wellen *ausgegangen,* und auf den Wipfel *übergegangen* ist, so denken wir sie uns ganz an den Wipfel selbst hinan, und *überziehn* ihn gleichsam mit dieser Vorstellung, indem wir ihn statt *Wipfel* nunmehro ein *Spiel* der Wellen nennen, oder indem sich die Vorstellung, daß er der Wipfel eines Baumes ist, in der Vorstellung, daß die Wellen mit ihm spielen, verliert. Dieß ist fast eben der Fall, wie bei dem Worte *Last,* wo wir uns auch die Empfindung des Mannes, an die Stäbe, die er trug, hinandachten, und ihnen auf die Weise einen andern Nahmen beilegten. Indem wir sagen, *seiner Wellen,* so reden wir von den Wellen, als von einer Sache, die zu dem Bache gehört, und doch reden wir zugleich mit von dem ganzen Bache, eben so wie vorher, da es hieß, *dein Wipfel,* und also von dem Wipfel insbesondre, und doch auch zugleich vom ganzen Baume die Rede war. —

Nun wird es Ihnen leicht werden, sich auf eben die Art, wie wir es bis jetzt gethan haben, den übrigen Theil unsrer Idylle zu erklären, und die Natur der Wörter, welche darinn vorkommen, sich selber zu entwickeln. Damit wir aber den Weg überschauen, den wir zurückgelegt haben; damit wir noch einmal sehen, wie jedes Wort, das wir einzeln kennen lernten, im Ganzen die vortreflichste Wirkung thut, indem es an seinem angewiesnen Platze steht; damit wir auf die Weise einige Augenblicke gleichsam die Früchte unsrer bisherigen Arbeit genießen; so wollen wir uns nicht nur den Theil des Gedichtes, welchen wir schon kennen gelernt haben, sondern das ganze schöne Gemählde auf einmal vor unsre Seele stellen; alle seine Reitze und seine feinsten Schönheiten sollen sich vor unsrem Blick enthüllen, und das Anschauen derselben soll uns Muth und

Kraft geben, unsern Weg fortzusetzen, bis wir in das innerste Heiligthum der Sprache eingedrungen sind, und unser vorgestecktes Ziel erreicht haben.

Amyntas.

»Bei frühem Morgen kam der arme Amyntas aus dem dichten Haine, das Beil in seiner Rechten. Er hatte sich Stäbe geschnitten zu einem Zaun, und trug ihre Last gekrümmt auf der Schulter. Da sah er einen jungen Eichbaum neben einem hinrauschenden Bache; und der Bach hatte wild seine Wurzeln von der Erd' entblößet, und der Baum stand da, traurig, und drohte zu sinken. Schade, sprach er, solltest du Baum in dieß wilde Wasser stürzen; nein, dein Wipfel soll nicht zum Spiele seiner Wellen hingeworfen seyn. Jetzt nahm er die schweren Stäbe von der Schulter: ich kann mir andre Stäbe hohlen, sprach er; und hub an, einen starken Damm vor den Baum hinzubauen, und grub frische Erde. Jetzt war der Damm gebaut, und die entblößten Wurzeln mit frischer Erde bedeckt; und jetzt nahm er sein Beil auf die Schulter, und lächelte noch einmal, zufrieden mit seiner Arbeit, in den Schatten des geretteten Baumes hin, und wollte in den Hain zurück, um andre Stäbe zu hohlen. Aber die Dryas rief ihm mit lieblicher Stimme aus der Eiche zu: sollt' ich unbelohnet dich weglassen, gütiger Hirt? sage mir, was wünschest du zur Belohnung? Ich weiß, daß du arm bist, und nur fünf Schafe zur Weide führest. O! wenn du mir vergönnest, Nymphe: so sprach der arme Hirt: mein Nachbar Palämon ist seit der Ärndte schon krank, laß ihn gesund werden!

So bat der Redliche: und Palämon ward gesund. Aber Amyntas sah den mächtigen Seegen in seiner Heerde und bei seinen Bäumen und Früchten, und ward ein reicher Hirt; denn die Götter lassen die Redlichen nicht ungesegnet.«

Damit wir nun, in der Folge unsrer Betrachtungen, die nöthigen Beispiele, nicht aus der Luft greifen dürfen, so wollen wir uns immer fest an unser Bild halten, und unsre Beispiele, wo es nur irgend möglich ist, daraus herzuhohlen suchen. Auf die Art, wird es uns weit leichter werden, in die Natur der Wörter einzudringen, indem wir sie uns nicht einzeln und abgesondert, sondern in einem schönen Ganzen denken, wo jedes einzelne Wort seine besondre Kraft und Wirksamkeit zeigen kann. Auch wird uns das Nachdenken über die Sprache selbst mehr Vergnügen gewähren, wenn das Einzelne, worüber wir Betrachtungen anstellen, aus einem Ganzen genommen ist, das uns schon an sich selber interessirt.

Siebenter Brief.

Einige Rückblicke auf
das Ganze der Sprache.

Jetzt, verehrungswürdige Frau, haben wir schon
glücklich einen Berg erstiegen, von dessen
Spitze wir einmal frei umherschauen, und einige
Rückblicke auf das Ganze der Sprache thun dürfen, nachdem wir uns eine Weile bloß mit dem
Einzelnen beschäftiget haben. Wie erhebt es das
Herz, wenn Melodie sich plötzlich in Harmonie
verwandelt! und das ist hier der Fall, indem wir
uns den Zusammenklang der Vorstellungen denken, die nach und nach in uns entstehen; indem
wir alle die einzelnen Bemerkungen über die Kraft
und über das Wesen der Sprache zusammen-
nehmen, und nun die Würde und die Größe dieses
Gegenstandes erst lebhaft empfinden.

Bis jetzt haben wir nur die Sprache vorzüglich
betrachtet, wie sie, vermittelst der Worte, Bilder,
welche schon in unsrer Seele schlummern, erweckt, um neue Bilder daraus zusammenzusetzen,
wodurch Gegenstände geschildert werden, die wir
vielleicht in unserm Leben nie gerade *in dem*
Zusammenhange gesehen haben. Aber sie thut noch

mehr, indem sie selbst unsern Sinnen, bei der Betrachtung der Natur, zu Hülfe kömmt, und zugleich unserm Gedächtniß ganz allein Dauer und Festigkeit giebt.

Wie kömmt es, daß die mannichfaltigen Gegenstände sich nicht vor unsern Blicken verschwimmen? daß wir das Einzelne im Ganzen, den Wald in der Landschaft, den Baum im Walde, und Blätter, Zweige, Stamm, und Äste im Baume, unterscheiden? daß wir wissen, wo Himmel aufhört, und Erde angeht, wo Wald sich endigt, und Wiese anhebt, wo ein Baum, dicht an den andern gepflanzt, seine Endschaft erreicht, und wo der andre seinen Anfang nimmt, wo ein Grashalm, an den andren gedrängt, von seinem eignen Umfange begränzt wird, und wo die feinen Zäserchen des andern, wenn es gleich von dem erstern berührt wird, ihren Anfang nehmen? Wer gab uns die Kraft, sowohl die größte, als die kleinste Masse, aus der ganzen Natur, die vor uns liegt, herauszuheben, und unser besondres Augenmerk, mit Ausschließung des übrigen, darauf zu heften? Die Klassen und Gattungen der Dinge sind auf tausenderlei Art untereinander gemischt; wie geht es zu, daß wir die eine immer unter allen übrigen mit so leichter Mühe herausfinden?

Ist es nicht die Sprache, wodurch wir einer jeden Gattung von Dingen, ein untrügliches Merkmahl aufdrücken, an welchem wir sie wieder kennen, wir mögen sie antreffen wo und in welcher Mischung wir wollen? Ist sie es nicht, welche uns mit einem Worte die ganze Natur umfassen, und dann wieder das kleinste Sonnenstäubchen in derselben auf das genaueste bezeichnen läßt? Ist es nicht das Wort, welches der Vorstellung die Grenzen vorschreibt, die sie nicht überschreiten soll, indem es den Umfang des Gegenstandes, den wir betrachten wollen, es sey nun ein Eichbaum oder ein Grashalm, auf ein Haar bezeichnet.

Freilich werden Sie sagen, daß dieser Unterschied schon in den Dingen selber liegt, und daß ein jedes die Linie seines Umfanges gleichsam selber um sich her ziehet; daß insbesondre die Durchsichtigkeit der Luft sehr vieles dazu beiträgt, uns den Unterschied der Dinge auffallender zu machen, indem beständig Lücken zwischen denselben zu seyn scheinen. Allein diesen Unterschied selbst muß doch die Sprache erst bezeichnen, wenn er uns nicht in demselben Augenblick, da wir ihn bemerkt haben, wieder entwischen soll. Der auffallendste Unterschied der Dinge, in unsrer Vorstellung, preßte zwar zuerst das Wort hervor, aber eben durch das Wort ward nachher der Unterschied selbst wiederum genauer bezeichnet, und die Grenzlinien der Dinge immer bestimmter gezogen. — Dadurch, daß wir das Ganze und das Einzelne in der Natur *benennen* lernen, werden wir immer vertrauter mit ihrem Anblick, und so oft wir sie wieder sehen, freuen wir uns, wie über das Antlitz eines Freundes, mit dem wir täglich bekannter werden, jemehr wir ihn von andern Menschen *unterscheiden* lernen.

Und jene süße Erinnerung an unsre verfloßnen Tage, was wäre sie ohne die Sprache? Ein ödes

Labyrinth halbverwischter Eindrücke, durch tausend Lücken unterbrochen, worinn sich wiederum die Gegenwart eines jeden Tages verlieren würde. Allein die Sprache ist der unzerstörbare Knäuel, von welchem wir den Faden abwickeln, der uns aus diesem Labyrinthe unsrer Vorstellungen den einzigen Weg zeigt. Wir machen es wie ein Wandrer, der in einem dichten, unwegsamen Gehölze, den Weg, den er wandelt, gerne wieder zurück finden will, und sich einen Merkstab nach dem andern hinstellt, wornach er sich richten kann, wenn er wieder umkehrt. So oft wir etwas sehen oder hören, befestigen wir, durch das tönende Wort, einen Merkstab in unsrer Seele, und wenn wir uns desjenigen, was wir gesehen oder gehört haben, wieder erinnern wollen, so dürfen wir uns nur nach diesen Merkstäben, als getreuen Wegweisern, richten. Thäten wir das nicht, so würden wir mit unsrer Erinnrung nicht gerade auf die Dinge fallen, deren wir uns wieder erinnern wollen, sondern würden mit ungewissen Schritten bald zur Rechten, bald zur Linken ausweichen, und niemals, als durch Zufall, auf den rechten Fleck treffen.

Wenn Sie auf Ihrem Altan stehen, so können sie *Wiese, Wald,* und *Fluß,* vermöge dieser Benennungen, sehr gut unterscheiden: hätten Sie solche Benennungen nicht, wer wüßte, ob nicht alle Gegenstände vor ihren Augen gleichsam ineinanderfließen würden: aber das Wort schreibt nun jedem einzelnen Bilde seine Grenzen vor, und giebt ihm seine Gestalt. Sind Sie von dem Altan in Ihr Zimmer gegangen, so steht das Bild von der schönen Gegend um Ihr Landhaus eben so lebhaft in Ihrer Seele, als ob es noch wirklich vor Ihren Augen stände: das macht, es hat durch die Worte, oder durch die Benennungen der einzelnen Gegenstände, Festigkeit erhalten; wäre das nicht geschehen, so würde alles nur noch vor Ihrer Seele schwanken.

Daß aber die Worte unsren Vorstellungen eine solche Festigkeit geben, daran ist die öftere Wiederhohlung Ursach. Das Wort kömmt beständig der Sache, und die Sache wieder dem Worte zu Hülfe. So oft wir einen Berg sehen, erwacht zugleich die Vorstellung von dem tönenden Merkmahle, womit wir denselben einmal bezeichnet haben, und so oft wir dieß tönende Merkmahl hören, erwacht zugleich die Vorstellung von dem Berge, den wir gesehen haben. Und doch ist das tönende Merkmahl größtentheils von der Sache so verschieden, daß es in unsrer Vorstellung nicht leicht damit zusammenfließen kann; welches auch sehr nöthig ist, denn die Merkstäbe müssen ja von den Bäumen des Waldes verschieden seyn, durch welche sie uns den Weg zeigen sollen. Wir haben vielleicht aus eben dem Grunde von den Tönen in der Natur die schwankendsten Vorstellungen, weil die Zeichen derselben, in der Sprache, zu sehr mit der bezeichneten Sache zusammen fließen. — So wie nun also das Wort *Berg* der Vorstellung von einem Berge endlich Dauer und Festigkeit gab, so geht es mit allen übrigen Wörtern, und diese öftere Wiederhohlung macht es allein, daß endlich die Bilder so fest in unsrer Seele werden.

Aus den frühesten Jahren Ihrer Kindheit, so lange die Sprache den schwankenden Vorstellungen in Ihrer Seele noch keine Dauer und Festigkeit geben konnte, werden Sie sich von dem, was Sie gesehen und gehört haben, wenig oder nichts mehr erinnern können. Das macht, Sie hatten noch keine Merkmahle, woran Sie ihre eignen Vorstellungen voneinander unterscheiden konnten: diese flossen daher entweder in eins zusammen, verdrängten einander, oder verwirrten sich untereinander. Sie konnten die Sonne noch nicht vom Himmel unterscheiden, an dem sie glänzte, und das Gemählde nicht von der Wand, woran es befestigt war. Die Vorstellungen von den Tönen floßen mit den Vorstellungen von den Farben zusammen, und verwirrten sich auf mancherlei Art, so daß es beinahe eben so gut war, als ob Sie gar nichts gesehen oder gehört hätten. Mit den ersten Tönen aber, die Ihr Mund stammeln lernte, fing es auch an in Ihrer Seele Licht zu werden. Als Sie zuerst die süßen Nahmen Vater und Mutter lallten, da konnten Sie in ihnen schon Ihre zärtlichsten Freunde, sowohl von der todten und leblosen Wand, als von allen übrigen Menschen unterscheiden: so oft Ihr Auge die lächelnde Mutter erblickte, dachten Sie auch den Nahmen *Mutter,* und so oft Sie diesen Nahmen hörten, stand wiederum das Bild von dem lächelnden Antlitz der Mutter in Ihrer Vorstellung da, wenn sie selbst gleich abwesend war. Nun war schon ein festes Bild in Ihrer Seele, wo sich mehrere *anschließen* konnten, die demselben, eines nach dem andern, folgten, und so entstand zuletzt das wunderbare, schöne Gewebe Ihrer Gedanken, welches nun durch die Zeit so fest ineinander gewürkt ist, daß nicht leicht mehr ein Faden daraus verlohren gehen kann.

Es scheinet, als ob der Schöpfer selbst die Sprache, als ein so nothwendiges Bedürfniß des Menschen, schon, von Anfang an, in die Schöpfung mit eingewebt habe; indem er einen so auffallenden Unterschied in die Dinge legte, welche sich zuerst dem Menschen darstellten, daß gleichsam das Wort aus seinem Munde gepreßt wurde, womit er diesen Unterschied bezeichnen sollte. Die Schöpfungsgeschichte selbst enthält hievon sichtbare Spuren, und scheint uns auch einen Aufschluß über die Entstehung der menschlichen Sprache zu geben. In dieser ganzen ehrwürdigen Erzählung finden wir die Begriffe von *Unterscheidung* und *Benennung,* allemal unmittelbar aufeinander folgend, eingewebt. Wir sehen, wie in der schönsten Stuffenfolge, erstlich die größten und auffallendsten, und dann allmälig die kleinern Unterschiede durch die Sprache bezeichnet werden. Was für einen auffallendern Unterschied giebt es in der ganzen Natur, als zwischen Licht und Finsterniß! Dieser wird zuerst bezeichnet, indem es heißt: Gott *scheidete* oder *unterschied* das Licht von der Finsterniß, und *nannte* das Licht Tag, und die Finsterniß Nacht. Wie natürlich erklärt sich dieses, wenn wir sagen: Gott legte durch den auffallenden *Unterschied* zwischen Licht und Finsterniß dem Menschen gleichsam die Sprache in den Mund, daß er für jedes einen *Nahmen* fand. Auf den Unterschied zwischen Licht und Finsterniß folgte der zweite grosse Unterschied zwischen Himmel und Erde; und dann der dritte zwischen Erde und Wasser. Es ist gleichsam, als ob der betrachtende Mensch diese grossen Unterschiede erst hätte bemerken müssen, ehe noch seine Aufmerksamkeit auf die kleinern fallen konnte. Nachdem er sich oft über die größte Erscheinung in der Natur, über den aufgehenden Tag und über die dämmernde Nacht gewundert hatte, so fiel seine Aufmerksamkeit auf einen neuen Unterschied, indem er erst über sich, und dann vor sich nieder blickte, oben das glänzende Blau des Himmels, und zu seinen Füßen die dunklere, feste Erde sahe. Nachdem dieser Unterschied seine Sinne genug beschäftigt hatte, so fing er nun an, auf der Erde selbst, worauf sonst noch alles ohne Figur und Gestalt vor seinen Blicken schwankte, den auffallendsten Unterschied zwischen der undurchsichtigen Erde und dem Spiegelhellen Wasser zu bemerken. Und nun entdeckte er allmälig die kleinern Unterschiede, zwischen den Gegenständen, die ihm sonst noch alle in eins zu fließen schienen; zuerst hielt sich seine Aufmerksamkeit an den leblosen Gegenständen fest, weil diese seiner Vorstellung nicht so schnell entwischen konnten. Aufmerksamer betrachtete er die Fläche der Erde, und prägte sich ein Bild von den Bäumen und Pflanzen ein, die auf ihr wachsen; er blickte gen Himmel, und lernte nach und nach die Sonne, den Mond, und die Sterne, von dem Him-

mel, an dem sie glänzten, unterscheiden. Endlich
gelang es ihm auch, sich ein festes Bild von den
lebenden und webenden Geschöpfen, von den
Vögeln unter dem Himmel, von den Fischen im
Wasser, und von den Thieren auf Erden, einzuprägen. Nachdem er auf die Weise die ganze
Natur außer sich unterscheiden gelernet hatte, so
gelangte er zu dem völligen süßen Bewußtseyn
seiner selbst, wodurch er sich von allem, was ihn
umgab, unterschied. — Wie natürlich sind dieser
Erzählung zugleich die simpelsten Begriffe von
Zeit und Zahl mit eingewebt, welche durch die
beständige Wiederkehr einer und ebenderselben
Naturerscheinung, Morgen und Abend, nothwendig erweckt werden mußten; daher die öftere
Wiederhohlung: so ward aus Abend und Morgen
der erste, zweite Tag, u.s.w.

So lange der Mensch noch ohne Sprache war,
muß die Welt gleichsam ein Chaos für ihn gewesen
seyn, worinn er nichts unterscheiden konnte, wo
alles wüste und leer war, und Dunkel und Finsterniß herrschte — Da aber die Sprache mit ihren
ersten Tönen die schlummernde Vorstellungskraft erweckte, da fing es an zu tagen, und die
Morgendämmrung brach hervor — Die Schöpfung, welche der Mensch vorher als eine unförmliche und ungebildete Masse betrachtet hatte,
bekam nun allmälig in seiner Vorstellung Bildung
und Form, das blaue Gewölbe des Himmels zog
sich über ihm in die Höhe, und vor ihm sank die
Fläche der Erde — Die Wasser sammelten sich in
Meere und Flüße, und vor seinen Blicken ragte

das Land empor — die Ceder und der Grashalm gewannen in seiner Vorstellung Umfang und Gestalt — die Sonne am Himmel ründete sich in seinem Auge — jedes Thier erhielt seine Form, und stand in seiner eigenthümlichen Bildung vor ihm da.

So lernte der Mensch allmälig das Einzelne im Ganzen unterscheiden — Wie ein Schiffer in trüber Dämmrung erst nichts als Himmel und Wasser siehet, dann in dunkler Ferne ein Land entdeckt, das sich erst unförmlich aus dem Meere emporhebt, bis es dem Auge immer näher kömmt, und immer mehr Gestalt und Form gewinnt, daß der spähende Blick nach und nach Berge, Thäler und Flüße, und endlich gar Bäume, Hütten, und wandelnde Menschen, darauf unterscheiden kann, und nun die ganze schöne Landschaft, geschmückt mit Wäldern und Wiesen, und von Bächen und Flüßen durchschnitten, im Glanz der Morgensonne, vor ihm da liegt.

———————

Achter Brief.

---

*Entwicklung des Unterschiedes
der Wörter, in Ansehung der Gegenstände,
welche sie bezeichnen, mit Rücksicht
auf ihre Verbindung zu einer zusammenhängenden
Rede.*

Nach alle dem, was wir uns schon gelegentlich, ohne uns an eine gewisse Ordnung zu binden, von den einzelnen Wörtern sowohl, als von der Sprache überhaupt, bemerkt haben, wird es uns sehr leicht werden, alle unsre zerstreuten Bemerkungen unter gewisse Rubriken zu bringen, und uns auf die Art ein Lehrgebäude von unsrer Sprache zu errichten, wozu wir bereits die Materialien gesammlet haben. Wir wollen also zu unserm einmal gewählten Beispiele zurückkehren, und eine Anzahl Wörter nach der andern, welche uns von einerlei Art zu seyn scheinen, die Musterung passiren lassen. Nun giebt es gleich im Anfange einige Wörter, welche unsre Aufmerksamkeit mehr als die übrigen auf sich ziehn, worauf unsre Stimme im Lesen den meisten Nachdruck setzt, und welche auch zum Unterschiede von den übrigen Wörtern mit grossen Anfangsbuchstaben versehen sind; wir lesen nehmlich: *bei frühem Morgen kam der arme Amyntas aus dem dichten Haine:* über die vorhergehenden Wörter eilet die Stimme schnell hinweg, um auf den Wörtern *Morgen, Amyntas, Hain,* mit mehrerem Nachdruck ruhen zu können. Nun wollen wir einmal einen Versuch machen, aus unserm Beispiele alle die Wörter nebeneinander zu stellen, welche mit diesen drei ersten von gleicher Beschaffenheit zu seyn scheinen; alsdann wird es uns leichter in die Augen fallen, wie nöthig die übrigen Arten von Wörtern sind, um die Lücken zwischen diesen auszufüllen: nur bemerken Sie sich noch, wo der Nahme Amyntas in einem Satze durch *Er* bezeichnet wird, daß wir da zuweilen diesen Nahmen wiederhohlen, und wo ein Satz aufhört, allemal ein Punktum setzen wollen.

Morgen Amyntas Hain Beil Rechte.
Amyntas Stäbe Zaun Last Schulter. Amyntas
Eichbaum Bach Bach Wurzeln Erde Baum.
Amyntas Baum Wasser Wipfel Spiel Wellen.
Amyntas Stäbe Schulter Stäbe Damm
Baum Erde. Damm Wurzeln Erde Beil
Schulter Arbeit Schatten Baum Hain Stäbe.
Dryas Stimme Eiche Hirt Belohnung
Schafe Weide. Nymphe Hirt Nachbar
Palämon Ärndte. Redlicher Palämon.
Amyntas Segen Heerde Bäume Früchte Hirt
Götter Redlicher.

Nun denken Sie sich diese Wörter, wie ein Verzeichniß von Nahmen der Personen in einem

Drama, nur mit dem Unterschiede, daß dieselben hier gerade in der Ordnung folgen, wie die Personen einmal, oder zu wiederhohlten malen, nacheinander auftreten, so daß man sehen kann, welche von ihnen die Hauptrollen und welche nur Nebenrollen spielen. Eben so wenig wie nun die Personen eines Stücks, an und für sich, das Drama ausmachen können, ehe sie noch in verschiedne Verhältnisse und Verbindungen miteinander gesetzt sind, eben so wenig können auch diese Wörter, als bloße Nahmen von Dingen, an und für sich, eine zusammenhängende Rede, oder eine Erzählung bilden, ehe noch eine ganz andre Art von Wörtern dazwischen kömmt, wodurch alles in Beziehung aufeinander und in Verbindung miteinander gesetzt wird. Wenn Sie die obigen Wörter hersagen, so werden Sie es bei sich selber sehr deutlich fühlen, daß Sie nicht eigentlich zusammenhängend *reden,* oder etwas wirklich erzählen, sondern bloß einzelne Dinge *benennen.* Die Ausdrücke, *kommen, tragen, sehen, sprechen,* sind es erst, wodurch die bloßen Benennungen einzelner Dinge zu einer wirklichen Rede, oder zu einer zusammenhängenden Erzählung gemacht werden. So wie das Kommen, das Weggehen, das Reden der Personen miteinander und voneinander, und nicht die Personen einzeln und für sich betrachtet, erst das Drama ausmachen. Läsen Sie also folgende Wörter einzeln:

Morgen Amyntas Hain Beil Rechte Stäbe
Zaun Last Schulter Eichbaum Bach

Wurzeln Erde Damm Dryas Stimme
Belohnung Schafe Weide Palämon Segen
Heerde Götter.

so hätten Sie gleichsam erst den Komödienzettel
von dem Drama, das in Ihrer Vorstellung aufgeführt werden sollte. Aber eben so nothwendig,
wie die Personen sind, um ein Drama aufzuführen,
eben so nothwendig sind auch diese Wörter in der
Sprache, welche sich blos damit beschäftigen, die
wirklichen Dinge in der Welt einzeln und für sich
betrachtet, zu benennen. In der Welt ist nichts
ohne Zusammenhang, und es giebt in ihr eigentlich kein Ding, das ganz von allen andern Dingen
abgesondert wäre. Wenn wir aber den Bau und
die Zusammensetzung eines Kunstwerkes einsehen
wollen, so pflegen wir dasselbe zu zergliedern, und
seine Zusammensetzung eine Zeitlang aufzuheben,
um sie alsdann selber wieder herzustellen. Da wir
nun den Zusammenhang aller Dinge in der Natur,
im eigentlichen Verstande niemals aufheben können, so thun wir dieses wenigstens in unsrer
Vorstellung, indem wir uns die Dinge erstlich,
ohne allen Zusammenhang, einzeln und abgesondert denken, und alsdann die Lücken zwischen
denselben auf mancherlei Weise ausfüllen. Da sich
nun alle unsre übrigen Vorstellungen an die Vorstellungen von den abgesonderten und für sich
allein betrachteten wirklichen Dingen festhalten
müssen, und sich alle unsre Gedanken um dieselben herum drehen, so hat man die Wörter, womit
man die wirklichen Dinge an und für sich bezeich-

net, *Hauptwörter* genannt; wir könnten sie auch *Sachwörter* nennen, wollen aber bei der ersten Benennung bleiben, weil sie einmal allgemein angenommen ist: und nun wollen wir die Natur dieser Wörter noch genauer zu erforschen suchen, indem wir sie untereinander selber unterscheiden.

Die Hauptwörter sollten freilich nur die wirklichen Dinge an und für sich selber, und nicht ihre Beschaffenheiten oder ihre Verhältnisse untereinander bezeichnen, so wie das Personenverzeichniß eines Schauspiels nur die Nahmen der spielenden Personen und noch nicht ihre Handlungen anzeigen sollte. Allein so wie ehemals in den Schauspielen die Handlungen und die Eigenschaften der spielenden Personen oft auch wieder als Personen mit vorgestellet wurden, die man Z.B. *die Zwietracht, die Gerechtigkeit,* u.s.w. nannte, so macht es unsre Sprache noch immer, indem sie die Eigenschaften, den Zustand, oder die Handlungen für sich bestehender Wesen von denselben absondert, und sie wiederum als wirkliche Wesen darstellt, welches uns freilich im Denken sehr zu statten kömmt; denn wenn wir Z.B. sagen: *die Dichtigkeit des Waldes,* so können wir uns von dem, was wir *dicht* nennen, eine weit lebhaftere Vorstellung machen, als wenn wir sagen, der *dichte Wald,* weil sich in diesem letztern Falle die Vorstellung von *dicht* in der Hauptvorstellung vom Walde verliert. Wir können also die Hauptwörter wiederum eintheilen, in solche, welche die Dinge anzeigen, die in der Natur wirklich für sich beste-

hen, als *Baum, Vogel, Fisch,* und in solche, die etwas
anzeigen, das nur an andern Dingen befindlich ist,
und das wir uns demohngeachtet so denken, als
wenn es wirklich für sich selber vorhanden wäre,
als *Fleiß, Armuth, Belohnung.* Von der erstern
Beschaffenheit sind folgende Wörter:

Hain Beil Rechte Stäbe Zaun Schulter
Eichbaum Bach Wurzeln Erde Wasser
Wipfel Wellen Damm Schatten Hirt Schafe
Heerde Früchte Götter.

Bei allen diesen Wörtern denke ich mir etwas, das
in der Natur an und für sich selber besteht: es ist
kein einziges darunter, woran sich meine Vorstellung nicht allein schon festhalten könnte, ohne
sich erst an etwas andres anschließen zu dürfen:
und doch welch ein Unterschied herrscht wiederum unter diesen Wörtern, wenn wir Z.B. die
Wörter *Hain* und *Baum, Heerde* und *Schafe* nebeneinander stellen! Hier kommen wir auf das zurück,
was ich schon in meinem vorigen Briefe berührt
habe: die Sprache verdunkelt nehmlich oft durch
ein vielumfassenderes Wort die kleinern Unterschiede; sie läßt Z.B. den Unterschied zwischen
Berg und Thal und Wald in unsrer Vorstellung
schwächer werden, um alles dieses unter dem Ausdrucke *Landschaft* auf einmal zu umfassen, so daß
wir demjenigen, was wir uns als ein Ganzes denken
wollen, einen größern Umfang geben. Eben so
verdunkelt sich der Unterschied zwischen einer
Menge einzelner Bäume, indem wir sie alle unter
dem Nahmen *Wald* zusammen fassen. Ja selbst,

indem wir *Baum* sagen, wird der Unterschied zwischen Stamm und Ast und Zweig verdunkelt, indem wir alles dieses unter dem Nahmen *Baum* in eins begreifen. Allein wenn ich *Baum* sage, so denke ich mir doch immer etwas Gebildetes, das aus *verschiednen* Theilen besteht, die zu einem Ganzen zweckmäßig geordnet sind, auch kann ich mir mehrere Bäume *nebeneinander* denken; sage ich aber Z.B. *Erde,* so denke ich mir die Theile, woraus sie besteht, nicht *verschieden,* und nicht zu einem gebildeten Ganzen abzweckend, daher kann ich mir auch dasjenige, was ich Erde nenne, nicht mehrmal *nebeneinander* denken, denn es fließt immer in meiner Vorstellung zusammen, weil es nichts Gebildetes, sondern eine unförmliche Masse ist. Wir können also die Wörter, welche solche Dinge anzeigen, die in der Körperwelt für sich bestehen, wiederum eintheilen in solche, welche die *gebildeten* oder *organisirten,* und in solche, welche die *ungebildeten* oder *unorganisirten* Gegenstände bezeichnen.

Von der erstern Art sind folgende:

Beil Stäbe Zaun Schulter Baum
Wurzel Wipfel Mann Schafe.

Zu den *organisirten* Gegenständen gehört nicht nur alles, was ins Thierreich und Pflanzenreich gezählet wird, sondern auch dasjenige, was die Kunst organisirt hat, als

Uhr Haus Stuhl Thurm Nadel Ring.

Ferner rechnet die Sprache auch dasjenige dazu,

was durch zufällige Einschränkungen eine Art von Umfang oder Bildung erhalten hat, als

Bach Fluß Teich Welle Erdscholle.

Zu den *unorganischen* Gegenständen zählet die Sprache alle die Materien, woraus die organisirten Körper gebildet sind, als

Fleisch Blut Holz Eisen Stein Erde.

Ferner alles das, worinn man nichts Einzelnes unterscheiden kann, oder unterscheiden will, und es also wie eine ungebildete Masse betrachtet, als

Erde Feuer Wasser Mehl Sand Staub
Wald Heerde Volk Kraut Kohl Gras.

Bei den sechs ersten Wörtern kann man das Einzelne gar nicht, oder doch nicht gut unterscheiden, und bei den letztern will man es mit Fleiß nicht unterscheiden, weil man es in der vielumfassendern Vorstellung, die man sich machen will, für zu unbedeutend hält. Wenn wir einen Wald von fern sehen, so verschwindet der Unterschied zwischen den einzelnen Bäumen, alles fließt ineinander, und es ist gleichsam, als ob wir eine einzige grosse ungebildete Masse vor uns sehen; wir sagen daher nicht *das sind Bäume,* sondern *das ist Wald;* eben so verschwindet der Unterschied zwischen den einzelnen Körnern, und zwischen den einzelnen Grashalmen, wegen der Kleinheit derselben bei einer grossen Menge, vor unsern Blicken; wir sagen daher nicht, *das sind Körner,* und *das sind Grashalmen,* sondern *das ist Korn* und *das ist Gras* — Wir fühlen es, daß diese Wörter, welche die *unorganisirten* Gegenstände bezeichnen, von einer besondren Beschaffenheit sind, weil die Vorstellungen, welche dadurch in uns erweckt werden, eigentlich nicht mehrmal nebeneinander bestehen können; denn ich kann nicht sagen, *die Korne, die Staube, die Sande* u. s. w., ob ich mir gleich zuweilen das zusammengefaßte, gleichsam als ein organisirtes Ganzes denke, und es denn in meiner Vorstellung mehrmal nebeneinander stelle, als wenn ich sage *die Wälder, die Völker.* — Die unorganisirten Stoffe in der Natur, in so fern sie die Materie der organisirten Gegenstände ausmachen, gränzen schon sehr nahe an die bloßen Beschaffenheiten, die nicht für sich selber bestehen; denn so wie ich sagen kann, *der Kasten ist leicht oder schwer,* so kann ich auch sagen, *er ist von Holz oder von Eisen.* Auf die Weise verliert sich eine Art von Wörtern immer unmerklich in die andre.

Nun giebt es noch einen Unterschied zwischen den Wörtern, die solche Dinge bezeichnen, die wirklich in der Natur für sich bestehen, welcher sich vorzüglich auf die *Wichtigkeit* der Gegenstände gründet. Alles sehr Große in der Natur, und alles, was mit dem Menschen selber in näherer Verbindung steht, bekömmt einen *eignen Nahmen,* der sonst keinem Dinge in der Welt zukömmt. Das *Unwichtigere* muß sich mit dem *allgemeinen Nahmen* begnügen, der immer allen Dingen von einerlei Art zukömmt, sie mögen nun in der Welt zerstreut seyn, wo sie wollen.

Eigne Nahmen führen daher nur die Menschen, und einige Thiere, welche der Mensch seiner besondern Aufmerksamkeit werth hält. Ferner das Große in der Natur, als große Wälder, Berge, Flüsse, Meere, Inseln, Länder, Städte, u. s. w. In unsrer Erzählung führen nur die beiden Hirten, *Amyntas* und *Palämon,* eigne Nahmen, der Bach, der Wald, und der Baum führen allgemeine Nahmen, und selbst die Göttin des Baumes muß sich mit dem Nahmen einer *Dryas,* der allen Waldgöttinnen zukömmt, begnügen lassen. Eine Uhr, ein Stuhl, ein Zimmer, bekommen auch keine eigne Nahmen, aber wohl ein Haus, indem es von seinem Besitzer benannt wird, eine Straße, eine Stadt u. s. w. Die allgemeinen Nahmen werden in *eigne* Nahmen verwandelt, indem eins von den Wörtern *der, die* oder *das,* als ein Zeichen, daß man sich einen einzigen wirklichen Gegenstand darunter denken soll, denselben vorgesetzt wird: denn wenn ich sage, *der Baum, von dem ich rede,* so unterscheide ich ihn durch das vorgesetzte *der* von allen andern Bäumen in der Welt, dieses *der* muß aber durch das Folgende wiederum erst seine bestimmende Kraft erhalten. Wollten wir Menschen und Örter immer mit den allgemeinen Nahmen Mensch und Ort benennen, wie vieles würden wir hinzusetzen müssen, um einen Menschen von allen andern, und einen Ort von allen andern zu unterscheiden!

Wir müssen uns nun mit einer Art von Wörtern näher bekannt machen, deren in unsrer mahlerischen Erzählung nur sehr wenige vorkommen; die eigentlich kein einzelnes deutliches Bild, sondern eine ganze Reihe dunkler Vorstellungen auf einmal in unsrer Seele erwecken, wovon das Resultat ein *Gedanke* ist. Ein Kind, welches erst anfängt reden zu lernen, wird sich wohl etwas bei dem Worte *Baum,* aber gewiß noch nichts bei dem Worte *Belohnung* denken: giebt man ihm aber Z.B. für eine kleine Arbeit, die es verrichtet hat, einen Apfel, und sagt dabei: *dieser Apfel ist deine Belohnung,* so wird es sich das erstemal bei dem Worte *Belohnung* noch wenig denken: bis es nachher einmal wieder für eine andre Arbeit etwa ein Stück Kuchen oder eine Puppe erhält, wobei ihm gesagt wird, daß dieses die *Belohnung* für seine gethane Arbeit sey: wenn es nun das Wort *Belohnung* wieder hört, so wird es sich dunkel an die Puppe, an das Stück Kuchen, an den Apfel, und zugleich an die jedesmalige Arbeit zurückerinnern, nach deren Vollendung es diese Sachen empfing; auch wird die Vorstellung von der Person, von welcher es jene Dinge erhielt, erweckt werden. Diese Reihe von Vorstellungen wird nun das Kind sehr schnell durchlaufen, es wird sich aber demohngeachtet an einer besonders festzuhalten suchen; und wenn es hört, daß jemand eine Belohnung erhalten habe, so wird es denken, derselbe habe für eine kleine Arbeit entweder ein Stück Kuchen, oder einen Apfel, oder eine Puppe bekommen. Man siehet also leicht, daß die Erfahrung den Begriff von Belohnung erst zur Reife bringen muß: je älter das Kind wird, desto mehr werden sich die einzelnen Vorstellungen häufen, die es bei dem Worte *Belohnung* durchlaufen muß; dadurch erhebt sich nun der Begriff von Belohnung immer mehr vom Bilde zum *Gedanken;* je mehrere sich der einzelnen Vorstellungen zusammendrängen, und je dunkler die einzelnen Bilder werden, desto reiner und lichtvoller wird der allgemeinere Begriff, der sich aus denselben bildet. So entsteht in unsrer Seele Klarheit aus der Dunkelheit — so wie unsre Augen sich verschließen, um unsern Gedanken Licht zu geben, so muß unsre Einbildungskraft sich verdunkeln, wenn es im Verstande helle werden soll.

Welch einen feinen Unterschied zwischen den Begriffen macht die Sprache, wenn wir von jemanden sagen, *er belohnet schlecht, sein Belohnen ist schlecht, seine Belohnung ist schlecht,* und *sein Lohn ist schlecht.* Bei dem ersten Ausdruck fügt sich die Vorstellung von *belohnen* unzertrennlich an die Vorstellung von der handelnden Person hinan, und fließt mit ihr zusammen; bei dem andern fängt man an, die Vorstellung *belohnen* von der Person unabhängig zu machen, und sie dadurch zu einem allgemeinern Begriffe zu erheben; bei dem dritten denkt man sich *belohnen* schon an die Sache hinan, welche jemand zur Belohnung *erhält;* bei dem viertem stellt man sich *belohnen* an einer Sache vor, welche jemand zur Belohnung schon *erhalten hat.*

In unsrer Erzählung figuriren nun die Wörter

Last Spiel Arbeit Belohnung Segen.

unter den übrigen Hauptwörtern, als ob sie mit denselben von gleichem Range wären, und doch zeigen sie keine wirkliche Wesen, sondern nur gewisse Verändrungen und Verhältnisse an, welche wir uns an wirkliche Wesen hinandenken, und von diesen hinangedachten Begriffen denselben alsdann noch einen besondren Nahmen geben: so wurden die *Stäbe* eine *Last, der Wipfel* ein *Spiel der Wellen, der gebaute Damm* eine *Arbeit, das,* was Amyntas für seine Arbeit empfangen sollte, eine *Belohnung,* und die *Schaafe* und *Früchte,* welche er mehr, als er vorher besaß, erhielt, ein *Segen* genannt. Man dachte sich also die Vorstellungen von *laden, spielen, arbeiten, belohnen, segnen,* von den handelnden Personen hinweg, und an die wirklichen Dinge hinan, worauf diese Handlungen übergegangen waren, und kleidete sie in diese neuen Begriffe ein, welche nun eben dadurch, daß sie sich um die wirklichen Wesen gleichsam herzogen, neue Wesen zu bezeichnen schienen, da sie doch nur die alten in einer veränderten Tracht darstellten. Daher kömmt es auch, daß Amyntas unter verschiednen Nahmen auftritt, indem man ihn mit dem Begriffe von einer Handlung, nehmlich dem *Hüten der Schaafe,* und nachher mit dem Begriffe von einer Eigenschaft, nehmlich *redlich,* überkleidet, und ihn daher *den Hirten,* und in der Folge *den Redlichen* nennt. Die *Erde,* die Amyntas grub, sobald sie anfing, den Fluß in seinem Laufe zu hemmen, hieß sie ein *Damm.* Die feinen Übergänge und allmäligen Verwandlungen in den Begriffen, in so fern wir uns etwas nur als an andern Dingen, oder an und für sich selbst bestehend, denken, werden Sie aus der Nebeneinanderstellung folgender Wörter sehen:

ich lade	das Laden	die Ladung	die Last
ich spiele	das Spielen	— —	das Spiel
ich arbeite	das Arbeiten	die Bearbeitung	die Arbeit
ich belohne	das Belohnen	die Belohnung	der Lohn
ich segne	das Segnen	die Segnung	der Segen.

Sie sehen hieraus, wie gern wir die Veründrungen und Verhältnisse zwischen den Dingen an die Dinge selbst hinandenken, und wie geschäftig unsre Einbildungskraft ist, auf die Weise demjenigen, was nicht für sich besteht, eine Art von unabhängigem Daseyn beyzulegen. Allein dieses geschiehet auch oft, ohne daß eine Veränderung an irgend etwas hinangedacht wird, sondern man betrachtet die Veränderungen ganz allein an und für sich selber, als ein für sich bestehendes Wesen: so sagt man, *der Morgen, der Abend, der Frühling,* wodurch bloße Veründrungen in der Natur angezeigt werden, die man sich aber, figürlicherweise, als wirkliche Wesen denkt. Alle Vorstellungen des Menschen müssen nehmlich erst durch seine Vorstellung von sich selber durchgehn; was Wunder also, wenn der Mensch alles das, was er außer sich bemerkt, es mögen nun bloße Eigenschaften oder Veründrungen von Dingen seyn, in wirkliche Wesen verwandelt, denen er gleichsam das Gepräge seiner Wirklichkeit aufdrückt? was Wunder, daß auf die Weise alles mit Gottheiten, und mit figürlichen Wesen erfüllet ward, die bloß in der Vorstellung des Menschen ihre Rolle spielten? ja, daß eine ganze neue Welt von Vorstellungen sich ihm eröfnete, in welcher die Veründrungen und die Eigenschaften der Dinge wiederum in eben solche Beziehungen und Verhältnisse, als vorher die wirklichen Dinge, gesetzt wurden; und daß man nun anfing, ganze Summen von Vorstellungen zusammenzusetzen, da man vorher nur mit einzelnen Bildern und Vorstellungen umzugehen wußte. Von der Betrachtung unzähliger einzelner Dinge, die man *gut, wahr,* und *schön* gefunden hatte, erhub man sich nun zu der Betrachtung des *Guten, Wahren,* und *Schönen* selbst. Die Melodie unsrer aufeinanderfolgenden Vorstellungen verwandelte sich in Harmonie, wo die einzelnen Töne sich in den herrschenden Zusammenklang verlieren: und so konnten wir nun über das *Gute,* das *Wahre,* das *Schöne,* an und für sich selber, Betrachtungen anstellen, indem wir es uns an keinem Dinge *nothwendig* dachten, sondern es uns hinandenken konnten, wohin wir *wollten.* Und welche feine Unterschiede macht hier wiederum die Sprache, indem sie eine Eigenschaft erst als bloße Eigenschaft, und dann als ein für sich bestehendes Wesen darstellt, wie in den Ausdrücken:

der schöne Baum, die Schönheit des Baumes,
das Schöne an dem Baume,

wo ich mir die Vorstellung *schön* erst in den Baum hineindenke; sie alsdann davon absondre, und sie mir als ein für sich bestehendes Wesen denke, doch so, daß dieser schwankende Begriff erst durch die Vorstellung vom Baume seine Bestimmung erhält; bis ich endlich die Vorstellung *schön* von dem Baume ganz unabhängig mache, indem ich es mir als ein Ganzes vorstelle, das in der Natur verbreitet ist, und das ich nun auch an dem Baume bemerke. Eben so sagen wir:

die große That, die Größe der That,
und, das Große in der That.
der wahre Gedanke, die Wahrheit des Gedanken,
und, das Wahre in einem Gedanken.

Wie erhebt sich nun der Geist, wenn statt der Einbildungskraft unser Verstand beschäftiget wird; wenn keine Bilder mehr, sondern Gedanken in unsrer Seele erweckt werden. Bei einer Erzählung, die wir hören oder lesen, verhalten wir uns bloß leidend, indem wir ein Bild nach dem andern in uns empor steigen sehen; aber bei einer Untersuchung oder Betrachtung Z. B. über die Wahrheit und Gerechtigkeit, wenn wir gleich eine solche Betrachtung nur anhören oder lesen, wird unsre Denkkraft in Thätigkeit gesetzt; unsre Seele arbeitet mit Begriffen, die sie untereinander ordnen und in Verbindung setzen muß, und wo nicht die einzelnen Eindrücke, welche durch jedes Wort auf uns gemacht werden, sondern der Zusammenhang zwischen mehrern, erst Deutlichkeit in unsre Vorstellung bringen kann.

Hören Sie Z. B. die Worte, *er welkte dahin wie eine Blume,* in einer Erzählung, wo von einem einzelnen Menschen, an dessen Schicksale Sie Antheil nehmen, die Rede ist; so werden Sie dabei eine sanfte Wemuth empfinden — aber wie verwandelt sich plötzlich diese Wehmuth in ein stilles, erhabnes und ernstes Nachdenken, wenn Sie unter die Vorstellung von der welkenden Blume, nun das ganze menschliche Geschlecht zusammenfassen, indem Sie in einer der vortreflichsten Schildrungen von der Nichtigkeit des menschlichen Lebens die Worte lesen: *Der Mensch, vom Weibe gebohren, lebet kurze Zeit, und ist voll Unruhe, fällt ab wie eine Blume, fleucht wie ein Schatten, und bleibet nicht* — Indem Sie folgende Worte lesen: *Die Überwindung großer Schwierigkeiten erzeugt große Empfindungen, und ist der Keim zu neuen großen Unternehmungen,* so wird fast kein einziges Bild in Ihrer Seele erweckt; bei den einzelnen Wörtern entstehen in Ihnen keine deutliche Vorstellungen, aber der *Zusammenhang* aller dieser Wörter erweckt in Ihnen einen Gedanken. Welch ein Unterschied, wenn Sie sagen:

der arme Amyntas — kam — aus dem dichten Haine;

und

die Überwindung großer Schwierigkeiten — erzeugt — große Empfindungen.

Dort dachten Sie sich eine wirkliche Person; hier sind Sie genöthigt, sich eine Handlung als eine Person zu denken; *kommen* sagten Sie im eigentlichen Verstande von dem Manne; von der Überwindung können Sie nur in sehr figürlichem Verstande sagen, daß sie etwas erzeugt; der arme Amyntas und der dichte Hain waren zwei wirklich für sich bestehende Dinge, die Sie miteinander durch die Vorstellung von *herauskommen* in ein gewisses Verhältniß setzten; *Überwindung* und *Empfindung* zeigen selber nur Verhältnisse zwischen uns und den Dingen außer uns an, die Sie durch die Vorstellung, daß eines das andre *erzeugt,* wieder in ein neues Verhältniß setzen, gleichsam, als ob *überwinden* ein *Wesen* wäre, daß das *empfinden* erzeugen könnte; und eben so wie dem Haine, als einem wirklichen Wesen, die Eigenschaft *dicht* zugeschrieben ward, so wird auch hier dem *empfinden*, gleichsam als einem wirklichen Wesen, die Eigenschaft *groß* zugeschrieben, ja ich denke es mir gar mehrmal, so wie ich mir Z. B. mehrere Bäume nebeneinander denke, da doch sonst alles, was ich *empfinden* nenne, in meiner Vorstellung immer in eins zusammenfließt. So wie *Amyntas* durch den Zusatz *arm* genauer bezeichnet ward, so bekömmt *Überwindung* durch den Zusatz *großer Schwierigkeiten* eine nähere Bestimmung, weil ich mir *überwinden* nicht denken kann ohne etwas, das überwunden wird; und hier wird wiederum die bloße Beschaffenheit *schwer*, die man sich nicht anders als an einem andern wirklichen Dinge denken kann, in dem Worte *Schwierigkeit*, wie ein für sich bestehendes Wesen, dargestellt, und eben so wie das *empfinden* in unsrer Vorstellung vervielfältiget: und nun wird demjenigen, was an sich selber nur eine Beschaffenheit ist, in dem Worte *groß* wiederum eine Beschaffenheit beigelegt. Wenn Sie also diese Begriffe, von alle dem fremden Schmuck, den ihnen die Sprache geliehen hat, wieder entkleiden wollen, so werden sie in folgender Gestalt da stehen:

überwinden groß schwer erzeugen groß empfinden.

Weil nun dieses lauter Wörter sind, die keine für sich bestehende Wesen anzeigen, an denen sich meine Vorstellung fest halten könnte, und ich mir doch zwischen *überwinden, schwer* und *empfinden* ein gewisses Verhältniß denken will, so erhebe ich diese drei Wörter, durch die hinzugefügten Silben *ung* und *keit* zu dem Range solcher Wörter, welche für sich bestehende Wesen anzeigen, und sage nun, *die Überwindung, die Schwierigkeit, die Empfindung:* und nun habe ich gleichsam in meiner Vorstellung erst gewisse Punkte festgesetzt, wo ich von einem zum andern Linien ziehen kann. So wie ich mir nun *überwinden* und *empfinden* nur figürlicher oder gleichnißweise als für sich bestehende Wesen denke, so drücke ich auch das Verhältniß zwischen beiden auf eine figürliche Art, durch das Wort *erzeugen* aus; ja ich sage wohl gar, *die Überwindung großer Schwierigkeiten ist die Mutter großer Empfindungen,* so wie es nachher heißt, daß eben diese Überwindung *der Keim* großer Unternehmungen sey: auf die Weise wird auch sogar das Verhältniß oder die Art und Weise, wie eines von dem andern hervorgebracht wird, und sich aus dem andern entwickelt, zu einem für sich bestehenden Wesen in unsrer Vorstellung erhoben, indem es erstlich *die Mutter* und dann *der Keim* genannt wird.

Aber wie vielumfassend sind nicht die Vorstellungen, welche durch die Wörter, *Überwindung, Schwierigkeit* u. s. w. in Ihrer Seele erweckt werden! Bei *Überwindung* können Sie sich einen siegenden Herkules, einen mächtigen Redner, einen beherzten Steuermann auf dem wilden Meere, und so viele tausend andre Personen und Arten zu überwinden denken, wie Sie wollen; bei dem Worte

Schwierigkeiten können Sie sich eine vielköpfigte Hydra, ein vor Wuth rasendes Volk, ein tobendes Meer, und tausend andre Dinge vorstellen, die alle *schwer* zu überwinden sind; unter Empfindung können Sie alles das begreifen, was Sie in Ihrem ganzen Leben empfunden haben, es mag nun Freude, Schmerz, oder was es wolle, gewesen seyn. Eben so, als wenn Sie sagen, *zwei mal zwei ist vier,* und sich nun zweimal zwei Bäume, zweimal zwei Häuser, oder alles was Sie in der Welt wollen, unter dem *zweimal zwei* denken können; Sie denken sich aber mit Fleiß nichts darunter, sondern wollen weiter nichts als den reinen Begriff von den Zahlen übrig behalten, die Sie nun in ein solches Verhältniß miteinander setzen, daß eine neue Zahl *vier* daraus erzeugt wird. Denken Sie sich also die Wörter, womit man bloße Eigenschaften, Verändrungen oder Verhältnisse der Dinge, als wirklich für sich bestehende Wesen, bezeichnet, wie die *unbenannten Zahlen,* deren man sich bedienet, um *größere Summen* von Dingen in der Geschwindigkeit zu berechnen. Einzeln genommen erwecken die unbenannten Zahlen gar keine oder doch nur die schwächsten Vorstellungen in Ihrer Seele, aber wenn sie miteinander in Verbindungen und Verhältnisse gesetzt werden, dann wird Ihr Geist beschäftiget, dann denken Sie, vermittelst derselben, ohne sich an Bildern fest zu halten, mit eben der Leichtigkeit über die Verhältnisse des verschiednen Umfanges aller Dinge, als über die Verhältnisse sinnlicher Gegenstände nach.

Ich habe mich bei der Erklärung dieser Wörter,

wodurch wir ganze Summen unsrer einzelnen Vorstellungen bezeichnen, und sie mit leichter Mühe, auf mannichfaltige Weise, ordnen und in Verbindung setzen, etwas lange aufhalten müssen, weil wir uns in diesem Felde noch wenig vorgearbeitet hatten. Denn unser gewähltes Beispiel konnte, als eine Erzählung, nur sehr wenige dieser Wörter enthalten, welche man vorzüglich in philosophischen Abhandlungen aufsuchen muß. Den abstechenden Unterschied zwischen diesen und den übrigen Wörtern, in Ansehung des Eindrucks, den sie im Zusammenhange auf die Seele machen, werden Sie sehr lebhaft empfinden, wenn Sie erst ein Stück aus unserm *Geßner,* und dann unmittelbar darauf eine Seite in *Mendelssohns* philosophischen Schriften lesen.

Neunter Brief.

Fernere Entwickelung des
Unterschiedes der Wörter, in Ansehung der Gegenstände,
welche sie entweder nur in unsrer Vorstellung
oder auch außer derselben bezeichnen.
Licht und Schatten in der Sprache.

Nun können wir wieder schnellere Schritte
vorwärts thun, weil wir einen gebahntern
Weg vor uns sehen. Wir haben nehmlich schon
mehrmal bemerkt, daß wir selbst unter denjenigen
Wörtern, die etwas für sich bestehendes in der
Natur anzeigen, als *Baum, Bach,* u.s.w. doch keine
einzelne für sich bestehende Sache denken, sondern
Z.B. unter *Baum,* alles was in der Welt Baum
heißt, zusammenfassen würden; wenn wir nicht
durch eines von den kleinen Wörtern *der, die* oder
das, ein einzelnes Ding, aus der Menge aller übrigen heraus heben könnten, um es uns, nicht nur
in unsrer Vorstellung, sondern auch außer uns, als
wirklich vorzustellen, indem wir Z.B. sagen, *der*
Baum, welcher da steht, das Wasser, welches dort fließt,
die Wiese, die hier vor mir liegt. Durch die kleinen
Wörter, *der, die* oder *das,* denken wir uns also eine
Sache, von der wir reden, aus unsrer Vorstellung

heraus, so daß wir sie uns nicht, nur in unsern Gedanken, sondern auch *außer uns,* als wirklich für sich bestehend, vorstellen. Wollen wir aber von einer Sache bloß als von einer Vorstellung *in uns* reden, so setzen wir vor das Hauptwort statt *der, die* oder *das* nur das Wörtchen *ein:* sagen Sie also Z. B. *ich sehe einen Baum,* so reden Sie von dem Baume nur, in so fern er in Ihrer Vorstellung da steht; fahren Sie aber fort, *der Baum ist grün,* so denken Sie ihn aus Ihrer Vorstellung heraus, indem Sie ihm, außer sich, ein wirkliches Daseyn beilegen; sagten Sie aber, *ein Baum ist grün,* so würden Sie wiederum nur von einem Baume in Ihrer Vorstellung reden. Durch das Wörtchen *ein* heben wir also unter allen Bäumen *in unsrer Vorstellung,* und durch das Wörtchen *der* unter allen *wirklichen* Bäumen, einen einzigen heraus, worauf wir unsre Aufmerksamkeit insbesondre heften. Hieraus werden Sie sich nun die Natur dieser kleinen Wörter in der Sprache leicht erklären können, wenn Sie in unserm Beispiele Achtung geben, bei welchen Hauptwörtern die kleinen Wörter *ein, der, die* oder *das* auftreten, und sich dabei an die einzelnen Bemerkungen zurückerinnern, welche wir schon gelegentlich über diese Art von Wörtern angestellet haben: beiläufig bemerken Sie sich noch, daß man sie in der Kunstsprache *Artikel* nennet.

Mit diesen *Artikeln* steht nun eine andre Art von Wörtern in der genauesten Verwandschaft, wovon unser Beispiel einige enthält, die wir hier nebeneinander aufstellen, und dann die Lücken zwischen denselben ergänzen wollen:

seine Rechte — *er* hatte *sich* Stäbe geschnitten — *er* trug *ihre* Last — *seine* Wurzeln — *du* Baum — *dieses* Wasser — *dein* Wipfel — *seine* Wellen — *sein* Beil — sollt *ich* unbelohnt *dich* weglassen — sage *mir* — *was* wünschest *du* — laß *ihn* gesund werden —

Dasjenige, was wir nun schon einzeln bei den Wörtern *sein, er, du, dieses,* u. s. w. bemerkt haben, wird uns hier zu statten kommen, um uns die Natur dieser Wörter zu erklären. Sie sind gleichsam die subtilen Fäden, wodurch oft die entfernten Bilder in unsrer Seele mit den nähern zusammengehängt werden, wie wir in unserm Beispiele gesehen haben. Um sie aber näher kennen zu lernen, wollen wir sie jetzt in verschiedne Klassen eintheilen, und sie auf die Weise vor uns vorüber gehen lassen. Welch ein Unterschied ist dazwischen, wenn ich sage:

dieser Baum — *du* Baum — *dein* Wipfel — und *welcher* (nehmlich Baum).

Durch *dieser* bestimme ich den *Standort* des Baumes, indem ich gleichsam mit dem Finger auf denselben zeige; durch *du* lege ich ihm gleichsam eine *Persönlichkeit* bei, indem ich ihn, als ein vernünftiges Wesen, anrede; durch *dein* wird die beigelegte *Persönlichkeit* gleichsam fortgesetzt oder erhalten, ob man gleich nur von demjenigen redet, was zu dem Baume gehört, oder was derselbe *besitzt;* durch *welcher,* wenn ich Z. B. sage, *der Baum, welchen ich sehe, ist grün, führe* ich die Handlung meines Sehens auf eben den Baum *zurück,* von welchem ich sage, daß er grün ist, sonst müßte ich mich so ausdrücken, *ich sehe einen Baum, und der Baum ist grün;* wir ziehen also durch *welcher* einen Satz gleichsam in den andern hinein.

Sie sehen leicht, daß *dieser* nur eine Erhöhung oder Verstärkung des Artikels *der* ist, welcher auch oft anstatt desselben gesetzt wird, wo man aber im Reden einen stärkern Ton darauf legt, indem man Z.B. auf jemanden zeigt, und sagt, *der Mann da!* So wie ich nun durch *dieser, diese* oder *dieses* das Nähere anzeige, so deute ich durch *jener, jene* oder *jenes* das Entferntere an.

Was nun aber das Wort *du* anbetrift, so wird uns dasselbe auf einige wichtige Bemerkungen in Ansehung der Sprache leiten. Durch *du* legten wir nehmlich dem Baume eine Persönlichkeit bei, oder wir betrachteten ihn gleichsam, als ob er ein Mensch wäre: eben das würden wir auch durch das Wort *ich* thun, wenn wir ihn redend einführten; und durch *er,* wenn wir von ihm, als von einer abwesenden Person sprächen. Daß aber auch das *er* den Baum als eine Person bezeichnet, sehen wir daraus, weil man eine abwesende Person, wenn sie männlichen Geschlechts, mit *er,* und wenn sie weiblichen Geschlechts ist, mit *sie* benennet, indem man Z.B. sagt, *er kömmt, sie kömmt.* Indem man also von dem Baume sagt, *er ist grün,* so redet man von ihm, als von einer Person männlichen Geschlechts, und indem man von der Rose sagt, *sie blühet,* so redet man von ihr, als von einer Person weiblichen Geschlechts. So drückt der Mensch auch in dieser Absicht der leblosen Natur sein Gepräge auf. Alles leblose, was man sich als *stark, groß, wirksam,* oder auch wohl als *schrecklich* denkt, wird, wenn man ihm eine Persönlichkeit beilegt, mit dem männlichen Geschlechte verglichen; alles aber, was man sich als *sanft, leidend* oder *angenehm* denkt, vergleicht man, in dem Falle, daß man ihm Persönlichkeit zuschreibt, mit dem weiblichen Geschlechte, daher kömmt es nun, daß wir Z. B. sagen:

der Baum,	die Blume
der Wald,	die Wiese,
der Zorn,	die Sanftmuth,
der Haß,	die Liebe.

Wo denn auch der härtere, männlichere Artikel *der* in das sanftere *die* hinüberschmilzt. So scheinet die Sprache auch alles leblose in der Welt zu paaren, indem sie zu etwas Größern oder Stärkern immer etwas Ähnliches aufzufinden weiß, das nur kleiner oder schwächer, aber schöner und angenehmer ist. Sehen Sie dieses als einen kleinen Kommentar über die Worte unsres *Klaudius* an:

und in der großen Gotteswelt
ist alles Mann und Weib —

Was man aber in der Natur nicht so wichtig oder nicht schicklich fand, ihm das menschliche Gepräge aufzudrücken, bezeichnete man, wenn man davon sprach, weder durch *er* noch *sie,* sondern durch *es,* und schloß es auf die Art gewissermaßen von der Persönlichkeit aus, indem man es unter die *Sachen* rechnete. Ja sogar, wenn man von Menschen mit dem Begriffe von ihrer Kleinheit redet, zählet man sie eine Zeitlang unter die *Sachen,* als wenn man Z. B. sagt, *das Kind, das Männchen.* Wir sehen, wie sich hier wiederum der Artikel nach der Vorstellungsart bequemet, und sowohl das männliche *r* als das weibliche *ie,* mit dem unbestimmten *s* vertauscht. Wenn Sie folgende Wörter untereinander setzen, so werden Sie sehen, wie die erstern gleichsam den Keim zu den folgenden enthalten:

Mann,	*Weib,*	*Sache,*
der,	die,	das,
dieser,	diese,	dieses,
er,	sie,	es,
welcher,	welche,	welches.

Durch die erstern drei Wörter *denken* Sie etwas erst aus Ihrer Vorstellung *heraus;* durch die andren *denken* Sie es *an einen gewissen Ort hin;* durch die folgenden *er, sie, es,* benennen Sie nun dasjenige, was Sie sich schon einmal *aus* Ihrer Vorstellung *heraus,* und *an* einen *Ort hin, gedacht haben:* Sie lassen daher auch bei *er, sie,* und *es* das bestimmende *d* weg, wodurch eigentlich das wirkliche Daseyn außer Ihrer Vorstellung angezeigt werden soll, weil dieses schon einmal vorausgesetzt ward; durch die letztern *welcher, welche, welches,* benennen Sie ebenfalls etwas, das Sie sich schon außer Ihrer Vorstellung als wirklich gedacht haben, mit dem Nebenbegriffe irgend einer *Beschaffenheit,* welche durch das vorgesetzte *welch* bezeichnet wird. So wie das *d* die *Wirklichkeit* desjenigen, was wir uns vorstellen, anzeigt, so zeigt das *w* die *Art der Wirklichkeit* oder die *Beschaffenheit* desjenigen an, was wir uns schon als wirklich vorgestellet haben. Wenn Sie folgende beiden Ausdrücke nebeneinander stellen:

der Baum, welcher da steht, ist grün; und
der Baum (er steht da) ist grün,

so werden Sie den Unterschied zwischen denselben leicht bemerken, und sich zugleich die wahre Natur des Worts *welcher* daraus erklären können. In dem erstern Ausdruck, denken Sie sich das *da stehen* des Baumes, den Sie durch er bezeichnen, vermittelst der vorgesetzten Silbe *welch,* als eine *Beschaffenheit,* in denselben hinein, und verwandeln auf die Weise zwei Sätze in einen: der andre Ausdruck wird immer in zwei Sätze zerfallen, Sie mögen es machen, wie Sie wollen, weil die Silbe *welch* darinn fehlt. Weil wir uns nun bei unsern Fragen gemeiniglich nach den *Beschaffenheiten* der Dinge erkundigen, so fangen sie sich auch gemeiniglich mit *w* an: als wenn wir fragen, *wer ist da?* so setzen wir durch das *er* schon das Daseyn einer Person voraus, aber durch das vorgesetzte *w* drücken wir unser Verlangen aus, etwas von der *Beschaffenheit* der Person zu erfahren, welche nun wirklich da ist. Sie können sich also hieraus erklären, warum die Wörter *welcher, welche, welches,* auch als *Fragewörter* gebraucht werden, zu denen wir noch die Wörter *wer* oder *was* rechnen müssen; wovon das erste von Personen beiderlei Geschlechts, das letztere aber nur von Sachen gebraucht wird. — *Er, sie, es,* sind also allgemeine Benennungen desjenigen, wovon ich rede; denn alles in der Welt kann ich *er, sie,* oder *es* nennen. Setze ich nun vor jedes dieser Wörter ein *d,* als in *der, die, das,* oder in *dieser, diese, dieses,* so trage ich den Begriff der *Wirklichkeit* in meine Vorstellung; setze ich aber ein *w* davor, als in *welcher, welche, welches,* und in *wer* oder *was,* so trage ich den Begriff einer *Beschaffenheit* hinein. Durch die Frage *wer?* kann man nun die wirkliche Persönlichkeit von der figürlichbeigelegten sehr gut unterscheiden: denn ob ich gleich dem Baume eine Art von Persönlichkeit beilege, indem ich *er, (der Baum,) dieser Baum,* und *welcher Baum,* sage, so kann ich doch nicht fragen, *wer steht da?* sondern ich muß fragen, *was steht da?* — Wenn ich von etwas in der mehrern Zahl rede, so verliert sich der Unterschied zwischen *Mann* und *Weib* und *Sache,* in dem Begriffe von der *Mehrheit,* und wird nicht besonders mehr bezeichnet. Lassen Sie uns nun noch nebeneinander stellen:

ich	du	er	ihr
mein	dein	sein	euer
mich ·	dich	sich	euch.

Sie wissen, in wie ferne *mein, dein, sein* und *euer* von *ich, du, er* und *ihr* unterschieden sind: diese letztern nehmlich zeigen bloß die Person an und für sich selber an; vermittelst der erstern aber halten wir den Begriff von der Person fest, und richten doch zugleich unsre Aufmerksamkeit auf dasjenige, was der Person auf irgend eine Weise zukömmt, ohne selbst diese Person zu seyn: wir können dadurch den Begriff von der Person unendlich erweitern, und alles gleichsam mit in den Kreis ihres Daseyns hineinziehen. So kann ich durch das *m,* vor den unbestimmten Artikel *ein* gesetzt, alles was ich will, obgleich nur in meiner Vorstellung, in den Kreis meines Daseyns hineinziehen, indem ich z. B. sage, *mein Haus, mein Gar-*

ten u.s.w.: schließe ich aber nun alles andre aus, und sage bloß *mein Ich,* so bekomme ich dadurch den deutlichsten Begriff von mir selber, indem ich mich nun, als etwas, das *außer mir* ist, betrachte, oder mich gleichsam aus meiner eignen Vorstellung *herausdenke; mein ich* aber wird in *mich* zusammengezogen. Auf die Weise gelangen wir erst durch den Mittelbegriff von *mein* zu dem Begriffe von *mich,* welcher uns nun im Denken sehr zu statten kömmt, so daß wir über uns selbst Betrachtungen anstellen können, indem wir uns gleichsam von uns selber absondern. Wenn wir also Z.B. sagen, *ich kenne mich, du kennest dich, er kennet sich, ihr kennet euch,* so ist das eben so viel, als wenn wir sagten: *ich kenne mein ich, du kennest dein ich, er kennet sein ich, ihr kennet euer ich.* Wir tragen den Begriff von *ich* selbst auf dasjenige, was außer uns ist, hinüber, wenn wir uns die völlige Persönlichkeit desselben denken wollen, indem wir Z.B. sagen: *ich sehe dich,* welches soviel heißt, als: *ich sehe ein Ich, oder ein Wesen, das Selbstbewußtseyn und Persönlichkeit hat, aber es ist nicht mein Ich, sondern das Ich dessen, den ich anrede.* — So wie wir nun Wörter haben, die Person auf das allerbestimmteste zu bezeichnen, so haben wir wieder andre, wodurch die Person, von der man redet, auf das allerschwankendste bezeichnet wird. So sagen wir, *da ist jemand* ohne einen Unterschied zwischen Mann und Weib zu machen; ferner, *man glaubt,* ohne auf die Anzahl oder das Geschlecht der Personen zu sehn, die da glauben; und *es donnert,* ohne zu bestimmen, ob es eine Person oder Sache ist, die das Donnern hervorbringt. In folgender Tabelle werden Sie die Wörter, von denen wir jetzt geredet haben, nebeneinander sehen, nur bemerken Sie sich noch von denselben, daß sie in der Kunstsprache *Pronomina* heißen.

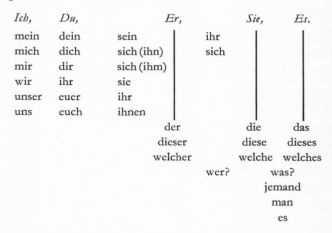

Ich,	*Du,*	*Er,*		*Sie,*	*Es.*
mein	dein	sein	ihr		
mich	dich	sich (ihn)	sich		
mir	dir	sich (ihm)			
wir	ihr	sie			
unser	euer	ihr			
uns	euch	ihnen			
		der		die	das
		dieser		diese	dieses
		welcher		welche	welches
			wer?		was?
					jemand
					man
					es

Wie in der zarten Leinwand, worinn allerlei künstliche Figuren gewebt sind, die Grundfäden sich immer durch alle diese Figuren erstrecken, und dieselben auf mancherlei Art durchkreutzen, so ist es auch mit den *Beschaffenheiten* der Dinge in der Natur. Die Materie Z. B. woraus die Dinge bestehen, ist ein solcher Grundfaden, der alle ihre Figuren und Gestalten durchkreuzt. Von diesem künstlichen Gewebe der Natur ist nun die Sprache ein getreuer Abdruck: durch das *Nennwort* oder den bloßen *Nahmen* des Dinges zeichnet sie erst den Umriß oder die Figur desselben; durch das *Beschaffenheitswort* spinnet sie die Grundfäden durch den Umriß hin, und macht, daß in demselben keine Lücke bleibt. So wie nun der Grundfaden sich durch allerlei verschiedne Figuren erstrecken kann, eben so ists auch in der Sprache: *grün* Z. B. ist ein solcher Grundfaden, der zu gleicher Zeit die Figur eines Baumes, eines Kleides, und eines Lebendigen Thieres, in meiner Vorstellung durchlaufen kann; *dunkel* ist ein Querfaden, der wiederum allenthalben den Grundfaden *grün* durchkreuzen kann, indem ich sage dunkelgrün, das heißt, es ist eine Beschaffenheit von einer Beschaffenheit. — Sie werden sich bei dieser Gelegenheit an den Unterschied zwischen *Beschaffenheit* und *Eigenschaft* zurückerinnern, worauf ich Sie schon zu Ende meines fünften Briefes aufmerksam gemacht habe: als es hieß, *der Bach hatte wild die Wurzeln des Baumes von der Erd' entblößt,* da war *wild* ein *Beschaffenheitswort;* da es aber hieß, *solltest du Baum in dieß wilde Wasser stürzen,* da war wild ein *Eigenschaftswort,* weil sich vermittelst des hinangefügten *e,* die Vorstellung davon gleichsam in der Vorstellung von *Wasser* verlohr. Sie sehen also hieraus, daß die *Beschaffenheitswörter* sehr leicht in *Eigenschaftswörter* verwandelt werden können. Wir wollen jetzt alle Wörter von dieser Art, welche unser Beispiel enthält, eben so nebeneinander stellen, wie vorher die Hauptwörter:

> früh arm dicht recht jung wild traurig schwer stark frisch zufrieden lieblich gütig krank gesund redlich mächtig reich.

In unsrer Erzählung werden alle diese Wörter in *Eigenschaftswörter* verwandelt, ausgenommen *wild, traurig, zufrieden, krank, gesund,* welche *Beschaffenheitswörter* bleiben: *recht* und *redlich* aber haben sich sogar in das Gebiet der Hauptwörter hinübergestohlen; indem die Vorstellung von der *Hand* mit der Vorstellung *recht,* und die Vorstellung Amyntas mit dem Begriff *redlich,* überkleidet ward, so daß sie nun *die Rechte,* und er *der Redliche* hieß: auf die Weise fließt eine Art von Wörtern unvermerkt in die andre hinüber, wie in einem Gewebe, wo es oft schwer wird, die Figuren, von dem Grunde, worauf sie befindlich sind, zu unterscheiden. — Aber was für Vorstellungen haben nun die obigen Wörter, indem Sie dieselben einzeln und abgesondert lasen, in Ihrer Seele erweckt? — Ist wohl ein einziges festes Bild dadurch in Ihnen entstanden, und schwankt nicht alles so lange hin und her, bis es sich an etwas anschließen kann, das erst noch hinzugesetzt werden muß? — Abgesondert sind diese Wörter beinahe, was die Kleider ohne die Personen sind — können nun nicht einmal die Personen eines Stücks einzeln und abgesondert das Drama ausmachen, wie viel weniger denn ihre Kleider? freilich aber zeichnet oft nur das Kleid die Person im Drama aus, ohne jedoch selbst die Person zu seyn. — Sie können sich auch diese Wörter als Zeichen solcher Grundbegriffe denken, welche dazu dienen, eine Menge Vorstellungen darauf zu reihen; so sagen Sie Z.B. *der junge Baum,* hernach sehen Sie einen Knaben, ein Thier, eine Blume, und reihen alles dieses auf den Begriff *jung,* so daß dieser Begriff endlich eine ganze Anzahl von Vorstellungen in Ihrer Seele, gleichsam wie eine Schnur, zusammenhält.

Wie geht es aber zu, daß eine Beschaffenheit in eine Eigenschaft verwandelt wird? — Dieses geschiehet bloß in unsrer Vorstellung, denn in der Natur findet zwischen Beschaffenheit und Eigenschaft gar kein Unterschied statt. — *Der Mann ist alt und krank,* sage ich, sobald ich überhaupt Mitleiden für ihn zu erwecken suche; ich stelle die Vorstellungen von seinem Alter sowohl als von seiner Krankheit in ein gleiches Licht, damit sie durch ihre vereinigte Kraft desto stärker auf das Herz eines andern wirken sollen. Will ich aber jemanden insbesondre bewegen, dem Manne zu Hülfe zu kommen, so stelle ich die Vorstellung von seiner Krankheit in ein stärkeres Licht, als die von seinem Alter, und sage, *der alte Mann ist krank.* Den Gedanken an sein Alter habe ich nunmehro, als etwas, das sich schon von selber versteht, oder das für jetzt keine besondre Aufmerksamkeit verdienet, zurückgeschoben, und in Schatten gestellt, damit durch diesen Schatten die Klarheit der Vorstellung von seiner Krankheit erhöhet werde. Wodurch wird nun aber in diesem Beispiele die Vorstellung von dem Alter des Mannes verdunkelt oder in Schatten gesetzt? Dadurch, daß ich nicht mehr sage, *der Mann ist alt,* sondern statt dessen, *der Mann, welcher alt ist,* oder *der altseyende Mann,* woraus durch Verkürzung, *der alte Mann,* entstanden ist. Indem ich nun sage, *der alte Mann,* verwandelt sich mein *Urtheil* in eine bloße *Vorstellung,* und dasjenige, was vorher eine zusammenhängende Rede ausmachte, wird nun eine bloße *Benennung.* Wenn ich also sagen will, *der alte Mann,* so muß ich mir nothwendig vorher gedacht haben, daß der Mann *alt ist,* indem ich aber von dem Manne nun noch mehreres reden will, so schiebe ich den Gedanken, *daß er alt ist,* zurück, denke mir die Wahrheit desselben schon als ausgemacht, und lasse daher das *ist* weg, damit ich dieses Wort, *wodurch ich eigentlich rede,* zu etwas folgendem aufspare, was ich nun noch von dem Manne reden will. Welch ein feiner Unterschied ist dazwischen, wenn ich sage, *der schöne Tag bricht an,* und *schön bricht der Tag an!* der erste Ausdruck macht mich auf die Schönheit des ganzen Tages, und der letztere bloß auf die Schönheit seines Anbruchs aufmerksam.

Um uns aber nun ein für sich bestehendes Ding, als wirklich außer unsrer Vorstellung zu denken, ist es nicht hinlänglich, seine Beschaffenheiten zu bezeichnen, die *in* oder *an* demselben befindlich sind, sondern wir müssen auch die Dinge benennen, welche *um* dasselbe her sind, damit es Festigkeit erhält, und nicht in die Luft zerflattert. Alles dasjenige Z. B. was wir mit einem Baume, und um ihn her, zu gleicher Zeit erblicken, giebt dem Baume erst seine Wirklichkeit außer unsrer Vorstellung, und macht es uns gewiß, daß derselbe kein Blendwerk und kein Geschöpf unsrer Einbildungskraft ist. Das kömmt daher, weil der Zusammenhang der Dinge ihnen erst *Wahrheit* geben muß. Sie sehen aber hieraus, wie nöthig es ist, daß die Sprache nicht nur die *innern* Beschaffenheiten eines wirklich für sich bestehenden Dinges, sondern auch vieles *außer* demselben benenne, wenn es seine Wirklichkeit außer unsrer Vorstellung erhalten soll. Dasjenige, woran sich nun alle unsre übrigen Vorstellungen fest halten, sind erstlich die Vorstellungen von gewissen sehr auffallenden und in ununterbrochner Ordnung wiederkehrenden Veründrungen in der Natur, die wir *Zeit* nennen: dieß sind die Abwechselungen zwischen Tag und Nacht, zwischen den Jahreszeiten, u.s.w. Alles was wir in unserm Leben erfahren, pflegen wir an die Vorstellung von irgend einer solchen Abwechselung in der Natur anzupassen, die wir *Tag, Nacht, Morgen, Abend, früh, spät, Sommer, Frühling* u.s.w. benennen. Daher kömmt es nun, daß wir alle Begebenheiten und Erfahrungen unsres Lebens nach der Reihe überschauen können, die sonst ein Labyrinth für uns seyn würden, aus welchem wir uns nicht herausfinden könnten. Wenn es also heißt, *jetzt war der Damm gebaut,* so siehet man leicht, daß *jetzt* weder eine Beschaffenheit des Dammes noch des Bauens anzeigt, sondern einen äußern Umstand, nehmlich einen gewissen Zeitpunkt, woran sich unsre Vorstellung fest halten muß, wenn wir uns die Vollendung des Dammes als wirklich denken wollen. Solcher Wörter wie *jetzt* giebt es nun mehrere, die sich aber größtentheils in Hauptwörter auflösen lassen, als *jetzt (in dieser Zeit) heute (an diesem Tage)* u.s.w. — Mit dem Begriff von der Zeit ist der Begriff von der Zahl auf das genaueste verwandt; indem es vom Amyntas heißt, *er lächelte noch einmal in den Schatten des Baumes zurück,* so denke ich mir unter *mal* ebenfalls einen gewissen

Zeitpunkt, woran sich meine Vorstellung von seinem Lächeln festhält, *ein* aber schreibt dem Lächeln seine Grenzen vor, daß es nicht öfter wiederhohlt wird; *oft* hingegen würde diese Grenzen der Wiederhohlung ganz unbestimmt gelassen haben. Die regelmäßige Wiederhohlung einer und ebenderselben Verändrung in der Natur, nach einer eben so regelmäßigen Unterbrechung, war es, welche den Begriff von Zahl zuerst erweckte: wäre die Unterbrechung nicht gewesen, so würde alles in eins geflossen seyn. Sie werden sich hiebei an das erinnern, was ich Ihnen in einem meiner vorigen Briefe über die Schöpfungsgeschichte gesagt habe. — Unsre Vorstellungen von den wirklichen Dingen müssen sich ferner an dem Begriffe des *Ortes* festhalten: dieses ist ein grosser Begriff, welcher jedesmal die Vorstellung von der ganzen Welt in sich faßt. Wenn es von dem Baume heißt, daß er neben einem Bache stand, so hört Ihre Vorstellung da nicht auf, sondern Sie müssen dem Bache wiederum neben etwas andern seinen Platz anweisen, und das geht so fort, bis Sie mit Ihren Gedanken die ganze Welt und den Zusammenhang aller Dinge umfaßt haben, und nun in diesem Zusammenhange aller Dinge, auch dem Baume seinen wirklichen Platz anweisen. Indem Sie nun sagen, *der Baum steht da:* so schränken Sie ihn gerade auf den Raum ein, den er einnimmt, eben so wie Sie bei *jetzt* dasjenige, was geschiehet gerade auf den kleinen Zeitpunkt einschränken, worin es wirklich geschiehet, und sich demohngeachtet den Zusammenhang alles Vergangnen und Zukünftigen dabey vorstellen müssen, worinn Sie sich dasjenige, was jetzt geschiehet, allein als wirklich denken können. — *In den kleinsten Wörtern der Sprache ruhen oft die erhabensten Begriffe.* — Die kleinen Wörter, welche einen Ort im Allgemeinen bezeichnen, lassen größtentheils sich ebenfalls sehr leicht in Hauptwörter auflösen, als *dort (an dem Orte) fort (von dem Orte)* u. s. w. — Endlich müssen sich alle unsre neuen Vorstellungen an unsern eignen Vorstellungen festhalten, die schon in unsrer Seele sind, und nur im Zusammenhange mit denselben bekommen sie *Wahrheit:* nun werden aber die verschiednen Verhältnisse unsrer Vorstellungen gegeneinander durch mancherlei Wörter ausgedrückt, die also wiederum keine Beschaffenheiten der Dinge anzeigen. Wenn also Amyntas, bei Betrachtung des Baumes, nacheinander die Worte sagte:

> der Baum wird *gewiß* ins Wasser stürzen,
> der Baum wird *vielleicht* ins Wasser stürzen,
> der Baum wird *nicht* ins Wasser stürzen,

so bezeichneten die Wörter *gewiß, vielleicht* und *nicht,* weder die Beschaffenheit des Baumes noch die Art seines Stürzens, sondern das jedesmalige Verhältniß der ganzen Vorstellung von dem Hinstürzen des Baumes, gegen eine andre Vorstellung, die schon vorher in der Seele des Amyntas war, die aber hier nicht besonders ausgedrückt wird. Diese nicht ausgedrückten Vorstellungen, wodurch die Ausdrücke *vielleicht, gewiß,* und *nicht* veranlaßt wurden, konnten vielleicht folgende gewesen seyn:

die Wurzeln des Baumes sind von der Erd' entblößt,
die Wurzeln des Baumes können wieder mit Erde bedeckt
werden,
die Wurzeln des Baumes sollen wieder mit Erde bedeckt
werden.

Durch die erste von diesen drei Vorstellungen ward die Idee, *daß der Baum ins Wasser stürzen würde, bestärkt,* und diese *Bestärkung,* ward durch *gewiß* ausgedrückt, welches beinahe so viel heißt, als *ich weiß es:* durch die zweite wird die Vorstellung von dem Hinstürzen des Baumes *schwankend* gemacht, und dieses *schwankende Verhältniß,* wird durch *vielleicht* ausgedrückt, welches so viel heißt, als *es kann seyn;* durch die dritte Vorstellung wird die Idee, daß der Baum ins Wasser stürzen sollte, als *unmöglich* dargestellt: denn wenn seine Wurzeln mit Erde bedeckt werden, so wird er stehen bleiben; da nun aber die Vorstellungen, daß er stehen bleiben, und daß er ins Wasser stürzen soll, nicht nebeneinander bestehen können, so wird die letztere von der erstern *aufgehoben,* und diese *Aufhebung,* wird nun durch *nicht* ausgedrückt. *Nicht* ist also eigentlich *ein Ausdruck dessen, was wir dunkel dabei empfinden, wenn eine Vorstellung, die erst in unsre Seele kömmt, sich nicht in den Zusammenhang aller übrigen paßt, die schon darinn sind.* Durch das Wort *nicht* können wir uns also den Irrthum, unbeschadet der Wahrheit, denken, indem wir ihn in eben dem Augenblicke wieder aufheben, da wir ihn festsetzten.—Sie werden sich hiebei an das zurückerinnern, was ich in einem meiner vorigen Briefe über das Wort *nicht* schon gesagt habe. Die Art, wie nun eine Vorstellung, oder eine Reihe von

Vorstellungen, die andre in unsrer Seele entweder ganz oder zum Theil aufhebt, festhält, bestärkt, oder zernichtet wird durch mehrere solche kleine Wörter, als *aber, und, auch, denn, wie,* u. s. w. bezeichnet: diese kleinen Wörter bezeichnen eigentlich keinen Gegenstand in der ganzen Welt, und auch nicht einmal den Zusammenhang der Gegenstände, sondern bloß die Art des Zusammenhangs unsrer Vorstellungen, die wir uns von den Gegenständen außer uns machen. Man kann also auch von ihnen nicht einmal sagen, daß sie Zeichen irgend einer Vorstellung in uns selber wären: demohngeachtet aber sind sie in der Sprache äußerst wichtig, weil sie erst Wahrheit in unsre Gedanken bringen helfen, indem diese dadurch auf mancherlei Weise eingeschränkt und bestimmt werden, bis sie in den Zusammenhang aller unsrer übrigen Vorstellungen passen. Wie oft müssen wir daher nicht zu diesen Wörtern unsre Zuflucht nehmen, insbesondre wenn wir über eine Sache urtheilen, weil wir dann eine jede einzelne Vorstellung nach dem Zusammenhange aller übrigen einzuschränken und zu bestimmen suchen müssen, wie Sie aus meinen eignen Briefen über die Sprache sehen können. In einer Erzählung kommen diese Wörter nicht so oft vor, weil darinn mehr der Zusammenhang der Dinge außer uns, als der Zusammenhang der Vorstellungen in uns, dargestellt werden soll. — Das passende Verhältniß einer Vorstellung in den Zusammenhang aller übrigen, oder dasjenige, was wir die *Wahrheit* derselben nennen, bezeichnen wir nun im Allgemeinen durch das Wort *ist.* Und so wie wir bei dem Worte *da* die ganze nebeneinander bestehende Welt, und bei dem Worte *jetzt* die ganze Reihe aller aufeinander folgenden Zeiten, mit unsern Gedanken umfassen mußten, so müssen wir nun auch bei dem Worte *ist,* jedesmal den ganzen Zusammenhang unsrer Vorstellungen überschauen, um denjenigen, die wir uns als *wahr* denken wollen, ihren gehörigen Platz unter denselben anzuweisen. Dasjenige also, was wir durch das Wort *ist* bezeichnen, enthält den ganzen Grund unsres Denkens, und in so fern die Sprache ein Abdruck unsrer Gedanken ist, enthält wiederum das Wort *ist* den ganzen Grund der Sprache.

Lassen Sie uns nun noch einmal wieder zu den Wörtern zurückkehren, welche etwas außer uns bezeichnen. Wir haben bisher nur diejenigen kennen gelernet, welche entweder Benennungen der Dinge selbst, ihrer Beschaffenheiten, oder des Ortes und der Zeit sind, worinn man sich dieselben als wirklich denkt. Allein es giebt noch eine Art von Wörtern, welche zwar etwas außer uns, aber weder die Dinge selbst, noch die Beschaffenheit, oder den Ort derselben, sondern die Art ihres *Zusammenhangs* untereinander bezeichnen. Nachdem nehmlich die menschliche Sprache die Beschaffenheiten oder das *Bleibendere* an den für sich bestehenden Dingen bezeichnet hatte, so gelang es ihr auch für das *Veränderlichere* an den Dingen, oder für den jedesmaligen *Zustand* derselben, Benennungen zu erfinden, wodurch sich wiederum eine neue Welt von Vorstellungen eröfnete,

indem dasjenige einen Nahmen erhielt, was sonst
der Aufmerksamkeit am leichtesten entwischen
konnte. Man benannte an dem Menschen nun
nicht bloß seine Beschaffenheiten, als *groß, schön,
stark,* sondern auch sein *liegen, stehen,* u. s. w. Ja
man ging noch weiter, und fing an, die gleich-
förmigen oft wiederhohlten *Bewegungen* des Menschen, als Z. B. das *Gehen,* oder das Fortrücken des
ganzen Körpers, indem immer ein Fuß nach dem
andern aufgehoben, und vorwärts gesetzt wird,
unter einem Nahmen zusammenzufassen, und sich
auf die Weise selbst von dem Allerveränderlichsten
ein Bild einzuprägen: bis man endlich auch das
benannte, was man sich nothwendig an zwei oder
drei für sich bestehenden Dingen zugleich denken
muß, wenn man es sich denken will; als Z. B. das
Tragen, wobei ich mir nothwendig, sowohl einen
der da trägt, als etwas das getragen wird, denken
muß, wenn mein Begriff davon vollständig seyn
soll; oder *schneiden,* wo ich mir nicht nur einen
der da schneidet, und etwas, das geschnitten wird,
sondern auch noch das Werkzeug des Schneidens
zu gleicher Zeit vorstellen muß. Dasjenige, was
man sich auf die Weise an mehrern Dingen zugleich
denken muß, sind größtentheils solche Bewegungen unsres Körpers, wodurch wir nicht nur in uns
selber, sondern auch außer uns in der Natur Verändrungen hervor zu bringen suchen: weil dieses
nun vorzüglich vermittelst der Hände geschiehet,
so nennet man es *handeln.* — Und so wie Z. B.
stehen der Nahme eines *Zustandes,* und *gehen* der
Nahme einer *Bewegung* ist, so ist *tragen* der Nahme

einer *Handlung*. Diejenigen Wörter, welche die Verhältnisse und den Zusammenhang der Dinge im Allgemeinen, und ohne Rücksicht auf ein handelndes Wesen, bezeichnen, als *auf, an, in,* u. s. w. habe ich Sie schon in einem meiner ersten Briefe kennen gelehrt, wo wir sie alle unter die drei Hauptbegriffe von *Annäherung, Berührung* und *Verlassung* brachten, und durch die Nebenbegriffe von *Kopf, Seite, Fuß,* u. s. w. näher bestimmten. Der Mensch drückt nehmlich der ganzen Natur sein Bild auf, und mißt alle Körperlichen Gegenstände außer sich nach seinem eignen Körper ab. An sich ist nichts in der Welt weder *unten* noch *oben,* sondern es wird es erst in unsrer Vorstellung, nachdem es entweder unserm *Kopfe* oder unsern *Füßen* näher zu kommen scheinet. Gingen wir auf dem Kopfe, so würde uns alles das *oben* seyn, was uns jetzt *unten* ist. Allem, was wir nun vor uns sehen, es sey so unförmlich wie es wolle, geben wir in unsrer Vorstellung *Kopf, Seite, Fuß,* u. s. w., und machen es uns auf die Weise ähnlich, damit wir es in eben solche Verhältnisse mit andern Dingen setzen können, als worinn wir uns selbst befinden. Was nun aber an einer Sache einmal so eingerichtet ist, daß es sich unserm *Kopfe* nähern *soll,* als Z. B. die Öfnung eines Glases, das denken wir uns immer als den öbern Theil, wenn Z. B. das Glaß auch umgekehrt wäre. Weil wir nun in alle Dinge in der Welt erst eine gewisse *Ordnung* hineintragen, und uns ihren Zusammenhang und ihre Wahrheit vorstellen, indem wir sie uns als auf, unter, oder nebeneinander u. s. w. denken, so sind diese kleinen Wörter, *auf, unter, neben,* u. s. w., nach dem Worte *ist,* die merkwürdigsten in der ganzen Sprache, wovon Sie sich noch beiläufig bemerken können, daß sie in der Kunstsprache *Präpositionen* heißen.

Zehnter Brief.

Von dem Bau der Rede.

Wir haben nun die Materialien kennen gelernt, woraus das künstliche Gebäude der Sprache besteht: nachdem wir aber das Kunstwerk selber auseinandergelegt haben, um seine einzelnen Bestandtheile kennen zu lernen, so müssen wir es auch wieder zusammensetzen, um den ganzen Bau desselben einzusehen. — Einzelne Wörter sind nicht Sprache, sondern der mögliche Zusammenhang zwischen den einzelnen Wörtern ist Sprache. — Daher der Unterschied zwischen einem Wörterbuche und einer Sprachlehre. — Nun sind aber freilich die einzelnen Wörter schon so eingerichtet, daß sie sich ihrer Natur nach zu einem gewissen Zusammenhange neigen, indem sie lauter Gegenstände bezeichnen, die in der Natur niemals einzeln und für sich bestehen, sondern immer in den Zusammenhang der übrigen Dinge hineingedacht werden müssen, wenn wir sie uns als wirklich denken wollen: in dieser Rücksicht mußten wir auch die einzelnen Wörter unsrer Aufmerksamkeit werth halten. Nun wird es uns also leicht werden, den Zusammenhang dessen einzusehen, was man sich nur mit Mühe einzeln und abgesondert denken kann.

Unser eignes Bedürfniß im Sprechen kann uns den besten Begriff vom ganzen Bau der Rede geben. — Wenn Sie nur ein paar Worte reden wollen, und dasjenige, was Sie sagen, soll einem andern verständlich seyn, so sind drei Dinge nöthig: erstlich müssen Sie etwas *benennen, wovon* Sie reden wollen, oder wo man sich dasjenige, was Sie nun noch sagen wollen, hinandenken kann, Sie sagen Z. B. *der Baum:* nun haben Sie noch nicht wirklich geredet, sondern erstlich etwas *benannt, wovon* Sie reden wollen, und wenn Sie hiermit aufhörten, so würde man noch immer horchen, *was* Sie nun von dem Baume sagen wollten: denn wenn man reden hört, so erwartet man allemal etwas *Zusammenhängendes,* bei einer einzigen Sache aber kann ich mir ja keinen Zusammenhang denken. Es ist also zweitens nöthig, daß Sie noch etwas *benennen, was* man sich nun an die zuerst benannte Sache hinandenken kann, damit der Verstand beschäftiget wird; denn das Einzelne und Abgesonderte interressirt uns nicht, und setzt unsre Denkkraft nicht in Thätigkeit: Sie sagen also Z. B. *der Baum — grün;* aber nun haben Sie noch nicht *geredet,* sondern bloß zweierlei *benannt,* und dasjenige, was Sie gesagt haben, ist *unverständ-lich,* weil kein *Zusammenhang* darinn ist: die Be-schaffenheit *grün kann* man sich wohl an den Baum hinandenken, allein man weiß doch nicht, ob man sie an denselben hinandenken *soll.* Es ist also drittens nöthig, daß Sie die nothwendige *Hinan-*

denkung des einen an das andre durch einen eignen Laut bezeichnen, und dieser ist nun das Wort *ist,* wodurch Sie dasjenige, was vorher bloße *Benennungen* waren, erst zur wirklichen *zusammenhängenden Rede* erheben. *Baum* war also der Nahme dessen, *wovon* Sie reden wollten, *gut* war die Benennung dessen, *was* Sie von dem Baume reden wollten, und *ist* war keine Benennung irgend eines Dinges in der Welt, sondern das *Wort, wodurch* Sie redeten. Indem man nun von einer Sache etwas redet, so bekömmt dieselbe eben dadurch in unsrer Vorstellung erst *Wahrheit,* weil wir die Vorstellung davon in den Zusammenhang unsrer übrigen Vorstellungen hineinpassen, damit sie Festigkeit erhält. Wenn Sie sagen, der Baum *ist* grün, so denken Sie sich denselben in die Reihe aller derjenigen Dinge hinein, welche auch grün sind, und bringen dadurch die Vorstellung von ihm in einen gewissen Zusammenhang mit andern Vorstellungen, woran sie sich festhalten kann. Darum muß auch immer dasjenige, *was* man von einer Sache redet, eine vielumfassendere, oder allgemeinere Vorstellung seyn, als dasjenige, *wovon* man redet. So sagt man Z. B. eine *Eiche ist ein Baum:* der Nahme *Baum* ist vielumfassender, als der Nahme *Eiche,* und muß es seyn; denn die Vorstellung von einer Eiche, muß dadurch erst ihre *Wahrheit* bekommen, daß wir ihr in dem Zusammenhange einer größern Anzahl von Vorstellungen ihren gehörigen Platz anweisen. So muß die Vorstellung vom *Baume* wiederum durch eine noch vielumfassendere Vorstellung ihre Wahrheit erhalten, indem ich sage, *ein Baum ist ein Gewächs:* und dieses geht immer weiter, bis endlich die erste Vorstellung schon an sich so vielumfassend ist, daß sie nur durch die allesumfassende Vorstellung vom *Daseyn,* oder den ganzen *Zusammenhang der Dinge* selber ihre Wahrheit erhalten kann, so sagen wir Z. B. *ein Körper ist ein Wesen:* denn weil alles, was wir vor uns sehen, Körper ist, so können wir diese Vorstellung in keinen andern Zusammenhang mehr bringen, als in den Zusammenhang der Vorstellungen von den möglichen Dingen, die außer den Körpern noch da seyn können: und *Wesen* ist nun an sich schon die allumfassendste Vorstellung, also kann ich sie in keinen Zusammenhang anderer Vorstellungen mehr hineinpassen, sondern bei ihr steht mein Denken stille. — Hieraus können Sie sich einen Begriff machen von demjenigen, was man *Logik* nennet: denn diese gehört eigentlich in die Sprachlehre, und ist mit ihr auf das genaueste verwebt.

Ferner werden Sie sich nun einen wahren Begriff von dem Worte *ist* machen können. Alle andern Wörter der Sprache erwecken Vorstellungen in uns, wobei wir uns bloß *leidend* verhalten; dieses einzige Wort aber setzt unsre Denkkraft in *Thätigkeit.* Es ist eigentlich das einzige wahre *Wort* in der Sprache, weil wir durch dasselbe erst wirklich *reden,* da wir durch alle andern Wörter bloß *benennen.* Wollten Sie also, in dem Ausdrucke, *der Baum ist grün,* das *ist* weglassen, so würden die beiden Vorstellungen sogleich wieder auseinanderfallen, welche vorher so gut zusammenhingen; und wollten Sie sagen, *der grüne Baum,* so hätten Sie wiederum bloß *benannt,* ohne zu *reden.* Allein wenn Sie nun sagen, *der Baum grünet,* so *reden* Sie doch von dem Baume, und doch fehlet das Wort *ist, wodurch* man erst wirklich *redet?* — Allein man siehet leicht, daß dieses Wort hier mit *grün* zusammengeschmolzen ist, indem man noch die Spur desselben in dem angehängten *t* entdeckt: *grünet* ist bloß eine Zusammenziehung aus *grün ist.* Auf die Weise schmiltzt nun das Wort *ist* insbesondre mit den Wörtern zusammen, die einen *Zustand,* eine *Bewegung,* oder *Handlung* anzeigen, weil diese Wörter an sich schon den *Zusammenhang* zwischen mehrern Dingen bezeichnen, und also dem Worte *ist* schon näher kommen, als die Benennungen der Dinge selbst und ihrer Eigenschaften. Sagen Sie also, *der Mann kömmt,* so scheinet sich das Wort *kömmt* schon von selber an *Mann* hinanzufügen, ohne daß es noch eines Zeichens der Hinanfügung oder Hinandenkung bedürfte, und doch ist *kommen* eben sowohl eine blosse Benennung als *Mann.* Es muß also doch etwas seyn, was diese beiden Benennungen zur wirklichen Rede erhebt, und was ist dieses anders, als wiederum das Wort *ist,* wovon wir ebenfalls die Spur in dem angehängten *t* erblicken. Diejenigen Wörter nun, welchen das Wort *ist* seine ideenverbindende Kraft mittheilet, so wie dem Worte *kommen,* nannten die Lateiner, im eigentlichen Verstande, *Wörter,* oder *Verba,* und die übrigen, als *der Baum, der Mann,* der *starke,* nannten sie *Nahmen,* oder *Nomina.* Sie mögen noch so oft sagen, *das Kommen, das Gehen, das Sprechen,* so nennen Sie zwar die Nahmen von gewissen Handlungen, aber Sie können doch durch dieses bloße Nennen niemals anzeigen, daß diese Handlungen wirklich *geschehen:* dazu ist Ihnen das Wort *ist* unentbehrlich, welches in diese Nahmen von Handlungen eindringen, und sie gleichsam in sich überformen, oder ihnen seine Natur mittheilen muß; wenigstens müssen Sie es sich doch immer da hineindenken, wo Sie es auch nicht ausgedrückt finden. Dieses Wort ist also die Seele der ganzen Sprache. Es dringt in die Fugen aller übrigen Wörter, und indem es sie durch seine wunderbare Kraft zusammenhält, bildet es dieselben zu dem schönen Ganzen eines Urtheils oder einer Rede: man entdeckt es selbst da, wo man es nicht siehet, es verhüllt sich in alle Gestalten, und herrscht durch die ganze Sprache, wie die Seele des Menschen durch den Körper.

Lassen Sie uns nun wieder auf den Bau der Rede zurückkommen, nachdem wir dasjenige näher kennen gelernt haben, worinn das ganze Geheimniß des Zusammenhangs der menschlichen Rede verborgen liegt. Dasjenige, *wovon* wir reden, wird durch solche Wörter bezeichnet, die bloße Benennungen von Dingen enthalten, als *der Baum;* dasjenige aber, *wodurch* wir erst von einer Sache reden, ist das Wort *ist* selber, und alle die Wörter, denen dieses Wort gleichsam seine Natur mitgetheilt hat, als *steht, trägt,* u.s.w. Wir können also überhaupt die Wörter, welche das anzeigen, *wovon* wir reden, als *Baum, Haus,* u.s.w. *Nennwörter,* und diejenigen, *wodurch* wir erst wirklich reden, als *ist, steht, trägt* u. s. w., *Redewörter,* nennen. Da es aber hier vorzüglich auf den *Bau* der Rede ankömmt, so wollen wir *dasjenige, wovon wir reden,* den *Grund* der *Rede, dasjenige* aber, *was* und *wodurch wir von einer Sache reden,* die *Rede* selber nennen; *ist grün* oder *grünet,* wäre also die *Rede* selber, und *der Baum* wäre der *Grund* der Rede. Die *Rede* wäre nichts ohne den *Grund,* auf den sie sich stützt, und der *Grund* wäre nichtig und unzweckmäßig, ohne die *Rede,* welche sich darauf gründen soll: *ist grün* wäre nichts gesagt, wenn nicht *der Baum* vorherginge; wer *reden* wollte, ohne irgend *wovon* zu reden, der beschriebe einen Cirkel ohne Mittelpunkt; wer etwas bloß benennet, ohne davon zu reden, der nimmt einen Mittelpunkt ohne Cirkel an: der Mittelpunkt ist der *Grund* der Rede, der Cirkel ist die *Rede* selber, beide lassen sich nicht ohne einander denken. Ein *Nennwort* und ein *Redewort* können schon eine vollständige Rede ausmachen: Sie sagen z. B. *der Mann schläft,* so ist *Mann* der *Grund* der Rede, und *schläft* die *Rede* selber: sagen Sie aber *der Mann schneidet,* so ist die Rede nicht vollständig; sie hat zwar einen *Grund,* worauf sie sich *stützt,* aber weil sie eine *Handlung* bezeichnet, so fehlt es ihr an einem *Gegenstande* oder *Ziele,* worauf sie *übergeht. Schlafen* ist ein Zustand, den ich mir nur *an eine Sache* hinanzudenken brauche, *schneiden* aber muß ich mir an *zwei* Dinge hinandenken, an eins wovon es *ausgeht,* und an ein andres worauf es *übergeht;* das letztre ist eben so nothwendig wie das erstre; denn sobald von jemanden nichts geschnitten *wird,* kann ich mir doch unmöglich denken, daß er schneidet. Wenn ich also sagte, *der Mann schneidet Stäbe,* so wäre *schneidet* die *Rede* selber, *der Mann* wäre der *Grund,* und *die Stäbe* das *Ziel* der Rede. Allein eine jede Handlung eines vernünftigen Wesens erfordert nicht nur einen *äußern Gegenstand* oder ein *äußeres Ziel,* worauf sie *übergeht,* sondern auch eine *innre Absicht, warum* sie unternommen wird, dieses ist der *Zweck* der Handlung. Indem Amyntas Stäbe schnitte, so that er dieses nicht *um der Stäbe willen,* sondern er that es um seines Nutzens willen, und hatte also seine eigne Person dabei in *Gedanken,* indem er *sich* und seinen Nutzen, als den *letzten Zweck,* die Stäbe aber nur als das *nächste Ziel* seiner Handlung betrachtete. Heißt es also, der *Mann schneidet sich Stäbe,* so ist *schneidet* die *Rede* selber, *der Mann* ist der *Grund, Stäbe* das *Ziel,* und *sich* der *Zweck* der Rede. Hätte der Mann sich selber mit dem Messer geschnitten, so wäre er das *Ziel* des Schneidens gewesen, nun aber, da er sich bei dem Schneiden bloß in *Gedanken* hat, und nicht er sondern die Stäbe geschnitten *werden,* ist er auch nicht das *Ziel,* sondern der *Zweck* des Schneidens. Der Unterschied zwischen *Zweck* und *Ziel* ist nun insbesondre wegen der Richtigkeit im Sprechen und Schreiben wichtig, darum will ich Ihnen denselben noch durch einige Beispiele erläutern. Wenn Sie sagen, *ich flechte dir Kränze,* so sind die Kränze das *Ziel* Ihrer Handlung des Flechtens, die Person aber, welche Sie dabei in *Gedanken* haben, ist der *Zweck* derselben; denn sollte die Person das Ziel des Flechtens seyn, so müßte sie selber von Ihnen geflochten *wer-*

den. Sagen Sie, *ich halte dir das Buch,* so ist das Buch offenbar das nächste *Ziel* Ihres Haltens, und die Person, welche Sie dabei in Gedanken haben, ist der *Zweck* desselben, denn sollte die Person das *Ziel* seyn, so müßte sie wirklich, indem Sie etwas halten wollten, von Ihnen berührt oder gehalten *werden,* nun wird aber nicht die Person, sondern nur das Buch von Ihnen wirklich *berührt* oder gehalten. Wenn Sie jemanden eine Blume reichen, so berühren Sie zuerst die Blume selbst, diese ist also auch das *nächste* Ziel Ihrer Handlung, die Person aber, welche Sie nicht nur vor sich sehen, sondern auch zugleich in *Gedanken* haben, indem Sie die Blume hinreichen, ist der *Zweck* Ihrer Handlung, oder die Ursach, weswegen Sie Ihre Hand ausstrecken, und die Blume in einer gewissen Richtung von sich weg bewegen: sollte die Person das *nächste Ziel* Ihres Hinreichens seyn, so müßte sie, eben so wie die Blume, von Ihrer Hand *berührt,* und wiederum einer andern Person von Ihnen überreicht werden. Aus diesem allen werden Sie sich nun einen deutlichen Begriff von demjenigen machen können, was wir die *Rede* selbst, den *Grund,* das *Ziel,* und den *Zweck* derselben genannt haben. Diesen Bau der Rede wollen wir noch einmal in folgender Darstellung übersehen:

Grund: der Mann	*Grund:* ich	*Grund:* ich
Rede: schneidet	*Rede:* flechte	*Rede:* reiche
Ziel: Stäbe	*Ziel:* Kränze	*Ziel:* eine Blume
Zweck: sich.	*Zweck:* dir.	*Zweck:* dir.

Grund: mein Freund	*Grund:* der Baum
Rede: liebet	*Rede:* blühet
Ziel: mich.	*Zweck:* mir.

Grund: der Mann
Rede: schläft.

Aus diesen Beispielen sehen Sie, daß nicht jede zusammenhängende Rede, ein *Ziel* oder einen *Zweck* bedarf, sondern daß nur der *Grund,* oder dasjenige, *wovon* man redet, ihr unentbehrlich ist. Aber wenn es nun vom Amyntas heißt, *er trug die schweren Stäbe auf der Schulter,* so ist doch die Schulter nicht das *Ziel* des Tragens, denn das sind ja die Stäbe, die getragen *werden;* auch ist sie nicht der *Zweck* des Tragens, denn der Mann trägt ja die Stäbe nicht um der Schulter *willen;* eben so wenig ist sie der *Grund* der Rede, denn das ist ja die Person, *von welcher* geredet wird. Da also *auf der Schulter* weder *Grund,* noch *Ziel,* noch *Zweck* der Rede ist, so können wir es uns nicht anders, als eine *Hinanfügung* an die Rede, denken. Die *Hinanfügung* ist also dasjenige, wovon die Rede weder *ausgeht,* noch worauf sie *übergeht,* oder worauf sie *abzweckt,* sondern was sie nur gleichsam so *nebenher* mit sich nimmt, wie in folgender Darstellung:

Grund	*Rede*	*Ziel*	*Hinanfügung*
Er	— trug —	die schweren Stäbe	auf der Schulter.

Dasjenige, was nun auf die Art, nur als eine Nebensache, an die Rede *hinangefügt* wird, ist größtentheils, entweder eine Beschaffenheit, als, *der Baum blühet — schön;* oder der Ort, wo etwas geschiehet, als, *der Baum blühet — in meinem Garten;* oder die Zeit, worinn etwas geschiehet, als, *der Baum blühet — in diesem Jahre;* oder alles dreies zugleich, als:

Grund	Rede		Grund	Rede	Ziel
Der Baum	— blühet		Der Mann	— trägt	— seine Bürde
Hinanfügung			*Hinanfügung*		
in			bei		
diesem Jahre			frühen Morgen		
schön			gekrümmt		
in			auf		
meinem Garten.			der Schulter.		

Sie sehen hieraus, wie die *Rede* mit alle dem, was an dieselbe hinangefügt wird, keinen Schritt weiter fortrückt, so lange es ihr noch an einem *Ziele* fehlt, worauf sie *übergehen* kann. — Sagen Sie nun, *der Mann trägt seine Bürde auf der Schulter,* so ist die Schulter bloß eine *Hinanfügung* an die *Rede;* heißt es aber, *er nimmt seine Bürde auf die Schulter,* so ist die Schulter ebenfalls ein *Ziel* der Rede, nur mit dem Unterschiede, daß die Bürde das Ziel der *Handlung,* die Schulter aber nur das Ziel der *Bewegung* ist: die Bürde *wird* genommen, aber die Schulter wird nicht genommen. Bei *Handlung* denken Sie sich immer eine Art von Berührung zwischen zweien Dingen; so heißt Z.B. *nehmen* so viel, als alle Seiten eines Dinges auf einmal mit der Hand berühren, so daß man dasselbe umfaßt; *heben* heißt, den untern Theil, *stoßen,* die Seite, und *drücken,* den öbern Theil eines Dinges, so stark *berühren,* daß dasselbe dadurch aus seiner Lage gebracht wird, u.s.w. Soll nun die bloße *Bewegung,* die ich mir nur an *einer* Sache vorstelle, der Handlung ähnlich werden, und will ich mir eine Art von *Berührung* zwischen *zwei* Dingen dabei denken, so muß ich diese *Berührung* durch eins von den Wörtern *auf, an, unter,* u.s.w. anzeigen, weil sie nicht in der

Vorstellung von der Bewegung selber liegt. Daher kann ich wohl sagen, *ich sehe den Berg,* aber nicht, *ich gehe den Berg,* weil ich mir wohl vorstellen kann, daß der Berg *gesehen wird,* aber nicht, daß er *gegangen wird;* oder weil ich mir bei *sehen* eine Art von Berührung zwischen mir und dem Berge vorstelle, welche zwar nur in Ansehung eines feinern Sinnes, nehmlich des Gesichts, statt findet, bei *gehen* aber mir keine unmittelbare Berührung zwischen mir und dem Berge denken kann, indem die Bewegung aufhören müßte, sobald die Berührung da wäre. Zwischen der Bewegung und dem Ziele findet also gleichsam eine Lücke statt, welche durch die Präposition ersetzt werden muß, darum sage ich nun Z. B. *ich gehe auf den Berg,* das heißt, *ich gehe berührend die Spitze des Berges;* durch die Präposition *auf* ist hier die Bewegung gleichsam bis zu der wirklichen Erreichung des Ziels verlängert worden, damit ich mir das Gehen als eine Handlung denke, die wirklich auf einen Gegenstand unmittelbar übergeht. Sage ich also, *er trägt die Stäbe in das Haus,* so ist *Stäbe* das Ziel der Handlung des Tragens, und *Haus* ist das Ziel der Fortbewegung der Stäbe, welche zugleich mit dem Tragen vor sich geht. Wenn nun auf die Weise beide Ziele zusammen kommen, so wollen wir das Ziel der Handlung das erste, und das Ziel der Bewegung das zweite Ziel, der Rede, nennen, wie in folgender Darstellung:

Grund	*Rede*	*erstes Ziel*	*zweites Ziel*
Er —	trug —	die Stäbe —	in das Haus.

Wenn es nun aber Z.B. heißt, *ich komme heute nicht,* so ist *heute* zwar eine *Hinanfügung* an die Rede, indem es etwas bezeichnet, das ich mir allemal bei Handlung, Bewegung und Zustand nothwendig denken muß, nehmlich die *Zeit,* worinn etwas geschiehet, das als wirklich gedacht wird; aber *nicht* kann doch keine *Hinanfügung* an die Rede seyn, weil es dieselbe *aufhebt,* und weil es weder die Beschaffenheit, noch die Zeit und den Ort des Kommens bezeichnet, sondern eigentlich die Stelle einer ganzen Gedankenreihe vertritt, wodurch die Vorstellung, *daß ich heute komme, aufgehoben* wird. Da also hier das Wort *nicht* weder *Grund, Ziel, Zweck* noch *Hinanfügung* der Rede ist, so können wir es uns nicht anders, als eine *Einschiebung* in die Rede denken; so wie alle ähnlichen Wörter, die weder Beschaffenheit, Ort, noch Zeit desjenigen was da ist, oder geschiehet, sondern bloß die jedesmalige Gemüthsstellung des Redenden, anzeigen, als *gewiß, vielleicht, ja, nein, o, ach, u.s.w.* Denn ein jedes dieser kleinen Wörter vertritt wieder gleichsam die Stelle einer ganzen zusammenhängenden Rede, welche der erstern *eingeschoben* wird, so daß dieselbe dadurch ihre genauere Bestimmung, in Ansehung ihres Verhältnisses zu unsren übrigen Vorstellungen, bekömmt. Durch ein einziges *Ja* oder *Nein* drücken wir oft eine ganze Reihe von Vorstellungen aus, wenn wir auf eine Frage antworten; und durch ein einziges *ach* sagen wir oft mehr, als was eine ganze noch so gut zusammenhängende Rede ausdrücken würde, indem wir unsern Kummer klagen. Wir lassen durch ein solches kleines Wort demjenigen, mit dem wir reden, auf einmal einen deutlichern Blick in unsre Seele thun, als selbst eine zusammenhängende Rede ihm verschaffen würde. Ob nun gleich die *Einschiebung* allenthalben statt finden kann, so scheinet es doch am natürlichsten zu seyn, wenn wir ihr zwischen der *Rede* selber und ihrem *Ziel* oder *Zweck,* oder wenn diese fehlen, zwischen der *Rede* und ihrer *Hinanfügung,* und wenn auch diese fehlt, zwischen der *Rede* und ihrem *Grunde,* den gehörigen Platz anweisen, wie in folgender Darstellung:

1.		
Grund	*Einschiebung*	*Rede*
ich —	nicht —	komme

2.		
Grund	*Rede*	*Einschiebung*
ich —	komme —	nicht
		Hinanfügung
		heute.

3.				
Grund	*Rede*	*Einschiebung*	*Ziel*	*Zweck*
ich —	komme —	nicht —	in den Garten —	zu dir.
	Hinanfügung			
	heute			

In dem ersten Falle hemmet hier das *nicht* den Zusammenhang zwischen *Grund* und *Rede,* in dem zweiten zernichtet es den Zusammenhang zwischen der Rede und ihrer *Hinanfügung,* und in dem dritten trennet es den Zusammenhang zwischen *Rede, Hinanfügung, Ziel* und *Zweck.* Auf die Weise bringt die *Einschiebung* immer eine gewisse Veränderung in die Rede, oder in das, was wir sagen, ohne eigentlich in den Zusammenhang desselben mit zu gehören. Sage ich, *mein Bruder kam und besuchte mich,* so ist *und* wiederum nichts von dem allen, was wir bis jetzt im Zusammenhange der Rede kennen gelernt haben, es ist weder *Hinanfügung, noch Einschiebung,* sondern der Faden, welcher eine ganze zusammenhängende Rede an eine andre knüpft, so daß beide beinahe in eine verwandelt werden; daher vertritt es auch zugleich die Stelle des *Pronomens,* welches sonst auch eine verbindende Kraft hat, so daß ich nicht zu sagen brauche, mein Bruder kam und *er* besuchte mich. Bei *besuchte mich* scheinet daher der *Grund* der Rede zu fehlen, und sie scheint mit Fleiß unvollständig gemacht zu seyn, damit sie sich desto nothwendiger an die erste Rede, *mein Bruder kam,* hinanfügen muß. Wir sehen also, daß *und* nicht mit zu dem *innern* Zusammenhange einer einzigen zusammenhängenden Rede gehört, sondern daß es sich nur *von außen* an dieselbe hinanschmiegt, um sie mit einer andern zusammenhängenden Rede in Verbindung zu setzen, und ihre *Abhängigkeit* von derselben zu bezeichnen. So muß ein jedes Gebäude erstlich einen *innern* Zusammenhang haben, in Ansehung seiner eignen Bestandtheile, und dann kann es auch noch einen *äußern* Zusammenhang haben, in Ansehung mehrerer Gebäude, mit denen es gemeinschaftlich eine Reihe von Häusern, oder eine Straße ausmacht. — Das Wort *und* bringt nun, um in unsrem Gleichnisse fortzufahren, zwei Häuser unter ein Dach, indem es macht, daß Z. B. eine doppelte *Rede,* als *kam* und *besuchte* nur einen einzigen *Grund* bedarf: *mein*

Bruder kam und besuchte mich — Dieses Wort also, und was ihm in der Sprache ähnlich ist, könnten wir am füglichsten die *Bindung* nennen, denn ob ich gleich schon in einem meiner ersten Briefe, die kleinen Wörter, *an, auf, in,* u.s.w. vorläufig so genannt habe, so bezeichnen doch diese letztern nur den *innern* Zusammenhang der Rede, welchen wir nun schon, durch die Benennungen *Hinanfügung* oder *Ziel,* hinlänglich bezeichnet haben. Ich darf Sie nun nicht mehr auf den Unterschied aufmerksam machen, daß wir unter einer zusammenhängenden Rede nicht etwa eine Predigt, oder eine lange Rede verstehen, die von jemanden gehalten wird; sondern alles dasjenige, worinn ein Redewort vorkömmt, und wenn es auch übrigens nur ein paar Worte wären, als *Er kömmt,* nennen wir schon eine zusammenhängende Rede. Eine jede große Rede besteht nun aus einer Anzahl solcher kleinen einzelnen Reden, wovon nicht nur eine jede *in sich selber* zusammenhängend ist, sondern die auch, durch die *Bindungen,* einen *äußern* Zusammenhang untereinander erhalten. Und nun ist es merkwürdig, daß in der großen Rede die kleinen Reden, vermittelst der *Bindungen,* wiederum ein Ganzes bilden, das dem Ganzen einer kleinen einfachen Rede völlig ähnlich ist. Eine solche zusammenhängende Rede kann wiederum *Ziel,* *Zweck,* oder *Hinanfügung* einer andern seyn, welche den *Grund* enthält, wie wir aus der Zergliederung folgender größern Rede sehen werden: *Wenn ich meine Pflicht thue, so fühle ich, daß mir dieses genug ist, um vergnügt und glücklich zu seyn.*

Grund und Rede	Ziel	Zweck
so fühle ich, —	*daß* mir dieses —	*um* vergnügt
	genug ist,	und glücklich zu seyn.

Hinanfügung
wenn ich meine
Pflicht thue,

Hier sind durch die *Bindungen so, wenn, daß,* und *um,* vier einzelne Reden zusammengefügt, wovon eine jede abgesondert, ihren innern Zusammenhang hat, als:

1.

Grund	Rede	Ziel
ich —	thue —	meine Pflicht,

2.

Grund	Rede
ich —	fühle,

3.

Grund	Rede	Zweck
dieses —	ist genug —	mir,

4.

Grund	Rede
ich —	bin glücklich.

Sie sehen nun selber, wie sich, bei dieser Zusammensetzung, die eine Rede nach der andern fügt, indem die natürliche Ordnung der Worte verändert wird, so daß es heißt, *fühle ich,* anstatt *ich fühle* u. s. w. Durch die *Bindungen, wenn — so, indem, nachdem, denn, weil* u. s. w. wird die Art der *Hinanfügung* der einen Rede an die andre bezeichnet; durch *daß* mit einem *ß* geschrieben, und durch das Pronomen *was,* wird eine Rede zum *Ziele* der andern gemacht; und durch die Bindungen *um, damit, auf daß* u. s. w. wird angezeigt, daß eine Rede als der *Zweck* der andern betrachtet werden soll. *Und* verbindet so stark, daß es eher zwei Reden in eine einzige verwandelt, als daß man sagen könnte, es verknüpfe eine Rede mit der andern: es bringt gleichsam, wie wir vorher bemerkt haben, zwei Gebäude unter ein Dach, da die übrigen Bindungen sie nur nebeneinander stellen, ohne sie zu vereinigen. Von eben der Beschaffenheit wie *und* sind *sowohl, als auch, nicht nur, sondern auch, wie — so,* u. s. w. — Die *Bindungen* sind also gleichsam nur die Hebel und das Triebwerk, wodurch alles kleinere Ganze der menschlichen Rede, auf mannichfaltige Weise, zu einem größern Ganzen vereinigt werden kann. Oft vertreten auch die *Pronomina,* oder solche Wörter, als *ich, du, er, welcher, wer, was* u. s. w. die Stelle der Bindungen, und dann machen sie die vorhergehende Rede zum *Grunde* der nachfolgenden, welches keine von den eigentlichen *Bindungen* thut. So heißt es Z. B.

<table>
<tr><td align="center">*Grund*</td><td align="center">*Rede*</td></tr>
</table>

Wer am besten seine Pflicht ausübt — ist der Glücklichste.

und in unsrer Idylle:

<table>
<tr><td align="center">*Grund*</td><td align="center">*Rede*</td></tr>
<tr><td>Der arme Amyntas kam aus dem dichten Walde.</td><td>*Er* hatte sich Stäbe geschnitten zu einem Zaune u. s. w.</td></tr>
</table>

In dem *er* ist jedesmal die Vorstellung von alle dem zusammengedrängt, was vorher vom Amyntas gesagt worden ist. Es wird daher immer vielumfassender, je öfter es wiederhohlt wird, und trägt eine immer größre Reihe von vorhergegangnen Vorstellungen zu den folgenden hinüber, von denen sie, vermittelst dieses vielumfassenden *er,* der *Grund* sind: unter dem dritten *er* in unsrer Idylle muß man sich daher schon folgendes denken:

Grund	Rede	Ziel
Er — — — — — — — — — sahe		— einen jungen Eichbaum.

nehmlich: der arme Amyntas,
welcher bei frühem Morgen aus
dem dichten Haine kam, wo er
sich Stäbe geschnitten hatte etc.

Wenn Sie nun anstatt er immer Amyntas setzen wollten, so würden Sie bald sehen, wie unsre ganze schön zusammenhängende Erzählung auseinander fallen würde, weil nun das Vorhergehende nicht mehr der *Grund* des Folgenden wäre, sondern ein jedes für sich eine eigne kleine Erzählung ausmachte. Außer diesem *er* und *und* finden sich nun in unsrer Idylle wenige oder gar keine *Bindungen;* das macht, es herrscht in ihr keine künstliche Zusammensetzung, sondern die höchste Simplicität. Ohne viele Betrachtungen darüber anzustellen, werden bloß die Begebenheiten selber eine nach der andern erzählt, und wo zwei Reden füglich in eine verwandelt werden können, da werden sie durch *und* verknüpft, das gemeiniglich die Stelle von *welcher* oder *deren* vertritt, als:

Er hatte sich Stäbe geschnitten *und* trug ihre Last.
Er hatte sich Stäbe geschnitten, *deren* Last er trug.

So könnte man auch sagen anstatt:

und der Bach hatte die Wurzeln des Baumes entblößt,
welcher die Wurzeln des Baumes entblößt hatte.

Aber das einfache und uralte *und,* welches so sehr der Kindheit der menschlichen Sprache angemessen ist, wird hier jeder künstlichern Bindung vorgezogen. Nur einmal wird durch die Bindung *da,*

und am Ende noch einmal durch *denn* eine *Hinan-*
fügung der einen Rede an die andre bezeichnet. —
Sie haben nun beinahe den ganzen Bau der Rede,
sowohl im Großen als im Kleinen, kennen gelernet, so daß Sie schon einen Versuch machen können, jedes Ganze in der Sprache zu zergliedern,
um sich von der künstlichern oder einfachern
Zusammensetzung desselben eine deutliche Vorstellung zu machen; wenn Sie sich nur noch
bemerken, daß es in der größern und zusammengesetzten, eben so wie in der kleinern und einfachen Rede gewisse *Einschiebungen* giebt, als *aber,*
doch, zwar, obgleich, demohngeachtet, u. s. w.

Grund	Einschiebung	Rede
mein Muth —	*obgleich* ich schwach bin —	soll nicht sinken!

Grund und Rede	Einschiebung
Ich wollte dich gern besuchen —	*aber* ich kann dich nicht besuchen,
	Hinanfügung
	weil ich selber krank bin.

So wie das *nicht* hier eine aufhebende *Einschiebung*
in die kleine Rede ist, so bezeichnet das *aber* ebenfalls eine aufhebende *Einschränkung* in der großen
Rede, indem es anzeigt, wie ein Strom der Gedanken durch eine Reihe andrer Vorstellungen plötzlich gehemmt wird, so daß es hier nur bei dem
bloßen Wollen bleibt, anstatt daß sonst der Wille
in Handlung übergegangen wäre. — Nun kann
noch die große sowohl als die kleine Rede mehr
als *einen Grund, Hinanfügung, Einschiebung, Ziel,* oder
Zweck haben; ja, der Grund kann nur ein einziger,

und die Rede selber kann doch mehrfach seyn: in diesem Falle aber wird das mehrfache größtentheils durch *und* und ähnliche Bindungen wieder in eins zusammengezogen, als:

Grund	*Rede*	*Ziel*
Himmel *und* Erde —	ward erschaffen	durch Gottes Ruf.

Grund	*Rede*	*Hinanfügung*
wir —	leben, weben, *und* sind	in ihm.

Wenn Sie sich nun an das alles noch einmal zurückerinnert haben, was wir *Grund, Rede, Ziel, Zweck, Hinanfügung, Einschiebung,* und *Bindung* nannten, so versuchen Sie es, unser gewähltes Beispiel, nicht in die größern und zusammengesetzten, sondern in die kleinen einzelnen Reden, woraus es besteht, zu zergliedern, und vergleichen Sie alsdann diese Zergliederung mit folgender Tabelle, welche eine figürliche Darstellung von ein und zwanzig einzelnen Reden aus unsrer Idylle enthält. Bemerken Sie sich auch, daß jedes einzelne *Redewort* eigentlich auch eine Rede bildet, ausgenommen die helfenden Redewörter, als *haben, sollen, können,* u. s. w., und zuweilen auch diejenigen, welche durch *zu* an ein vorhergehendes *Redewort* verknüpft sind, als *er drohte zu sinken, er hub an zu bauen,* u. s. w. Wenn Sie mehrere *Hinanfügungen* finden, so suchen Sie dieselben so viel wie möglich nach der Natur der Sache zu ordnen.

1.

Grund	Rede
Der arme Amyntas —	kam

Hinanfügung
bei
a frühem Morgen
aus
b dem dichten Haine
mit
c dem Beile
in
d seiner Rechten.

2.

Grund	Rede	Ziel	Zweck
Er —	hatte geschnitten —	Stäbe —	sich

zu
einem Zaune,

3.

Bindung	Grund und Rede	Ziel
und	— trug —	ihre Last

Hinanfügung
a gekrümmt
auf
b der Schulter.

4.

Bindung	Grund	Rede	Ziel
Da —	er —	sahe —	einen jungen Eichbaum

Hinanfügung
neben
einem hinrauschenden Bache,

5.

Bindung	Grund	Rede	Ziel
und —	der Bach —	hatte entblößt —	seine Wurzeln

Hinanfügung
a wild,
von
b der Erde,

6.

Bindung	Grund	Rede
und —	der Baum —	stand

Hinanfügung
a da
b traurig

7.

Bindung	Grund u. Rede	Zweck
und	— drohte —	zu sinken.

8.

Grund	Rede		
Er	sprach: — — — —	Ziel

9.

Grund	Rede	Ziel
du Baum —	solltest stürzen —	in dieß wilde Wasser

Einschiebung
schade!

10.

Grund   *Rede*   *Zweck*

dein Wipfel — soll hingeworfen seyn — zum Spiele seiner Wellen.

Einschiebung

a nicht

b nein!

11.

Grund   *Rede*   *Ziel*

Er — nahm — die schweren Stäbe,

Hinanfügung

a jetzt,

von

b der Schulter.

12.

Grund   *Rede*   *Ziel*

Er — sprach: —

13.

Grund   *Rede*   *Ziel*   *Zweck*

ich — kann hohlen — andre Stäbe — mir;

14.

Bindung   *Grund und Rede*   *erstes Ziel*   *zweites Ziel*

und — hub an zu bauen — einen starken Damm — vor den Baum,

15.   16.

Bindung   *Grund u Rede*   *Ziel*   *Grund*   *Rede*

und   —   grub — frische Erde.   Der Damm — war gebaut

Hinanfügung

jetzt,

17.

Bindung   *Grund*   *Rede*

und — die entblößten Wurzeln — waren bedeckt

Hinanfügung

mit

frischer Erde:

18.

Bindung   *Grund*   *Rede*   *erstes Ziel*   *zweites Ziel*

und — er   nahm —   sein Beil — auf die Schulter,

Hinanfügung

jetzt

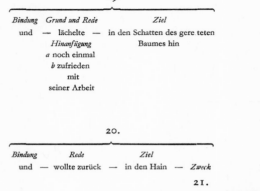

19.

Bindung	Grund und Rede	Ziel
und	— lächelte —	in den Schatten des gere teten
	Hinanfügung	Baumes hin
	a noch einmal	
	b zufrieden	
	mit	
	seiner Arbeit	

20.

Bindung	Rede	Ziel	
und	— wollte zurück —	in den Hain	— *Zweck*

21.

Bindung	Grund u. Rede	Ziel
um	— zu hohlen —	andre Stäbe.

Noch eine Schwierigkeit scheinet uns aufzu-
stoßen, indem es heißt, er *lächelte noch einmal in den
Schatten des Baumes hin:* hier ist *lächelte* die *Rede*
selber, *er* ist der *Grund, noch einmal* ist die *Hinanfügung,* und *in den Schatten* ist das *Ziel* der Rede,
allein was ist nun *des Baumes?* dieses fügt sich auf
keine Weise an die Rede selbst hinan, sondern
scheinet vielmehr dem Nennworte *Schatten,* als
dem Ziele der Rede einverleibt zu seyn, und doch
ist es auch nur *Nennwort,* und kein Nennwort kann
ohne ein *Redewort* dem andern füglich einverleibt,
oder an dasselbe hinangedacht werden. — Allein
hier ist beinahe eben der Fall, wie bei den Beschaf-
fenheitswörtern, welche auch nur *Benennungen* sind,
und doch ohne Redewort, bloß vermittelst eines
hinzugesetzten *e* an eine andre *Benennung* unmittelbar hinangefügt werden, als *der dichte Hain* anstatt
der Hain ist dicht. So wie man sich nun hier in das

hinzugesetzte *e* den ganzen Zusammenhang einer *ausgelaßnen Rede* hineindenkt, und auf die Art die eine Vorstellung der andern *einverleibt,* so denkt man sich ebenfalls bei dem Ausdruck *des Baumes,* in das hinzugesetzte *s* den ganzen Zusammenhang einer *ausgelaßnen Rede* hinein, wodurch die Vorstellung von *Baum* der Vorstellung von *Schatten einverleibt* wird. Durch das hinzugesetzte *e* wird also eine Beschaffenheit, und durch das hinzugesetzte *s* ein für sich bestehendes Ding dem andern einverleibt; bei dem erstern ist nur das Wort *ist,* bei dem letztern aber oft eine ganze Reihe von Vorstellungen ausgelassen: so heißt auch *der Schatten, welcher von dem Baume hervorgebracht wird,* nunmehro *der Schatten des Baumes.* Weil man, so oft die Sonne scheint, den Schatten beständig bei dem Baume bemerkt, so betrachtete man ihn nach und nach gleichsam wie eine *Eigenschaft* desselben, welche schon an sich *nothwendig* an ihm gedacht werden müsse, und so fing man an, sich nur noch dunkel an das Urtheil zu erinnern, wodurch man diese beiden Vorstellungen zu wiederhohlten malen verknüpft hatte. Weil man auf eben die Weise die Früchte beständig an dem Baume bemerkte, so sagte man *die Früchte des Baumes,* und weil man sich den Stamm ohne den Baum nicht denken kann, so sagte man *der Stamm des Baumes;* weil man sich keinen Erbauer vorstellen kann, ohne etwas, das von ihm erbauet wird, so sagt man, *der Erbauer des Hauses,* und weil der Baum im Sonnenscheine *nothwendig* einen Schatten von sich werfen muß, so sagt man, *der Schatten des Baumes.* Bei solchen für sich bestehenden Dingen also, welche schon an sich in der Natur einen *nothwendigen* Zusammenhang haben, oder ihn uns doch zu haben scheinen, setzen wir diesen Zusammenhang schon als bekannt voraus, und bezeichnen ihn nicht durch das *Redewort,* sondern bloß durch ein hinzugefügtes *s,* als einen Laut, worinn sich unser ganzes dunkelempfundenes Urtheil zusammendrängt, und wodurch wir demjenigen, der uns hört, nur einen Wink geben dürfen, um uns zu verstehen. Ein solches Wort nun, zu welchem auf die Art ein *s,* oder ein andrer Laut, der eben das ausdrückt, hinzugefügt ist, wollen wir die *Erklärung* desjenigen Worts nennen, bei dem es steht: denn wenn es heißt, *er lächelte in den Schatten des Baumes,* so wird dieser Schatten, durch den Zusatz *des Baumes,* von alle dem, was wir sonst in der Welt *Schatten* nennen, herausgehoben, und unsre Vorstellung von demselben bekömmt erst *Deutlichkeit,* da wir nun wissen, daß es nicht etwa der Schatten eines Hügels, einer Wolke u. s. w., sondern eines Baumes ist. Wie nahe nun die *Erklärung* an die *Eigenschaft* gränzt, sehen Sie daraus, daß nur ein kleiner Unterschied dazwischen ist, wenn Sie sagen, *der Pallast des Königs,* und, *der königliche Pallast:* in dem erstern Falle können Sie *König* wiederum durch ein andres Wort *erklären,* indem Sie sagen, *der Pallast des Königs dieser Völker,* das können Sie aber in dem letztern Falle nicht. Wie sehr uns aber diese *Erklärung* des einen Wortes durch das andre, vermittelst eines einzigen Lauts, in Ansehung der Kürze im Ausdruck, zu statten kömmt, werden Sie aus folgendem Beispiele sehen: *Der Freund des Königs fand den Ring des Königs in dem Zimmer seiner Tochter.* Sie sehen, daß die *Erklärung* nicht nur durch *s* sondern auch durch *r* angezeigt wird, indem es *seiner Tochter* heißt. Nun suchen Sie sich einmal vorzustellen, daß wir dieses *erklärende s* und *r* nicht hätten, so würde es heißen: *der Freund — der König — fand den Ring — der König — in dem Zimmer — seine Tochter —* Nun ist auf einmal aller Zusammenhang verschwunden; wollen wir aber, ohne das *s* und *r*, den Zusammenhang wieder hineinbringen, so müssen wir sagen: *der Freund, welchen der König hatte, fand den Ring welcher dem Könige gehörte, in dem Zimmer, welches seine Tochter bewohnte —* Setzen Sie nun, daß wir auch das Wort *welcher* nicht einmal hätten, so würden wir uns nicht anders, als auf folgende Weise ausdrücken können: *Ein König hatte einen Freund, dieser König besaß auch einen Ring, den Ring fand der Freund, dieser Freund hatte eine Tochter, die Tochter bewohnte ein Zimmer, in dem Zimmer fand der Freund den Ring.* — Wenn man sich einem Kinde von gewissem Alter verständlich machen wollte, so würde man sich ohngefähr so ausdrükken müssen, und es ist wahrscheinlich, daß man sich in der Sprache, bei Entstehung derselben, so ausgedrückt hat. Sie sehen aber hieraus aufs neue, daß das *Redewort* der Geist der ganzen Sprache ist, daß es auch selbst da herrscht, wo man es nicht siehet, und daß es zwei Wörter durch seine Kraft verbindet, ohne daß man es in der Schnelligkeit des Redens und Denkens bemerkt.

Was ich Ihnen nun schon bei den einzelnen Wörtern von Licht und Schatten in der Sprache gesagt habe, das gilt auch bei der großen oder zusammengesetzten Rede. So wie man nehmlich in dem Ausdruck, *der alte Mann ist krank,* die Vorstellung *daß er alt ist,* in Schatten stellt, und sie gleichsam in der Seele zurückschiebt, um die Vorstellung, *daß er krank ist,* desto mehr ins Licht zu stellen; eben so stellt man auch, vermittelst der Bindungen, eine ganze Rede gegen die andre in Schatten, wie in folgender Darstellung:

Schatten   *Licht*

Als der Frühling anbrach — da verjüngte sich die Natur

Schatten

Als der Frühling anbrach, und sich die Natur verjüngte

Licht

da verschwand mein Kummer.

Lauter Licht, ohne mildernden Schatten, würde in folgenden Ausdrücken seyn:

Der Frühling brach an — die Natur verjüngte sich — mein Kummer verschwand.

Allein, wenn in diesen letztern Ausdrücken mehr Lebhaftigkeit ist, so ist in den erstern mehr Ordnung, mehr Nebeneinanderstellung, und mehr Deutlichkeit in dem Hauptgedanken, welcher, durch eine mit Fleiß veranlaßte Dunkelheit in den Nebengedanken, stärker ins Licht gestellt wird.

Sie haben also nun den ganzen Bau der menschlichen Rede kennen gelernt, nach welcher Sie das größte sowohl, als das kleinste Ganze, in der Sprache zergliedern können. Die längste zusammenhängende *Rede* über irgend einen Gegenstand hat, im Ganzen genommen, immer einen *Grund,* wovon sie ausgeht, ein *Ziel,* worauf sie übergeht, etwas, das sie nur *nebenher* mit sich nimmt, oder eine *Hinanfügung,* und einen *Zweck,* worinn sich am Ende ihre ganze Kraft vereinigt; ja sie hat, im Eingange, sogar eine *Bindung,* wodurch sie an eine allgemein anerkannte Wahrheit geknüpft, und auf die Weise mit dem ganzen System unsrer Gedanken in Zusammenhang gebracht wird. Diese Ideen scheinen sogar auf das kleinste Wort zu passen, wenn man sich den Vokal als die *Rede,* den vor ihm vorhergehenden Konsonant, als den *Grund,* den nachfolgenden als das *Ziel,* und den letzten, als den *Zweck* dieser Rede denkt. Wenigstens muß der Vokal ebenfalls erst Zusammenhang in die Konsonanten bringen, ehe sie sich zu einem verständlichen Worte bilden können. In dem Worte *bleibst* also wäre das *ei* gleichsam die *Rede* selber, *l* wäre der *Grund, b* die *Hinanfügung,* das andre *b* das *Ziel* und das *st* der *Zweck* dieser Rede, worinn sich ihre ganze Kraft vereinigt, indem sie durch das hinzugesetzte *st* erst wirklich zweckmäßig wird, und sich auf eine Person bezieht, die man anredet. — Doch will ich Ihnen gern verstatten, dieses letzte so lange für ein bloßes Spiel der Einbildungskraft zu halten, bis ich es Ihnen näher werde bewiesen haben.

Aus dem Bau der Rede läßt sich nun der Gebrauch der Unterscheidungszeichen am allerleichtesten entwickeln, weil es das eigentliche Geschäft derselben ist, die kleinern Reden in den größern zu unterscheiden, wie Sie aus folgendem Beispiele sehen werden, dessen wir uns schon einmal bedient haben:

Grund und Rede	Ziel	Zweck

so fühle ich, — daß mir dieses genug ist, — um glücklich zu seyn.

Hinanfügung
wenn ich meine Pflicht thue,

Wenn ich meine Pflicht thue, so fühle ich, daß mir dieses genug ist, um glücklich zu seyn. — Hier ist jede kleinere Rede in der größern, durch einen schrägen Strich, welchen man das *Komma* nennt, von der andern unterschieden, damit man die Fugen desto deutlicher sehen kann, wodurch sich die kleinen Reden zu einer größern bilden, und damit man auch weiß, wo die Stimme die schicklichsten Ruhepunkte machen darf, weil man doch nicht immer in einem Athem fortlesen kann. Dieses wird Ihnen nun auf einmal einen Aufschluß über den Gebrauch des Komma geben; Sie setzen es nehmlich, einige Fälle ausgenommen, vor jeder *Bindung,* und vor jedem *welcher, wer,* oder *was,* wodurch sich eine ganze Rede an die andre fügt. Sobald aber eine Rede für sich schon ein Ganzes ausmacht, und durch keine *Bindung nothwendig* an eine andre hinangefügt ist, so steht am Ende derselben ein kleiner Tittel, welchen man das *Punktum* nennet. Nun kann aber der Fall eintreten, daß nicht eine, sondern mehrere ganze Reden auf einmal, an eine andre hinangefügt werden sollen; alsdann müssen die hinangefügten Reden unter sich schon durch Kommata unterschieden werden, es ist daher noch ein anderes Zeichen nöthig, um alle hinangefügten

Reden zusammengenommen, wiederum von der *Hauptrede* zu unterscheiden: man setzt zu diesem Endzweck über das Komma ein Punktum, und nennt es dann das *Semikolon,* welches also einen stärkern Unterschied, als das bloße Komma bezeichnet. Manchmal aber sind mehrere hinangefügte Reden wiederum eine jede an und für sich selber so lang, daß sie unter sich schon durch *Semikolons* müssen unterschieden werden; dann ist wiederum ein andres Zeichen nöthig, welches alle diese schon unter sich durch *Semikolons* bezeichnete *Hinanfügungen* von der *Hauptrede* unterscheidet, und dieses besteht aus zwei untereinandergesetzten Punkten, und heißt das *Kolon,* wovon auch das vorhergehende das *Semikolon* oder *halbe Kolon* genannt wird, weil es einen geringern Unterschied, als das *Kolon,* bezeichnet. Dieses Kolon bezeichnet nächst dem *Punktum* den stärksten Unterschied der kleinern Rede in der größern. Enthält nun eine Rede, welche an und für sich ein Ganzes ausmacht, ein ruhiges, festes Urtheil, oder Behauptung irgend einer Sache, so setzt man am Ende derselben ein Punktum; ist das Urtheil mit einer Gemüthsbewegung, als Verwundrung, Freude, Schmerz u. s. w. verknüpft, und fängt sich die Rede mit *ach, o wie, möchte doch,* oder auf ähnliche Weise an, so macht man senkrecht über das Punktum einen Strich, und nennt dieses das *Ausrufungszeichen;* ist aber das Urtheil in einer Rede noch zweifelhaft, oder unvollständig, welches daraus abzunehmen ist, wenn man die Stimme beim Schluß der Rede nicht fallen läßt, sondern gleichsam noch im Schweben erhält, so setzt man über das Punktum eine gekrümmte Figur (?), und nennt es das *Fragezeichen*. — Sie sehen, man muß mit den Unterscheidungszeichen ökonomisch verfahren, weil wir ihrer nur so wenige haben: ich hätte jetzt vor jedem *so* schon füglich ein Semikolon setzen können, aber ich mußte es zu den größern Unterschieden aufsparen, die ich damit bezeichnen wollte, indem ich drei schon an sich zusammengesetzte Reden gleichsam in eine verwandelte, weil in allen dreien von einerlei Sache, nehmlich von der Bezeichnung verschiedner Beschaffenheiten unsrer Urtheile die Rede war. Wollte man sich des *Kolons* und *Semikolons* zu oft bedienen, so würde man diesen Zeichen dadurch ihre stärkere unterscheidende Kraft benehmen. — Was ich Ihnen jetzt gesagt habe, ist gleichsam nur in den Zusammenhang meiner übrigen Bemerkungen über die Unterscheidungszeichen *eingeschoben*. Diese *Einschiebung* habe ich zu Anfange und am Ende der eingeschobenen Rede mit einem kleinen Querstriche bezeichnet, dessen man sich auch dazu bedienet, eine vorzügliche Aufmerksamkeit des Lesers auf einen Gedanken zu erwecken. — Sie sehen nun leicht, daß *Komma, Semikolon, Kolon,* und *Punktum,* eigentlich nur die wahren Unterscheidungszeichen sind, wodurch die kleinern Reden in der größern unterschieden werden. Diese sind nun freilich, nicht so wie die Worte, Zeichen unsrer Gedanken selber, sondern nur die Zeichen von den verschiednen Ruhepunkten in der Reihe unsrer Vorstellungen. Wenn diese

Ruhepunkte nun gleich nicht auf dem Papiere bezeichnet wären, so würden sie demohngeachtet in unsrer Seele statt finden, weil es uns unmöglich ist, ganz ununterbrochen fortzudenken. Hieraus erhellet wenigstens so viel, daß eine Schrift mit Unterscheidungszeichen immer ein wahreres und treffenderes Gemählde unsrer Gedanken ist, als eine ähnliche, ohne dieselben. — Sagen Sie also Z.B., *ich weiß, wie die Sache beschaffen ist,* so reden Sie nicht ganz ununterbrochen fort, sondern wenn Sie gesagt haben, *ich weiß,* so wird erst durch eine ganz kleine Pause der Übergang zu dem folgenden Gedanken gemacht; und dieser Übergang ist es eben, welchen die Unterscheidungszeichen andeuten sollen; denn ohne dieselben würde ein Gedanke gleichsam in den andern fließen, und die zusammengesetzte Rede wäre mit einem unförmlichen Gebäude zu vergleichen, dem es an der gehörigen Eintheilung in seine Zimmer und Säle mangelte. Sagten Sie aber, *ich weiß die ganze Beschaffenheit der Sache,* so wäre kein Komma weiter nöthig, weil hier das *Ziel* der Rede nicht wiederum eine andre *Rede,* sondern eine bloße *Benennung* ist. Wenn Sie jetzt noch einen Versuch machen wollen, unsre Idylle auch in Ansehung der Unterscheidungszeichen, oder der Ruhepunkte in der Erzählung, durchzugehn, so werden Sie finden, wie die schwächern Unterschiede immer durch ein *Komma,* die stärkern durch ein *Semikolon,* und die stärksten durch ein *Kolon* oder *Punktum* bezeichnet werden; wie insbesondre die eignen Worte eines andern, als etwas von der übrigen Rede ganz Verschiednes, durch ein *Kolon* angedeutet werden: wenn es Z. B. heißt, *aber die Dryas rief ihm mit lieblicher Stimme zu: sollt ich unbelohnet dich weglassen,* u. s. w. Wenn es aber am Ende heißt, *so bat der Redliche: und Palemon ward gesund,* so vertritt das *Kolon* beinahe die Stelle eines *Punktums,* weil das *und* zwischen diesen beiden ganz voneinander abgesonderten Reden nur einen sehr geringen Zusammenhang bewirken kann. — Doch genug hievon! Je mehr Sie den Bau der Rede selber einsehen lernen, desto leichter wird es Ihnen werden, sich der Unterscheidungszeichen gehörig zu bedienen.

_____

Eilfter Brief.

Von den Fugen der Rede.

Lassen Sie uns nun noch einmal mit einem Blick den ganzen Bau der Rede übersehen, und die Begriffe von *Grund, Rede, Ziel, Zweck, Hinanfügung, Einschiebung, Bindung* und *Erklärung,* in unser Gedächtniß zurückrufen, und dann untersuchen, wie es zugeht, daß alle diese einzelnen Bestandtheile der Rede sich zu einem Ganzen bilden? — Wenn die Bestandtheile eines Gebäudes gehörig ineinander passen sollen, so muß denselben oft etwas angesetzt, und oft etwas abgenommen werden, eben so ists auch in der Sprache: die einzelnen Wörter müssen nehmlich im Zusammenhange mit den übrigen oft andre *Endigungen* annehmen, als sie sonst an und für sich haben, und diese *Endigungen* nebst den kleinen Wörtern *an, auf, über,* u.s.w. sind eben die *Fugen* der Rede, worunter hier aber immer nur die kleine Rede, und nicht die große oder zusammengesetzte zu verstehen ist. Da wir also hier vorzüglich auf die einzelnen Wörter aufmerksam seyn müssen, so wollen wir unsre obigen Bemerkungen auf dieselben anzuwenden suchen, und jedes einzelne Wort, das

Grundwort, Redewort, Zeitwort, oder *Zweckwort,* nennen, nachdem es die *Rede* selber, oder den *Grund,* das *Ziel,* oder den *Zweck* der Rede in sich enthält; zeigt es die *Hinanfügung* an, so wollen wir es das *Nebenwort* nennen, weil die Hinanfügung von der Rede nur gleichsam *nebenher* mitgenommen wird; ist es aber die *Einschiebung,* so wollen wir es das *Zwischenwort,* und ist es die *Bindung,* das *Bindewort* nennen; ein Hauptwort, welches neben einem andern zur *Erklärung* desselben steht, soll das *Erklärungswort,* und ein solches kleines Wort, wie *auf, an, unter,* soll das *Fügewort* heißen, wie in folgender Darstellung:

Bindewort wenn	*Bindewort* so
Grundwort du	*Grundwort* du
Redewort widmest	*Redewort* kannst versprechen
Fügewort mit	*Fügewort* in
Nebenwort dem größten Vergnügen	*Nebenwort* der Zukunft
Zwischenwort nicht	*Zwischenwort* gewiß
Zielwort dich	*Zielwort* keinen wahren Frieden
Zweckwort dem Rufe	*Erklärungswort* des Herzens
Erklärungswort deiner Pflicht	*Zweckwort* dir.

Wenn du dich nicht mit dem größten Vergnügen dem Rufe deiner Pflicht widmest, so kannst du dir gewiß in der Zukunft keinen wahren Frieden des Herzens versprechen.

Ist nun das Redewort *ist,* so müssen wir das Wort, welches dasjenige enthält, *was* von einer Sache geredet wird, und welches wir uns sonst mit in die Rede selbst hineingedacht haben, ebenfalls einzeln betrachten, und dann können wir es füglich das *Redebeiwort* nennen, als:

Grundwort eine Eiche	*Grundwort* der Baum
Redewort ist	*Redewort* ist
Redebeiwort ein Baum.	*Redebeiwort* grün.

Was auf die Weise von *ist* gilt, paßt auch auf *werden, bleiben, heißen,* wo dasjenige, *was* von einer Sache geredet wird, sich nicht in die Rede selber hineinfügt, sondern als ein einzelnes Wort dabei steht.

Lassen Sie uns nun wieder zu unserm obigen Beispiele zurückkehren, und zusehen, welche Wörter in der zusammenhängenden Rede eigentlich Verändrungen leiden, und welche nicht? — Das *Bindewort* gehört nicht zu dem *innern* Zusammenhange der Rede, sondern schließt sich nur von *außen* an dieselbe an, also braucht es sich nicht nach der Rede zu *fügen,* sondern es behält seine unveränderte Gestalt, es mag auch stehen, wo es wolle, wie die Bindewörter *wenn* und *so* in unserm Beispiele. Das *Grundwort* ist das herrschende in der Rede; alle übrigen Wörter müssen sich nach ihm fügen, selber fügt es sich nach keinem; darum behält es im Zusammenhange der Rede eben die Gestalt, die es außer dem Zusammenhange an und für sich hat, wie das Wort *du* in unserm Beispiele. Das *Zwischenwort* bleibt ebenfalls unverändert, weil es eigentlich nicht mit in den Zusammenhang der Rede gehört, sondern nur in dieselbe *eingeschoben* ist, wie in unserm Beispiele die Wörter *nicht* und *gewiß.* Das *Fügewort* kann sich deswegen nicht weiter *fügen,* oder seine Gestalt ändern, weil es an sich selber schon eine *Fuge* der übrigen Wörter ist, wie in unserm Beispiele die Wörter *mit* und *in.*

In den Zusammenhang der Rede müssen sich also das *Nebenwort, Zielwort, Zweckwort, Erklärungswort,* und das *Redewort* selber fügen, und leiden deswegen zuweilen einige Verändrungen. Wir müssen also jetzt unser Augenmerk auf die *Fugen* dieser Wörter richten, welches größtentheils nur einzelne Laute sind, wie in unserm Beispiele die hinzugefügten oder angesetzten Buchstaben *st, m, n, ch, r, s:* nehmen Sie diese einzelnen Laute von den Wörtern, zu welchen sie gehören, weg, und die zusammenhängende Rede wird auseinander fallen:

Wenn du — du — nicht — mit — das größte Vergnügen — der Ruf — deine Pflicht — widmen — so — können — du — du — gewiß — in — die Zukunft — kein wahrer Friede — das Herz — versprechen —

Verwandeln Sie aber das zweite *du* in *dich; das* in *dem,* und *größte* in *größten; der* in *dem; deine* in *deiner; widmen* in *widmest; können* in *kannst;* wiederum das zweite *du* in *dir; die* in *der; kein wahrer Friede* in *keinen wahren Frieden; das Herz* in *des Herzens;* so ist auf einmal der Zusammenhang wieder hergestellt. Betrachten Sie nun noch einmal unser Beispiel in der erstern Darstellung, die ich Ihnen davon gemacht habe, so werden Sie finden, daß die Verändrungen größtentheils nicht an den Hauptwörtern selber, sondern nur an den kleinen Bestimmungswörtern *der, die, das* u. s. w. vorgehen; daß *Zweckwort* und *Nebenwort* einerlei Endigung haben, und durch *m* oder *r,* auch zuweilen durch ein dem Hauptworte hinangefügtes *e* bezeichnet werden, nur mit dem Unterschiede, daß das *Neben-*

wort immer eines *Fügeworts* bedarf, das *Zweckwort* aber nicht; daß das *Zielwort* durch *n* oder *ch,* und das *Erklärungswort* durch *e* oder *s* bezeichnet wird. — Das *Redewort* muß, ohngeachtet aller seiner Verändrungen, immer *Redewort* bleiben, aber das *Grundwort* kann durch eine kleine Verändrung, welche größtentheils nur an dem Bestimmungswörtchen vorgeht, zu einem *Nebenworte, Zielworte, Zweckworte,* oder *Erklärungsworte* werden, als:

Grundwort	ich —	— du	
Redewort	beschäftige —	beschäftigest	
Zielwort	mi*ch* —	— di*ch* — *ch*	
Fügewort	mit —	— mit	
Nebenwort	mir —	— dir — *r*	

Grundwort	du
Redewort	denkst
Zielwort	di*ch* — *ch*
Zweckwort	dir — *r*

Grundwort	der Baum wird genannt	
Zielwort	de*n* Baum nenne ich	— *n*
Zweckwort	de*m* Baum*e* gebe ich seinen Nahmen	— *m* — *e*
Nebenwort	von de*m* Baum*e* rede ich dieß	— *m* — *e*
Erklärungswort	de*s* Baume*s* Nahmen nenne ich	— *s* — *s*

Das Bestimmungswort *der* muß also sein starkes männliches *r* mit dem biegsamern *n* vertauschen, wenn es sich vor einem *Zielworte* in den Zusammenhang der Rede *fügen* soll: das weichre *die* und *das* schmiegt sich schon von selber in diesen Zusammenhang, und leidet daher keine Verändrung, es mag nun vor dem *Grundworte* oder vor dem *Zielworte* stehen; steht es aber vor dem *Zweckworte, Nebenworte,* oder *Erklärungsworte,* so verwandelt sich *das* in *dem* und *des,* und *die* verwandelt sich in *der,* wie in folgender Darstellung:

Grundwort	das Bild wird genannt.		
Zielwort	das Bild nenne ich.		
Zweckwort	de*m* Bild*e* gebe ich seinen Nahmen	— *m* —	*e*
Nebenwort	von de*m* Bild*e* rede ich	— *m* —	*e*
Erklärungswort	de*s* Bilde*s* Nahmen nenne ich	— *s* —	*s*

Grundwort	die Blume wird genannt.	
Zielwort	die Blume nenne ich.	
Zweckwort	de*r* Blume gebe ich ihren Nahmen	— *r*
Nebenwort	von de*r* Blume rede ich	— *r*
Erklärungswort	de*r* Blume Nahmen nenne ich	— *r*

Sie sehen also, daß das *Zielwort* und *Grundwort* nur bei den Wörtern unterschieden sind, vor welchen das Bestimmungswort *der* steht. *Zweckwort* und *Nebenwort* sind sich untereinander gleich, aber vom *Zielworte* sind sie, die Wörter *sich, uns* und *euch* ausgenommen, beständig unterschieden. Es kömmt sehr viel darauf an, daß man das *Zweckwort* sowohl als das *Nebenwort* gehörig von dem *Zielworte* zu unterscheiden weiß, um sich im Sprechen nicht fehlerhaft auszudrücken. — Wir müssen daher auch auf diesen Unterschied aufmerksam seyn, in so fern er alsdann statt findet, wenn von Dingen in der mehrfachen Zahl die Rede ist, wie in folgender Darstellung:

Grundwort	die Bäume, Bilder und Blumen werden genannt.	
Zielwort	die Bäume, Bilder und Blumen nenne ich.	
Zweckwort	de*n* Bäume*n*, Bilder*n* und Blumen gebe ich ihre Nahmen	— *n* — *n*
Nebenwort	von de*n* Bäume*n*, Bilder*n* und Blumen rede ich dieß	— *n* — *n*

Sie sehen, daß der Unterschied des Geschlechts der Wörter, welcher in der einfachen Zahl durch *der, die, das,* bezeichnet wird, sich in der mehrfachen Zahl in dem Begriffe von der Mehrheit der Dinge verliert; und daß eben daher das biegsame *die* allein die Stelle des *der, die, das,* vertritt, welches sich aber im *Zweckworte* und *Nebenworte* in *den* verwandelt, das eigentlich aus *denen* zusammengezogen ist. So wie also in der einfachen Zahl das *Zweckwort* und *Nebenwort* durch *m* oder *r* bezeichnet wird, so erkennt man es in der mehrfachen Zahl an dem *n,* welches nicht nur in der Verwandlung des *die* in *den* statt findet, sondern auch dem Hauptworte selber, da wo es füglich geschehen kann, angehängt wird, als *den Bäumen, den Bildern;* bei *Blumen* konnte kein *n* mehr angehängt werden, weil das *Grundwort* in der mehrfachen Zahl schon *die Blumen* heißt. — Sie sehen ferner, daß in diesen drei Wörtern der Begriff von der *Mehrheit* jedesmal durch eine Verlängerung des Worts, vermittelst eines gewissen Lauts, und in *Baum* zugleich durch eine Verwandlung des *a* in *ä* ausgedrückt ist, als:

Baum,	Bild,	Blume,
Bäume,	Bilder,	Blumen.

Hieraus können Sie ohngefehr schließen, auf wie vielerlei Art unsre Sprache die *Mehrheit* bezeichnet: sie thut es oft bloß durch Verwandlung des *a, o,* und *u,* in *ä, ö,* und *ü,* als die *Väter, die Töchter, die Mütter;* oft durch ein hinzugefügtes *e, er,* oder *n,* als *Könige, Fürsten, Schwerdter;* oft durch die Verwandlung und Hinzufügung zugleich, als *die Bäche, die Bücher, die Flüsse, die Männer, die Götter, die Heiligthümer.* Das *r* bezeichnet oft einen stärkern Grad der Mehrheit, als das *e,* indem es dasjenige gleichsam zerstückt und abgesondert darstellt, was man sich sonst mehr in eins zusammengefaßt denkt, als:

Band,	Bande,	Bänder
Land,	Lande,	Länder
Ort,	Orte,	Örter
Wort,	Worte,	Wörter

So wie nun das *der, die, das,* in der mehrfachen Zahl sich in *die* verwandelt, eben so verwandelt sich auch das *er, sie, es,* in *sie.* Überhaupt hat *er, sie, es,* mit *der, die, das,* eine große Ähnlichkeit; und man darf nur von dem letztern das *d* wegnehmen, so wird fast immer, mit einiger Verändrung des Vokals, das erste übrig bleiben, wie Sie aus folgender Darstellung sehen werden, wo wir noch einmal die Bestimmungswörter des Hauptworts, welche eigentlich im Zusammenhange der Rede die meisten Verändrungen leiden müssen, in alle Verhältnisse setzen wollen:

Einfache Zahl.

Grundwort ich werde genannt — *du* wirst genannt

Zielwort mich nenne ich — *dich* nenne ich — *ch*

Zweckwort mir gebe ich meinen — *dir* gebe ich deinen — *r*
Nahmen. Nahmen.

Nebenwort von *mir* rede ich dieß — von *dir* rede ich — *r*

Erklärungswort meiner schone ich — *deiner* schone ich — *r*

Mehrfache Zahl.

Grundwort wir werden genannt — *ihr* werdet genannt.

Zielwort uns nenne ich — *euch* nenne ich.

Zweckwort uns gebe ich unsre — *euch* gebe ich eure
Nahmen.   Nahmen.

Nebenwort von *uns* rede ich dieß — von *euch* rede ich dieß.

Erklärungswort unser schone ich — *euer* schone ich·

Einfache Zahl.

Grundwort er, der Baum — s*ie*, d*ie* Blume — e*s*, da*s* Bild — wird
genannt.

Zielwort ih*n*, de*n* Baum — *n* — sie, d*ie* Blume — e*s*, da*s* Bild —
nenne ich.

Zweckwort ih*m*, de*m* Baum*e* — *m, e* — ihr, der Blume, — *r* —, de*m*
Bild*e* — gebe ich einen Nahmen. — *m, e*

Nebenwort von ih*m*, de*m* Baum*e* — *m, e* — von ihr, de*r* Blume —
r —, de*m* Bild*e* — *m, e* — rede ich dieß.

Erklärungswort seiner, des Baume*s* — ihre*r*, der Blume — *r* —
dessen, de*s* Bilde*s* — *s* — schone ich.

Mehrfache Zahl.

Grundwort sie, die Bäume, Blumen, und Bilder — werden genannt

Zielwort sie, die Bäume, Blumen und Bilder — nenne ich.

Zweckwort ihnen, denen (den) Bäume*n*, Blume*n*, und Bilder*n* — gebe
ich ihre Nahmen. — *n* — *n*

Nebenwort von *ihnen,* dene*n* (den) Bäume*n*, Blume*n*, und Bilder*n* —
rede ich dieß. *n* — *n*

Erklärungswort ihre*r*, dere*r*, (der) Bäume, Blumen, und Bilder —
schone ich. — *r*

Daß das *Erklärungswort* bei einem *Redeworte* stehen kann, wird Ihnen vielleicht auffallend seyn;
allein man denkt sich hier in dem Redeworte gewissermaßen ein Hauptwort, und indem es heißt,

ich *verschone euer,* so soll dieß so viel sagen, als *ich bin ein Verschoner euer.* Freilich kann hier das Erklärungswort am allerleichtesten zum Eigenschaftsworte werden, indem ich ohne alle Veränderung desselben sagen kann, *ich bin euer Verschoner:* man sagt auch: *ich verschone dein, ich pflege sein,* und in so fern gehört das *Erklärungswort* von *ich, du, er,* u. s. w. beinahe ganz ins Gebiet der Eigenschaftswörter, weil es mit den vorhergehenden Ausdrücken beinahe einerlei ist, wenn ich sage, *ich bin dein Verschoner,* oder *ich bin sein Pfleger.* — In der mehrfachen Zahl, sehen Sie wiederum, ist immer weniger zu unterscheiden, als in der einfachen, weil sich viele andre Nebenbegriffe in dem Begriffe von der Mehrheit verlieren. — Und nun werden Sie beinahe im Stande seyn, *Zweckwort* und *Nebenwort,* in allen Fällen, auch an der *Endigung,* vom *Zielworte* zu unterscheiden, als:

Einfache Zahl.

Zielwort mich, dich, ihn, sie, es, — den Baum, die Blume, das Bild — nenne ich.

Zweckwort mir, dir, ihm, ihr —, dem Baume, der Blume, dem Bilde — gebe ich einen Nahmen.

Nebenwort von mir, dir, ihm, ihr — dem Baume, der Blume — dem Bilde — rede ich dieß.

Mehrfache Zahl.

Zielwort uns, euch, sie, — die Bäume, Blumen, und Bilder — nenne ich.

Zweckwort uns, euch, ihnen, den Bäumen, Blumen, und Bildern — gebe ich einen Nahmen.

Nebenwort von uns, euch, ihnen, den Bäumen, Blumen, und Bildern — rede ich dieß.

Nach *der, die, das,* richtet sich noch *dieser, diese, dieses,* und *welcher, welche, welches,* wenn man es durch alle Fälle, wie es in der zusammenhängenden Rede stehen kann, durchführen will. Auch die Frage, *wer* oder *was* muß sich darnach richten, wie in folgender Darstellung:

Grundwort wer oder was wird genannt? der, die, oder, das Ding.

Zielwort we*n* oder was nenne ich? de*n*, die oder das Ding.

Zweckwort we*m* oder welche*m* Dinge gebe ich seinen Nahmen?
de*m*, der, oder de*m* Dinge.

Nebenwort von we*m* oder von welche*m* Dinge rede ich? von de*m*,
der, oder de*m* Dinge.

Erklärungswort wessen oder welche*s* Dinge*s* Nahmen nenne ich?
de*s*, der, oder de*s* Dinge*s*.

Lassen Sie uns nun einmal unsre Darstellung umkehren, und ein Wort durch alle Fälle, worinn es stehen kann, durchführen, indem wir zugleich die ganze *Rede* ordentlich bezeichnen, wovon es jedesmal *Grund, Ziel,* oder *Zweck* u.s.w. ist:

			Grund	*Rede*	
			der Baum —	wird genannt	
Grund		*Rede*	*Ziel*		
ich —		nenne	— den Baum		
Grund	*Rede*	*Ziel*	*Zweck*		
ich	— gebe —	seinen Nahmen —	de*m* Baum*e*		
Grund		*Rede*	*Hinanfügung*		*Ziel*
ich —		rede	— von de*m* Baume		— dieses.
Grund	*Rede*	*Ziel*	*Erklärung*		
ich	— nenne —	den Nahmen	— de*s* Baume*s*.		

Sie sehen also, wenn ein Wort das *Zielwort* seyn soll, so muß ein *Grundwort* und ein *Redewort* vorhergehen; soll es das *Zweckwort* seyn, so muß eigentlich ein *Grundwort*, *Redewort* und *Zielwort* vorhergehen; soll es das *Nebenwort* seyn, so braucht nur ein *Grundwort* und *Redewort* vorherzugehen, denn mit dem *Zielworte* rückt die Rede schon weiter fort; das *Erklärungswort* gehört eigentlich nicht mit in den Zusammenhang der einfachen Rede, darum kann es bei dem *Grundworte*, *Zweckworte*, und *Nebenworte*, ja sogar bei dem *Redeworte* stehen. — Lassen Sie uns nun erst alle Fälle zu bestimmen suchen, worinn sich das *Nennwort* nach dem *Redeworte* richten muß; alsdann werden wir auch sehen, wie sich das *Redewort* wiederum nach dem *Nennworte* fügt. — Ein jedes *Zweckwort* muß also eigentlich ein *Zielwort* vor sich haben: denn wenn ich Z.B. sage, *ich gebe dem Baume,* und damit aufhöre, so ist meine Rede unvollständig, weil ich nichts genannt habe, *das* ich dem Baume gebe, oder weil ich zwar den *Zweck,* aber noch nicht *das Ziel* der Handlung meines Gebens ausgedrückt habe: sage ich aber nun, *ich gebe dem Baume seinen Nahmen,* so ist meine Rede vollständig, weil sowohl Ziel als Zweck derselben ausdrücklich benannt wird. Und nun heißt es doch:

Grund	Rede	Zweck		Grund	Rede	Zweck
ich —	folge —	dir.		du —	leuchtest —	mir.

Grund	Rede	Zweck
ich —	danke —	dir.

Eben so sagt man auch, *ich trotze dir, drohe dir, helfe dir, diene dir, liebkose dir, schmeichle dir, widerspreche dir, fluche dir.* — Dieß scheinet unsern Satz aufzuheben, daß sich kein *Zweckwort* ohne *Zielwort* denken lasse. Allein das nächste oder unmittelbare Ziel der Rede kann oft in der Rede selber mit versteckt seyn, weil es solche Handlungen giebt, die nicht unmittelbar auf etwas außer uns *übergehen,* sondern sich gleichsam beständig in sich selber zurückwälzen, und auf die Weise nur sich selber zum Ziele haben, so daß sie oft mehr ein fortdaurender wirksamer Zustand als eigentliche Handlungen sind. Von der Art sind nun auch die obigen Redewörter, bei welchen man sich das *Ziel* in die *Rede* selber mit hinein denkt, und auf die Weise unmittelbar das *Zweckwort* hinzusetzt. Wir wollen sie einzeln durchgehen! — Sie können wohl sagen: *ich halte dich,* weil Ihre Handlung hier unmittelbar auf die Person übergeht, die von Ihnen gehalten wird, aber Sie können nicht auf eben die Art sagen, *ich folge dich,* weil *folgen* eine Handlung ist, die sich immer in sich selber zurückwälzt, und so lange sie währet, nie ihr *äußres Ziel* erreicht, denn sobald die Person, der Sie folgen, von Ihnen erreicht ist, so muß ja auch die Handlung Ihres Folgens aufhören. Eben so ists nun auch mit *begegnen, gehen, laufen, kommen,* und ähnlichen Wörtern, darum sagt man auch, *ich begegne dir, du gehst mir zu langsam, läufst mir zu schnell,* u. s. w. Bei der Handlung des Leuchtens, welche auch, so wie *folgen,* in sich selber zurückfällt, kann ich mir gar kein ausgezeichnetes *äußeres* Ziel denken, worauf das Leuchten überginge, weil die Lichtstrahlen rund umher verstreuet werden, und also nur zufälligerweise auf irgend einen

Gegenstand fallen: darum kann ich nur eine Person *dabei in Gedanken* haben, welche der Zweck meines Leuchtens ist. Setze ich aber die Silbe *be* vor dieses Wort, und sage, *ich beleuchte,* so ist die Verstreuung der Lichtstrahlen nichts Zufälliges mehr, sondern dieselben werden nun auf einen Gegenstand insbesondre gerichtet, der das *Ziel* des Leuchtens wird, darum heißt es dann auch, *ich beleuchte dich.* Wenn diese Silbe *be* einem Redeworte vorgesetzt wird, so trägt sie in dasselbe gemeiniglich den Begriff von einer wirklichen Handlung hinein, die unmittelbar auf einen äußern Gegenstand *übergeht,* welcher das nächste Ziel derselben ist. — Sie können nicht sagen, *ich danke dich,* so wie Sie sagen, *ich liebe dich,* oder, *ich ehre dich:* denn *lieben* und *ehren* sind Handlungenähnliche Empfindungen, welche durch die Person selber, oder ihre persönlichen Eigenschaften in Ihnen erweckt werden, und also auch unmittelbar wieder auf die Person *übergehn* können; *danken* aber ist auch eine Handlungähnliche Empfindung, die nicht durch die persönlichen Eigenschaften, sondern durch die wohlthätige Handlung einer Person in Ihnen erweckt wird, sie muß daher auch durch die Erinnerung dieser wohlthätigen Handlung erst wieder auf die Person übergehn; diese Erinnrung ist also das nächste *Ziel,* und die Person der *Zweck* des Dankens; darum sagt man auch, *ich danke dir,* oder *ich danke Ihnen, daß Sie* u. s. w. — *Ich trotze,* heißt, ich bin befestiget, oder befestige mich gegen alle Angriffe, die irgend etwas auf mich thun kann, oder ich setze mich selber in den Stand, die Angriffe eines andern verachten zu können, dieses thue ich aber *um dessen willen,* dessen Angriffe ich erwarte, dieser ist also der *Zweck* meines *Trotzens,* welches übrigens eine Handlung ist, die in sich selber wieder zurückfällt, und kein unmittelbares *Ziel* außer sich haben kann. — *Drohen* bezeichnet nur den Anfang einer Handlung, die noch nicht wirklich auf ihr *Ziel* übergegangen ist, darum kann die Person, welche ich dabei im *Sinne* habe, auch nur der *Zweck,* und nicht das *Ziel* des Drohens seyn, und es muß daher heißen, *ich drohe dir,* ob ich gleich sagen kann, *ich bedrohe dich,* aus eben dem Grunde, welchen Sie schon wissen. — *Ich rette dich* kann ich wohl sagen, aber nicht, *ich helfe dich,* weil *retten* die Person selber, oder den ganzen Menschen, welcher gerettet wird, helfen, aber nicht den Menschen selber, sondern nur eine Arbeit, welche er thun soll, und nicht thun kann oder will, zum Gegenstande hat; darum sagt man auch Z. B. *ich will dir deine Bürde tragen helfen,* das Tragen ist hier der wirkliche Gegenstand des Helfens, die Person ist nur der *Zweck,* weswegen ich etwas tragen *helfe,* oder gleichsam die *Hälfte* der Arbeit übernehme. — Dienen zeigt keine einzelne wirkliche Handlung, sondern vielmehr einen *Zustand* der Unterwürfigkeit an, worinn man sich eine ganze Reihe einzelner Handlungen denkt, die auf Befehl eines andern geschehen; derjenige nun, auf dessen Befehl alle diese Handlungen geschehen, ist bloß der *Zweck* derselben, weil sie um *seinetwillen* geschehn, darum sagt man nicht ohne

Grund, *ich diene dir*. Setzt man aber die Silbe *be* vor dieses Wort, so muß es heißen, *ich bediene dich,* weil nun das Dienen die Person selber zum unmittelbaren Gegenstande bekommen hat. Hieraus werden Sie sich auch den Unterschied zwischen *Diener* und *Bedienter* erklären können: der erstre bekümmert sich nur um die Angelegenheiten seines Herrn, der letztere aber bekümmert sich vorzüglich um die Person desselben. — *Gehorchen* und *dienen* sind verwandte Begriffe, darum heißt es ebenfalls, *ich gehorche dir,* und nicht, *ich gehorche dich.* — *Liebkosen* heißt, jemanden schmeichelhafte oder angenehme Dinge vorsagen; das nächste *Ziel* der Handlung verliert sich also in ihr selber, und die Person ist der *Zweck* derselben, darum heißt es, *ich liebkose dir.* — *Schmeicheln* unterscheidet sich dadurch von *loben,* daß ich mir die Person nicht nur als das nächste *Ziel,* sondern auch als den *Zweck* meines Lobens denke, so daß *ich schmeichle dir,* so viel heißt, als, *ich lobe dich dir selber,* denn wenn ich jemanden schmeicheln will, so muß ich ihn auf irgend eine Weise selber loben, und auch ihm selber dieses Lob sagen; auf die Weise denke ich ihn mir nicht nur als das nächste *Ziel,* sondern zugleich als den *Zweck* meiner Handlung, und sage, *ich schmeichle dir.* — Wenn ich *widerspreche,* so spreche ich nicht wider die Person, sondern wider die Sache, welche sie vorgebracht hat, daher ist auch nicht die Person, sondern die Sache das nächste *Ziel* meines Widersprechens, und die Person ist nur der *Zweck* desselben, darum muß ich sagen, *ich widerspreche dir.* — Man sagt, *ich*

fluche dir, weil man sich das Böse, was man jemanden anwünscht, als das nächste *Ziel* des Fluchens
schon mit in die Handlung selber hineindenkt:
man sagt aber, *ich segne dich,* weil man sich schon
daran gewöhnt hat, unter *segnen* sich so viel als
wirklich glücklich machen zu denken: auf die Art sagt
man, *Gott segne dich,* welches so viel heißt, als, *Gott
mache dich glücklich,* oder *beglücke dich.*

Was nun noch das *Zielwort* anbetrift, so haben
wir schon bemerkt, daß es ein doppeltes *Ziel* der
Rede giebt, nehmlich ein *Ziel* der Handlung und
ein *Ziel* der Bewegung, als, *er trug die Stäbe in das
Haus:* das Ziel der Bewegung muß immer erst
durch ein Fügewort an die Rede verknüpft werden, das Ziel der Handlung aber bedarf dieses
nicht. Nun kann aber das nächste Ziel der Handlung nicht wiederum gedoppelt seyn, wenn nicht
mehrere Ziele durch die Bindung *und* miteinander
verknüpft werden: denn auf ein nächstes Ziel
kann ja nur die Handlung unmittelbar übergehen,
und ich kann daher nicht sagen, *ich erzähle dich eine
Geschichte,* oder *ich sage dich ein Wort,* sondern *ich
erzähle dir eine Geschichte,* und *sage dir ein Wort,* weil
in diesen beiden Fällen nicht die Person, sondern
die Geschichte, die erzählt *wird,* und das Wort, das
gesagt *wird,* das nächste Ziel der Rede sind. Demohngeachtet sagen wir aber:

Grund	Rede	Ziel	Ziel.
ich —	lehre —	eine Sprache —	dich.

Grund	Rede	Ziel	Ziel.
ich —	frage —	eine Sache —	dich.

Was erstlich das Wort *lehren* anbetrift, so ist doch eigentlich die Sache, welche gelehrt *wird,* das nächste *Ziel* dieser Handlung, und man sollte denken, die Person wäre ehr der *Zweck* derselben, so daß man richtiger sagte, *ich lehre dir eine Sprache.* Allein lassen Sie uns nur das Wort *lehren* mit ähnlichen Wörtern, als *sagen, erzählen,* u. s. w. in Vergleichung bringen, und wir werden finden, daß es eine ganz besondre Beschaffenheit hat, vermöge welcher es mehr als andre Wörter, sowohl auf die Person als auf die Sache eine gleich nahe Beziehung haben kann. Wenn ich etwas sage oder erzähle, so ist meine Aufmerksamkeit immer mehr mit der Sache beschäftiget, die ich sage oder erzähle, als mit der Person, der ich sie sage oder erzähle; sobald ich aber lehre, muß meine Aufmerksamkeit wenigstens eben so stark auf die Person, als auf die Sache gerichtet seyn, weil es mir darum zu thun ist, daß der andre die Sache nicht bloß hören, sondern daß er sie lernen soll. *Lehren* zeigt also eine Handlung an, wodurch wir auf die Person selber, und in das Innerste ihrer Seele wirken, daher kömmt es, daß wir uns sowohl die Person, als die Sache, welche gelehrt wird, zugleich als das nächste *Ziel* des Lehrens denken, und sagen, *ich lehre dich die Sache, du hast mich die Sprache gelehrt,* u. s. w. — *Fragen* hat mit *lehren* eine große Ähnlichkeit, indem es ebenfalls eine weit nähere Beziehung auf die Person hat, als andre ähnliche Wörter. Wenn ich jemanden etwas sage oder erzähle, so will ich neue Vorstellungen in seiner Seele erwecken, frage ich ihn aber etwas, so will ich neue Vorstellungen aus seiner Seele schöpfen: die Person, welche gefragt *wird,* ist also im Grunde das nächste *Ziel* der Handlung des Fragens, so daß selbst die Sache, wenn sie einige Aufmerksamkeit erfordert, hinter die Vorstellung von der Person zurückgeschoben, und erst durch ein *Fügewort* zum *zweiten Ziele* der Rede gemacht wird. Denn ich kann wohl sagen, *er fragte mich verschiedne Sachen,* aber nicht, er fragte *mich die Beschaffenheit der Sache,* sondern *er fragte mich um* oder *nach der Beschaffenheit der Sache.* Hieraus sehen Sie, daß *fragen* größtentheils eine stärkere Aufmerksamkeit auf die Person, zuweilen aber auch eine gleich starke Aufmerksamkeit auf die Person und auf die Sache erweckt, und alsdann auch zwei gleich nahe Ziele hat, und daß man daher nicht ohne Grund sagt, *ich frage dich eine Sache.* — Daß man nun auch sagt, *ich nenne dich meinen Freund,* hat seinen sehr guten Grund in der Natur des Wortes *nennen,* weil sich hier das Nennen eben so stark und eben so nahe auf die Person bezieht, die ich anrede, als auf den Nahmen, welchen ich ihr beilege, und weil die Person und ihr Nahme auf die Art in meiner Vorstellung eins geworden sind. Sagt also jemand zu mir, *ich nenne dich meinen Freund,* so glaube ich, daß ich dieser Freund selber bin, sagt er aber, *ich nenne dir meinen Freund,* so warte ich darauf, daß er mir den Nahmen seines Freundes noch nennen soll. — Wenn man sagt, *ich lasse dich das Buch lesen,* so scheinet *lassen* auch zwei gleich nahe Ziele zu haben, nehmlich *dich* und *das Buch;* allein *das Buch* ist hier das *Ziel* von *lesen,* und nicht von *lassen,* und *dich* ist zugleich das *Ziel* von *lassen* und der *Grund* von *lesen,* wie in folgender Darstellung:

Grund	Rede	Ziel und Grund	Rede	Ziel.
ich —	lasse	— dich —	lesen —	das Buch.

Eben so sagt man auch, *ich höre dich ein Lied singen,* u. s. w. — Nun betrachtet man auch auf eine ganz besondre Art die *Zeit* und den *Raum* als das nächste *Ziel* der Rede, indem man sagt, *ich gehe eine Stunde,* und, *ich gehe eine Meile,* da doch das Gehen als eine in sich selbst zurückfallende Handlung eigentlich kein unmittelbares Ziel außer sich haben kann. Allein wir betrachten hier die Dauer einer Stunde, und die Länge einer Meile als bloße Vorstellungen in unsrer Seele, welche wirklich erst durch unser Gehen erweckt werden, indem wir mit unsern Schritten einen gewissen Raum, und mit der Fortdauer unsrer Bewegung eine gewisse Zeit abmessen, wovon wir die erstre eine *Meile,* und die letztre eine *Stunde* nennen. Als solche Vorstellungen betrachtet, werden also die Meile und die Stunde erst durch unser Gehen *hervorgebracht,* und sind auf die Weise ein unmittelbares *Ziel* unsres Gehens. Eben so sagt man auch, *das Land ist eine Meile breit,* weil durch das Breitseyn oder durch die Ausdehnung des Landes nach zweien Seiten hin, ebenfalls erst die Vorstellung von dem bestimmten Raume in uns *hervorgebracht* wird, den wir *Meile* nennen; und, *er ist zehn Jahre alt,* weil die Vorstellung von dem bestimmten Zeitraume, den eine Person durchlebt hat, ebenfalls erst durch ihr Altseyn, oder durch die Fortdauer ihres Lebens in uns *hervorgebracht* wird. — Wir haben also nun gesehen, warum wir uns bei einigen *Redewörtern,* die doch eine Handlung anzeigen, als *folgen, dienen, drohen,* u.s.w. die Person niemals, als das *Ziel,* sondern nur als den *Zweck* der Rede denken, und daher sagen, *ich folge dir, diene dir,* u.s.w. — Wir haben uns ferner den Grund entwickelt, weswegen wir bei den Wörtern *lehren, fragen* und *nennen,* die Person als das *Ziel* der Rede betrachten, da sie doch nur der *Zweck* derselben zu seyn scheint. — Endlich haben wir untersucht, weswegen man sich oft die Zeit und den Raum als das unmittelbare *Ziel* der Rede denkt. — Aber warum sagt man nun, *es träumt mir,* und, *es schmerzet mich, es gefällt mir,* und, *es freuet mich?* — Mit dieser Untersuchung soll sich mein nächster Brief anfangen.

———————

Zwölfter Brief.

Eine Fortsetzung des vorigen.

Sie sehen, daß wir uns die Natur der Redewörter selbst immer mehr entwickeln müssen, wenn wir in allen Fällen einsehen wollen, warum wir uns etwas, gerade als den *Zweck* oder als das *Ziel* der Rede denken. — Nun giebt es einige Redewörter, welche man *unpersönliche* nennen kann, weil dieselben eine bloße Verändrung in der Natur bezeichnen, ohne daß man sich dabei eine handelnde Person denkt, welche diese Verändrung hervorbringt. So sagt man Z.B. *es blitzt, es donnert, mich schaudert.* Weil wir aber als handelnde Wesen gern der ganzen leblosen Natur unser Bild aufdrücken, so haben wir dieser *unpersönlichen* Redewörter verhältnißmäßig nur sehr wenige, indem wir uns bloße Verändrungen in der Natur gemeiniglich als Handlungen denken, die wir der nächsten Ursache dieser Verändrungen zuschreiben, welche wir uns wiederum, im figürlichen Verstande, als handelnde Wesen denken. So sagen wir *der Bach murmelt, der Baum rauscht,* und in der Sprache der Dichter heißt es sogar, *der Himmel donnert, die Wolken regnen,* u.s.w. Nur im höchsten

Nothfall bedienen wir uns des unpersönlichen *es;* wenn uns nehmlich die Ursach einer Veränderung gar zu wenig bekannt ist, wie Z.B. bei den Erscheinungen, die man den Seelen der Verstorbnen zuschreibt, wo man sich immer des unpersönlichen *es* bedient, indem man sagt, *es wandelt, es geht um,* u.s.w. — Durch dieses unpersönliche *es* bezeichnen wir also nur dasjenige, was gleichsam für uns in Dunkel gehüllet ist, was außer der Sphäre unsrer Begriffe liegt, und wofür die Sprache keinen Nahmen findet. Man empfand die Kälte, und der einzelne Laut *kalt* war vermuthlich dasjenige, womit man das Kaltseyn zuerst bezeichnete: allein dieß war ein bloßer Laut, und noch keine Rede. Das Bedürfniß, die Wirklichkeit der Kälte anzuzeigen, machte, daß man das Wort *ist* hinzusetzte; da man aber die Kälte weder sahe noch hörte, sondern sie nur empfand, so betrachtete man sie als eine Eigenschaft, die man irgend einem andern Wesen zuschreiben müsse, und da man kein solches Wesen fand, so setzte man an die Stelle desselben das *es,* worunter man sich ebenfalls weiter nichts, als die Kälte selber dachte. — So und auf ähnliche Art können vielleicht alle *unpersönlichen* Redewörter entstanden seyn, die man nun füglich eintheilen kann: in solche, welche bloße Verändrungen außer uns in der Natur, und in solche, welche Verändrungen in uns selbst bezeichnen, die von unsrer handelnden Kraft nicht abzuhängen scheinen. Von der erstern Art sind, *es regnet, es schneiet, es ist kalt,* von der andern, *mich hungert, mich eckelt, mich friert.* Von den Verändrungen außer uns in der Natur können wir uns nie als das nächste Ziel betrachten: denn es regnet Tropfen, und schneiet Flocken, aber nicht Menschen, und wenn wir sagen wollten, *es regnet mich,* oder *es schneiet mich,* so wäre dieß eben so ungereimt, als wenn man sagte, *es regnete oder schneiete Menschen.* Wir können uns also von den Veränderungen außer uns in der Natur, nur unter gewissen Umständen, als den *Zweck* derselben betrachten, wenn wir Z.B. sagen, *es regnet mir zu stark,* aber wir können nicht sagen, *es regnet mir:* denn es kann *mir allein* wohl *zu stark* regnen, aber nie kann es *mir allein* regnen. Eben so sagt man auch, *es ist mir zu kalt, zu warm,* u.s.w., ließe man aber das *zu* weg, so würde wiederum ein ganz andrer Sinn heraus kommen: denn wenn Kälte und Wärme eine Verändrung außer mir in der Natur seyn soll, so kann es *mir allein* wohl *zu* kalt oder *zu* warm, aber nie kann es *mir ganz allein,* kalt oder warm seyn, wenn ich nicht eine *innre* Kälte oder Wärme darunter verstehe, die nicht außer mir in der Natur, sondern bloß in meinem Körper statt findet. — Von den Verändrungen in uns selber denken wir uns nun zuweilen als das nächste unmittelbare *Ziel,* wenn sie lebhafter, angreifender, und gleichsam in dasjenige verwebt sind, was wir unser *Ich* nennen, als, *mich friert, mich hungert, mich verlangt;* zuweilen betrachten wir uns bloß als den *Zweck* derselben, wenn sie schwächer, und weniger angreifend sind, und gleichsam nur die Oberfläche von dem berühren, was wir unser *Ich* nennen, als, *mir ist kalt, mir eckelt, mir grauet.* Sage ich, *mich hungert,* oder *mich verlanget,* so bezeichne ich solche Empfindungen, die *in und aus mir selber* entstehen; sage ich aber, *mir eckelt,* oder *mir grauet,* so denke ich mir solche Empfindungen, die erst durch einen äußern Gegenstand, *vor welchem* mir eckelt oder grauet, in mir erweckt werden. Die unpersönlichen Redewörter bezeichnen nun sowohl, was in unserm Körper, als was in den innersten Tiefen unsrer Seele vorgeht, und wovon wir uns nur dunkle Begriffe machen können. Bei denjenigen, welche Verändrungen in unsrer Seele anzeigen, ist das *es* kein leerer Ausdruck, sondern wir denken uns in dasselbe eine ganze Reihe von Vorstellungen hinein, indem wir Z. B. sagen, *es freuet mich, daß Sie von Ihrer Krankheit wieder hergestellt sind.* Darum können wir nicht sagen, *mich freuet, mich schmerzt, mich wundert,* ohne noch etwas hinzuzusetzen, so wie wir sagen können, *mich hungert, mich dürstet, mich friert:* denn zu den Verändrungen, welche in unsrer Seele vorgehen sollen, sind immer neue Vorstellungen nöthig, welche erst in ihr erweckt werden müssen; darum können wir uns Freude, Schmerz, Verwundrung, nie ohne eine solche neue Vorstellung denken, welche erst in die Seele kömmt, und mit einem gewissen Grade der Lebhaftigkeit in den Zusammenhang der übrigen Vorstellungen eindringt, welche schon in der Seele sind; diese neue Vorstellung oder Reihe von Vorstellungen ist dann in dem *es* zusammengedrängt, so wie der Zusammenhang aller Vorstellungen, die schon in meiner Seele *sind,* durch *mich* bezeichnet wird, und das unpersönliche Redewort drückt bloß das *Verhältniß* aus, welches zwischen dieser neuen Reihe von Vorstellungen, die erst in meine Seele *kömmt,* und dem Zusammenhange aller übrigen, die schon darinn *sind,* statt findet, wie in folgender Darstellung:

es	*wundert*	*mich*
Eine Reihe von Vorstellungen, die erst in meine Seele *kömmt,* daß etwas Z.B. wirklich geschiehet oder geschehen sey.	Das *Verhältniß* zwischen der neuen Reihe von Vorstellungen, die in meine Seele *kömmt,* und dem *Zusammenhange* aller übrigen, die schon darinn *sind,* worunter die Vorstellung, daß jenes nicht *geschehen* würde, ohngeachtet ihres Zurückstrebens, *plötzlich aufgehoben,* und mit einer andern vertauscht wird, welche in dem ganzen Zusammenhange meiner Vorstellungen eine Veränderung hervorbringt.	Der Zusammenhang aller übrigen Vorstellungen, die schon in meiner Seele *sind,* worunter auch die befindlich ist, daß jenes, was wirklich geschiehet oder geschehen ist, nicht geschehen könnte oder würde.

Daß wir aber den Zusammenhang aller unsrer Vorstellungen unter *mich* begreifen, ist sehr natürlich, weil dieser Zusammenhang eben unser persönliches Bewußtseyn, oder dasjenige, was wir unser *Ich* nennen, ausmacht. — *hungern, dürsten, frieren,* u.s.w. sind nun nicht sowohl Resultate von Gedanken, als vielmehr von gewissen Veränd-rungen in meinem Körper; weil aber die nächste Ursach dieser Verändrungen außer dem Bezirk meines Bewußtseyns liegt, so kann ich mir unter dem *es* weiter nichts, als das *Hungern, Dürsten* und *Frieren* selber denken, darum kann ich es auch füglich weglassen, ohne daß mein Gedanke von seiner Vollständigkeit etwas verliert. So wie nun Verwundrung, Freude, Schmerz, bloß in den ver-schiednen *Verhältnissen* der Gedanken gegründet sind, so ist auch zu vermuthen, daß die körper-lichen Empfindungen nichts als die verschiednen Verhältnisse der körperlichen Theile gegenein-ander sind, und daß alsdann das *mich* eine dunkle Vorstellung von dem ganzen Zusammenhange der Bestandtheile unsres Körpers in sich enthält, welcher auf mannichfaltige Weise zerstört, ge-trennt, und wieder hergestellt werden kann. — Die Verändrungen mögen nun aber in unsrem Körper oder in unsrer Seele vorgehen, so können sie entweder mehr *in uns* oder mehr *außer uns* statt finden, in so fern sie in den Zusammenhang aller unsrer Vorstellungen oder in unser *Ich* eindringen, oder nur gleichsam die Oberfläche desselben berühren, wo wir uns denn im erstern Falle, als das nächste *Ziel,* im zweiten aber nur als den *Zweck* derselben denken: lassen Sie uns einige von allen Arten nebeneinander stellen:

Verändrungen im Körper.

mehr in uns	mehr außer uns gedacht.
mich friert	*mir* ist kalt
mich schwitzt	*mir* ist warm
mich schaudert	*mir* schwindelt
es sticht *mich*	es thut *mir* weh
(irgendwo)	
es schmerzt *mich*	es behagt *mir*
(irgendwo)	
mich hungert	*mir* eckelt
mich dürstet	*mir* ist übel
mich schläfert	*mir* ist wohl.

Verändrungen in der Seele.

mehr in uns	mehr außer uns gedacht.
es dünkt *mich*	es däucht *mir*
es gemahnet *mich*	es ahndet *mir*
es wundert *mich*	es träumt *mir*
es verlanget *mich*	es grauet *mir*
es ergötzet *mich*	es beliebt *mir*
es freuet *mich*	es gefällt *mir*
es schmerzt *mich*	es mißfällt *mir*
es gereuet *mich*	*mir* ist bange
es kränkt *mich*	es scheinet *mir*
es betrübt *mich*	es fällt *mir* ein
es dauert *mich*	es kömmt *mir* vor.

Frieren, schwitzen, dürsten, schläfern, ist etwas, das auf unsern Körper sehr merklich wirkt, und sich gleichsam *thätig* gegen denselben verhält, da sich hingegen das bloße *Kaltseyn, Warmseyn, Übelseyn,* und *Wohlseyn* nicht durch so merkliche Wirkungen äußert, und sich gewißermaßen *unthätig* verhält. Eben so bezeichnet *schaudern, stechen, schmerzen, hungern,* solche Empfindungen, die *in* und *aus* unserm Körper selbst entstehen, und ihn daher auch stärker angreifen; das *Schwindeln, Wehthun, Behagen,* und *Eckeln* hingegen, wird größtentheils erst durch einen äußern Gegenstand in unserm Körper hervorgebracht, es dringt nicht in seinen innern Zusammenhang, wie das *Stechen, Schmerzen,* u. s. w. sondern berührt gleichsam nur die Oberfläche desselben: *es sticht oder schmerzt mich im Finger,* sage ich, wenn das Stechen inwendig im Finger selbst vorgeht; wird er aber nur von *außen* berührt, und diese Berührung verursacht mir *Schmerz,* so sage ich, *es thut mir weh: Schmerzen* und *behagen* werden auch von Verändrungen in der Seele gebraucht, obgleich das letztere im eigentlichen Verstande nur eine angenehme Berührung des Körpers ausdrückt, womit man eine ähnliche Empfindung vergleicht, die von außen her in der Seele erweckt wird, indem man Z. B. sagt, *wenn er gelobt wird, das behagt ihm sehr.* Daß *schläfern* ein unpersönliches Redewort ist, da man doch sagt, *ich schlafe,* kömmt daher, weil das Schlafen noch einigermaßen, das *Schläfern* aber gar nicht, von uns abhängt, sondern vielmehr eine Verändrung in unserm Körper ist, wovon wir abhängig, oder welcher wir unterworfen sind. — *Dünken* ist etwas, das sich mehr in uns selber und aus dem vorhergehenden Zustande unsrer Seele entwickelt; es bezeichnet eine dunkle Erinnrung oder ein dunkles unwillkührliches Urtheil, dessen wir uns selber noch nicht recht bewußt sind, indem wir Z. B. sagen, *mich dünkt, Sie haben recht,* oder *mich dünkt, ich habe Sie irgendwo gesehen:* wir fällen hier nicht eigentlich das Urtheil, sondern es ist beinahe, als ob es sich selber fällte, und wir uns leidend dabei verhielten. *Däuchten* hingegen ist etwas, das erst von außen her, durch einen sinnlichen Gegenstand in unsrer Seele erweckt wird, indem wir Z.B. sagen, *mir däucht, ich höre einen Wagen rasseln:* darum betrachten wir uns bei *dünken* als das nächste *Ziel,* und bei *däuchten* nur als den *Zweck* desjenigen, was in unsrer Seele vorgeht; *dünken* ereignet sich im Innersten unsrer Seele selbst, und *däuchten* berührt nur gleichsam die Oberfläche derselben, weil es erst durch einen sinnlichen Gegenstand hervorgebracht wird. Wenn wir sagen, *ich denke,* so kömmt es uns vor, als wenn wir über das Denken herrschen, sagen wir aber, *mich dünkt,* so ist es, als ob das Denken über uns herrschte. — *Gemahnen* hat viele Ähnlichkeit mit *dünken; es gemahnet mich* sagt man, wenn man sich bei einer Sache, die man hört, oder erfährt, an eine *ähnliche erinnert.* — *Ahnden* hat wiederum eine große Ähnlichkeit mit *däuchten: däuchten* bezeichnet ein dunkles Bewußtseyn von einer Sache, die jetzt vorgehet, *ahnden* aber von einer Sache, die künftig erst vorgehen soll, und beides drückt mehr die Art meiner Vorstellungen in sich selber, als ihre Einwürkung in den Zusammenhang meiner übrigen Vorstellungen aus. — Was für ein auffallender Unterschied ist dazwischen, wenn ich von einer und eben derselben Sache sage, *sie däucht mir, sie ahndet mir, sie träumt mir, sie fällt mir ein,* und — *sie freuet mich!* Wie muß sich die Vorstellung von der Sache nicht in mein Innerstes, in alle meine Gedanken verweben, ehe sie mich freuen kann;

um mir zu däuchten, zu ahnden, zu träumen, oder einzufallen, darf diese Vorstellung von der Sache nur die Oberfläche meiner Gedanken berühren. — Wie weit *inniger* ist das Streben nach einer Sache, in dem Ausdrucke, *es verlanget mich,* als das Zurückbeben vor derselben, in den Ausdrücken, *mir grauet,* und *mir ist bange!* — Welch ein Unterschied, wenn ich von einer und eben derselben Sache sage, *sie fällt mir ein, scheinet mir so, kömmt mir so und so vor,* und — *sie schmerzt, kränkt, gereuet* oder *betrübt mich!* — wenn ich sage, *es fällt mir ein, daß mein Freund krank ist* und — *es dauert mich, daß er krank ist!* — *es gefällt mir, daß Sie das gethan haben,* und — *es freuet mich, daß Sie es gethan haben!* — *es beliebt mir, ihm zuzuhören,* und — *es ergötzt mich, ihm zuzuhören!* — Welch eine weit innigere und stärkere Beziehung auf uns zeigen alle diese unpersönlichen Redewörter an, welche wir mit *mich* oder mit dem *Zielworte* verknüpfen, als diejenigen, welche nur *mir,* oder das *Zweckwort,* nach sich haben! Bei den letztern machen wir gleichsam eine Scheidewand zwischen uns und den Empfindungen, welche sie anzeigen; wir gestatten ihnen keine unmittelbare Einwürkung auf unser Ich, sondern betrachten sie als etwas außer demjenigen, was wir im engsten Verstande unser Ich nennen, und als etwas, das bloß auf dieses unser *Ich abzweckt.* Bei dem *Gefallen* Z.B. denke ich mir, daß die neuen Vorstellungen, welche in meine Seele kommen, mit denen, die schon darinn sind, bloß auf eine schickliche Art gleichsam zusammen fallen, oder sich an dieselben *hinanfügen;* bei dem *Freuen* hingegen fügen sich die neuen Vorstellungen nicht bloß an die alten *hinan,* sondern sie fügen sich gleichsam in dieselben *hinein,* indem sie irgend eine Lücke darinn ausfüllen, und auf die Art die Harmonie in dem ganzen Zusammenhange meiner Gedanken befördern. Bei der *Freude* verwebt sich die Vorstellung von einer Sache außer mir in mein Innerstes; bei dem *Gefallen* aber denke ich mir die Person oder Sache, die mir gefällt, immer noch von mir selber abgesondert, nicht in meine übrigen Vorstellungen verwebt, sondern sich nur an dieselben hinanfügend. *Freuen* kann mich etwas noch lange, wenn ich gleich nicht mehr so lebhaft daran denke; *gefallen* aber kann mir etwas nur, so lange es gleichsam vor meine Seele da steht, hernach läßt es weiter keine Spur mehr zurück. — Freude, Schmerz, Betrübniß, Reue, entstehen mehr aus dem *Nachdenken* über eine Sache, dahingegen Wohlgefallen, Mißfallen, Eckel, Grauen u. s. w. mehr durch die äußern sinnlichen Gegenstände erregt werden, und also auch auf die Art mehr von außen her in die Seele kommen. — Nun giebt es noch einige *unpersönliche Redewörter,* welche weder eine Veränderung außer uns in der Natur, noch eine Veränderung oder Empfindung in uns selber, sondern gewisse *Verhältnisse der Dinge in der Welt* in Ansehung unsrer, bezeichnen, welche sich, ohne Zuthun einer handelnden Kraft, gleichsam von selbst hervorzubringen scheinen. Von denjenigen Verhältnissen der Dinge, in welchen wir uns gleichsam eine *Bewegung* auf uns *hin* denken, betrachten wir uns als das nächste Ziel, indem wir Z. B. sagen, *es kömmt auf mich an:* von denjenigen Verhältnissen aber, worinn wir uns mehr eine *Ruhe* oder einen *Zustand* denken, betrachten wir uns nur als den *Zweck,* indem wir Z. B. sagen, *es steht bei mir.* Lassen Sie uns folgende nebeneinander stellen:

Es kömmt auf *mich* an	Es steht bei *mir*
Es geht *mich* an	Es liegt an *mir*
Es kömmt an *mich*	Es ist an *mir*
Es ficht *mich* an	Es glückt *mir*
Es kömmt *mich* an	Es fehlet *mir*
Es betrift *mich.*	Es gilt *mir.*

Eigentlich sind dieses größtentheils figürliche Ausdrücke: Es *kömmt* eine Sache in ihrem Fortgange gleichsam bis *an mich heran,* nun aber *steht* sie *bei mir* stille, wenn ich sie nicht weiter gehen lasse; ich mache also ihren Ausgang *zweifelhaft:* oder ich bin ein *Hinderniß* dieses Ausganges; alsdann bleibt die Sache in ihrem Fortgange gleichsam *an mir liegen,* oder *es liegt an mir, daß sie nicht vor sich gehet.* — *Die Sache geht mich an,* heißt, sie reicht gleichsam bis an mich hinan, oder berührt mich so nahe, daß ich mich um dieselbe zu bekümmern habe. — Wenn ich sage, *es kömmt an mich,* und *es ist an mir,* so denke ich mir unter dem *es* die Reihe oder die Ordnung worinn etwas geschiehet. So lange diese Ordnung noch nicht an mich gekommen ist, denke ich mir dieselbe als eine Bewegung auf mich hin, und betrachte mich als das *Ziel* derselben; ist sie aber schon an mich gekommen, so fällt die Vorstellung von der Bewegung weg, und ich betrachte mich daher nicht mehr als das *Ziel,* sondern als den *Zweck* derselben. — *Glücken, gelingen, mißlingen, wohlgehn,* und *übelgehn,* bezeichnen den Lauf der Dinge außer uns, in so fern wir uns als den *Zweck* derselben betrachten, *weswegen* sie sich so und nicht anders ereignen, daher sagen wir, es glückt *m i r , gelingt m i r ,* u. s. w. — Wenn wir sagen, *was kömmt dich an?* oder, *was ficht dich an?* so denken wir uns unter *ankommen* und *anfechten* ganz etwas Allgemeines, durch dessen heftige Annäherung an die Person, wir uns eine auffallende Erscheinung erklären, die wir an ihr bemerken; sagen wir aber, *was fehlet dir?* so erklären wir uns diese Erscheinung nicht aus der *Annäherung,* sondern aus der *Verlassung,* indem wir uns vorstellen, daß irgend etwas, welches zu dem gegenwärtigen ruhigem Daseyn der Person gehörte, dieselbe plötzlich *verläßt,* oder *verlassen* hat. Von der Annäherung kann ich mich nun wohl als das *Ziel* denken, aber nicht von der Verlassung, denn wie könnte ich wohl das Ziel von dem seyn, was mich verläßt? — Wenn *mich* etwas, das jemand sagt, *betrift,* so bin ich selbst der eigentliche Gegenstand der Rede, oder derjenige, wovon gesprochen wird; wenn es aber *mir* nur *gilt,* so kann die Sache, wovon gesprochen wird, etwas anders seyn, ich aber bin der *Zweck,* weswegen von dieser Sache gesprochen wird. — *Es giebt* ist noch ein unpersönliches Redewort, welches das bloße *Daseyn* eines Dinges bezeichnet: man denkt sich nehmlich dieses Daseyn gleichsam als ein Wesen, welches die Dinge *hergiebt,* und betrachtet daher auch dieselben als das nächste Ziel dieses Gebens, indem man Z.B. sagt, *es giebt einen Berg, einen Wald,* u.s.w.: weil aber dieses Geben nur ganz im figürlichen Verstande statt findet, so kann es zwar ein *Zielwort,* aber kein *Zweckwort* nach sich haben.

Da wir nun den Unterschied zwischen dem *nächsten unmittelbaren Ziele,* und dem *Zweck* der Rede hinlänglich kennen gelernet haben, so müssen wir uns jetzt auch den Unterschied zwischen dem *zweiten mittelbaren Ziele,* und der *Hinanfügung* an die Rede, oder zwischen dem *zweiten Zielworte* und *Nebenworte,* in allen Fällen, wo derselbe statt findet, gehörig zu entwickeln suchen. Weil aber das *zweite Zielwort* sowohl als wie das *Nebenwort* erst durch ein *Fügewort* an die Rede geknüpft wird, als:

Grundwort	*Redewort*	*erstes Zielwort*	*zweites Zielwort*
der Mann	— trug —	die Stäbe —	*in* das Haus

Nebenwort

auf

der Schulter.

so müssen wir in dieser Rücksicht die *Fügewörter,* als *in, auf, an,* u.s.w. nacheinander durchgehen, und untersuchen, in wie fern sie ein Wort, das sie nach sich haben, entweder zum *Zielworte,* oder nur zum *Nebenworte* machen. Wir müssen uns hierbei an die Begriffe von *Annäherung, Berührung,* und *Verlassung,* zurückerinnern, worunter wir die *Fügewörter* geordnet haben. Jedes *Fügewort* hat ein *Zielwort* nach sich, wenn ich mir unter demselben eine Bewegung denke, welche *an einen Ort hin* gerichtet ist; sobald ich mir aber unter dem Füge-

worte nur einen Aufenthalt *an einem Orte,* oder eine
Bewegung *von einem Orte weg* vorstelle, so kann es
das nachstehende Wort auch nur zum *Nebenworte*
machen: denn nur dasjenige, *wohin* etwas gerichtet
ist, kann ein *Ziel* desselben seyn; den Ort, *wo* irgend
etwas befindlich ist, oder vorgehet, oder *woher*
es kömmt, kann ich mir nie als das *Ziel,* sondern
nur als einen *Nebenumstand* bei der Sache denken.
Unter den Fügewörtern, welche eine *Verlassung*
anzeigen, als *von* und *aus,* muß man sich beständig
eine Bewegung *von einem Orte weg* denken, diese
können also nie das folgende Wort zum *Zielworte*
machen; denn wenn Z. B. Amyntas *aus dem dichten*
Walde kam, so war ja der Wald nicht das *Ziel,*
sondern nur ein zufälliger *Nebenumstand* bei seinem
Kommen, der Ort aber, *wohin* sein Kommen
gerichtet war, konnte nur das *Ziel* desselben seyn. —
Unter den Fügewörtern, welche eine *Berührung*
oder *Annäherung* bezeichnen, kann man sich größtentheils, sowohl einen Aufenthalt, oder ein Bleiben *an einem Orte,* als eine Richtung *an einen Ort*
hin, denken. Selbst bei der Bewegung kann man
sich ein Bleiben oder einen Aufenthalt *an einem*
Orte denken, *wo* sie vorgeht, wenn man sich vorstellt, daß die Bewegung die Grenzen dieses Orts
nicht überschreitet; man sagt Z. B. *der Fisch*
schwimmt im Wasser, schwimmen ist eine Bewegung,
aber bei dieser Bewegung denken wir uns doch ein
Bleiben, oder einen Aufenthalt in dem Wasser,
wo sie vorgeht; denn in Ansehung des Wassers
bleibt sie immer da, wo sie ist, und rückt nicht
weiter fort: das ganze Wasser ist also nicht das

Ziel des Schwimmens, *wohin* dasselbe *gerichtet* ist,
sondern bloß der *Ort, wo* es geschiehet; sollte es
das Ziel des Schwimmens seyn, so müßte der
Fisch vom Lande ins Wasser schwimmen können;
ein Theil oder eine Gegend im Wasser aber kann
wohl das *Ziel* des Schwimmens seyn. Die Fügewörter nun, in welche man sich sowohl die Begriffe
von *Ort* als *Ziel* hineindenken kann, sind folgende,
die wir nach unsern vorausgesetzten Begriffen
untereinander stellen wollen:

	Annäherung	*Berührung*
des Kopfes	über	auf
der Seite	neben	an
des Fußes	unter	unter
des Gesichtes	vor	vor
des Rückens	hinter	hinter
zweier Seiten	zwischen	zwischen
aller inwendi-		
gen Seiten	in	in

In meiner größern Tabelle von den deutschen
Präpositionen oder Fügewörtern, die ich diesem
Briefe beilege, werden Sie unter einem jeden der
jetzt angeführten Fügewörter erläuternde Beispiele finden, wo man sich entweder den Begriff
von *Ort,* oder den Begriff von *Ziel,* in dieselben
hineindenkt. Einige Fügewörter, welche eine
Annäherung oder Berührung anzeigen, lassen sich
gar nicht ohne den Begriff einer Bewegung an einen
Ort *hin* denken, als *um, durch, gegen, wieder, für,*
welche daher auch das Wort, welches sie nach sich
haben, beständig zum *Zielworte* machen. — Ich

sage, *die Bäume stehen um das Haus,* und nicht, *um dem Hause,* weil ich mir die Reihe von Bäumen, die um das Haus stehen, nicht auf einmal denken kann, sondern *sie in meinen Gedanken* gleichsam muß *fortrücken* lassen, bis sie das ganze Haus umgeben haben. Denn *um* ist ein zusammengesetzter Begriff, welcher aus *hinter, vor,* und *neben,* besteht: ehe ich mir also denken kann, daß die Bäume *um* das Haus stehen, muß ich mir vorher erst nacheinander gedacht haben, daß sie theils *vor* dem Hause, theils *hinter* dem Hause, und theils *neben* dem Hause, stehen. Ein Cirkel mag nun gehend oder stehend beschrieben werden, so kann ich ihn mir doch nicht auf einmal denken; denn wenn er an sich noch so stille steht, so muß er sich doch immer durch meine Vorstellung *bewegen,* oder er muß vielmehr erst in derselben durch eine Folge mehrerer Begriffe entstehen. Eine Reihe von Personen, die um mich her *steht,* beschreibt eben sowohl einen Cirkel, als eine einzelne Person, die um mich her *geht,* indem die Reihe die *Bewegung* der einzelnen Person durch ihre *Ausdehnung* ersetzt: ob nun gleich diese Reihe von Personen zugleich *vor* mir, *hinter* mir, und *neben* mir schon wirklich befindlich ist, so beschleunigt doch dieses meine Vorstellung von dem Cirkel, den sie beschreibt, eben so wenig, als ob sie erst nach und nach dahin kämen, weil ich mir nicht eher denken kann, daß eine Reihe von Personen *um* mich her steht, bis ich mir erst, nicht auf einmal, sondern eins nach dem andern, gedacht habe, daß sie *vor* mir, *hinter* mir, und *neben* mir, befindlich sey, und diese Reihe also wenigstens in meinen Gedanken *fortrücken* lasse, ob sie gleich an sich nicht fortrückt. Eben so sage ich auch, *ein Mensch geht den Berg hinauf,* und *eine Reihe von Menschen steht den Berg hinauf,* indem auch hier die *Bewegung* der einzelnen Person durch die *Ausdehnung* der ganzen Reihe ersetzt wird, und ich diese Reihe nun in meinen Gedanken eben so wie die einzelne Person fortrücken lasse. Denn so wie sich der *Standort* einer einzelnen Person, die den Berg hinauf *geht,* alle Augenblicke *verändert,* so *verändert* sich ja auch der *Standort* der ganzen Reihe in jedem Augenblick, in dem ich sie mir denke; das macht, die ganze Reihe findet eigentlich nirgends, als in meiner Vorstellung statt: nun kann ich aber den Begriff von der Reihe auf einmal umfassen und festhalten, weil sie aus demjenigen besteht, was die Menschen, die ich sehe, Ähnliches untereinander haben, aber den Begriff von dem *Standorte* der Reihe kann ich nicht so mit einemmale umfassen und festhalten, weil er aus demjenigen besteht, wodurch sich alle die Menschen, die ich vor mir sehe, sie mögen sich sonst so ähnlich seyn wie sie wollen, voneinander unterscheiden, und dieses ist eben der Ort, den ein jeglicher einnimmt; darum muß sich der Begriff von dem Standorte der Reihe durch den Begriff von der Reihe selber gleichsam hindurch *bewegen,* und muß durch diese Bewegung demselben nachgeholfen werden. Sie sehen also hieraus, in wie fern auch sogar das Wort *stehen ein Ziel der Bewegung* nach sich haben kann. — Mit dem Fügeworte *durch* ist der Begriff von der *Bewegung* ebenfalls unzertrennlich verknüpft: *Durch* heißt nehmlich so viel als, *sich den inwendigen Seiten eines Dinges allmälig nähernd, oder sie berührend, und dieselben zu gleicher Zeit verlassend.* Eine Sache, welche irgend wo durchgehet, ist immer noch nicht da, wo sie seyn soll, und dasjenige, wodurch sie gehet, bleibt also auch immer das *Ziel* ihrer *Bewegung:* ich kann daher wohl sagen, *er ging in dem Walde herum,* aber nicht, *er ging durch dem Walde,* sondern *er ging durch den Wald.* Ja ich sage sogar, *der Balken steht durch die Mauer,* indem ich ihn, ob er gleich still steht, dennoch *in meinen Gedanken* muß *fortrücken* lassen, sobald ich mir vorstellen will, daß er wirklich *durch* die Mauer steht. — Die Fügewörter *gegen* und *wieder* bezeichnen eine *Richtung* überhaupt, ohne zu bestimmen, ob sich dieselbe *in, an* oder *auf* einen Gegenstand lenkt. *Richtung* ist aber ein allgemeiner Begriff, der die Ähnlichkeiten in sich faßt, welche alle Bewegungen untereinander haben; denn das haben alle Bewegungen miteinander gemein, daß sie auf irgend etwas *gerichtet* sind. Will ich mir nun auch bei einem bloßen Zustande eine *Richtung* denken, so muß ich zugleich den Begriff von Bewegung in denselben hinein tragen: wenn ich Z. B. sage, daß ein Land gegen Morgen oder gegen Abend liegt, so lasse ich dasselbe in meinen Gedanken gleichsam *fortrücken,* bis es gerade auf den Fleck trift, wohin ich ihm eine bestimmte Richtung zuschrieb, und trage also in den Zustand des Liegens den Begriff von Bewegung hinein. Die Fügewörter *gegen* und *wider* machen sogar ein Hauptwort zum *Ziele* des andern, ohne daß ein Redewort dazwischen zu stehen braucht, indem man sagt, *meine Liebe gegen dich, dein Haß wider mich,* weil man sich in *gegen* und *wider* schon eine Richtung nach einem *Ziele* nothwendig denkt, welche sonst mit in dem Redeworte liegt. Das Wort *Gegenstand* selber, welches dasjenige anzeigt, worauf etwas gerichtet ist, hat man nicht anders als mit dem Fügeworte *gegen* zusammensetzen können. — Zu denen Fügewörtern, welche beständig das *Zielwort* nach sich haben, gehört auch *für,* das eigentlich mit *vor* einerlei Bedeutung hat, nur daß man sich in *für* immer den Begriff von Bewegung hineindenkt, und es alsdann auf mancherlei Weise *in figürlichem Verstande* gebraucht, indem es bald so viel ausdrückt, als *an jemandes Stelle,* bald *zu jemandes Nutzen oder Gebrauch* u. s. w. Thut nun jemand etwas an meiner Stelle, so thut er es ja, indem er sich gleichsam *vor mich hinstellt,* so daß man ihn, und nicht mich bemerkt: dieß *vor mich hin,* drücken wir aber aus durch *für mich,* und sagen Z. B. *es bittet jemand für mich,* das heißt, *er bittet an meiner Stelle;* es kann aber auch heißen, *er bittet zu meinem Nutzen oder zu meinem Besten,* und dann drückt *für* so viel aus, als die Handlung seines Bittens kömmt gleichsam *vor mich hin,* so daß ich das nächste *Ziel* derselben werde. Sage ich, *das Geschenk ist für dich,* so heißt dieß so viel, als es kömmt *vor dich hin,* so daß du das nächste *Ziel* desselben bist. *Ich thue etwas für mich,* heißt, ich thue es auf eine solche Weise, daß es gleichsam wieder *vor* mich selber *hin* kömmt, oder der *Nutzen* davon auf mich selbst zurückfällt; es kann aber auch heißen, ich thue es auf meinen *eignen Antrieb,* indem ich mich gleichsam *vor* mich selber, und nicht *vor* einen andern *hin- stelle:* diesen letztern Unterschied aber lehrt nur der Zusammenhang. Hieraus werden Sie sich hinlänglich erklären können, weswegen *für* be- ständig ein *Zielwort* nach sich hat, und in wie fern es von *vor* unterschieden ist: nur dieses bemerken Sie sich noch, sobald ich *vor* nicht im figürlichen sondern im eigentlichen Verstande brauche, wird es nicht in *für* verwandelt, wenn ich mir gleich eine Bewegung hineindenke, darum sage ich Z.B. *ich gehe vor das Thor, er stellt sich vor mich hin* u. w. s. — Wir haben schon gesehn, daß diejenigen Füge- wörter, welche eine *Verlassung* anzeigen, als *von* und *aus,* ihrer Natur nach kein *Zielwort* nach sich haben können; eben dieses gilt also auch von *seit* und *außer,* die von *von* und *aus* abgeleitet sind: *seit* heißt nehmlich so viel als, *von* einer gewissen Zeit *an,* und *außer* heißt eben so viel, als *aus,* nur daß man sich den Begriff der Bewegung nicht hinein- denkt, indem man Z.B. sagt, *er ist außer der Stadt,* und sich vorstellt, daß die Bewegung aus der Stadt heraus, schon ihre Endschaft erreicht habe. *Seit* und *außer* können also nur ein *Nebenwort* nach sich haben, und ich kann nie sagen, *seit die Zeit,* oder *außer das Land,* sondern *seit der Zeit* und *außer dem Lande.* — *Nach* und *zu* sind zwei Fügewörter, welche eben so wie *gegen* und *wieder,* bloß eine *Richtung* auf einen Gegenstand im Allgemeinen anzeigen, ohne zu bestimmen, ob sich dieselbe *in, an* oder *auf* denselben lenkt: aber wie kömmt es denn, daß diese Fügewörter demohngeachtet kein *Zielwort* nach sich haben, sondern daß ich sage, *ich gehe nach der Kirche,* und, *ich komme zu dir?* Die Person Z. B., zu der ich komme, ist doch gewiß keine *Nebensache,* sondern das wirkliche *Ziel* meines *Kommens?* Freilich ist sie das Ziel des Kommens, und was noch mehr ist, auch der *Zweck* desselben, und dieser *Zweck* ist es eben, welcher nach den Fügewörtern *nach* und *zu* ausgedrückt wird, die also ihrer Natur nach ein *Zweckwort* nach sich haben müssen. Daß das Fügewort *zu* immer das *Absichtliche* bei einer Handlung bezeichnen hilft, werden Sie aus folgendem Beispiele sehen, *ich gehe in die Kirche* kann ich sagen, wenn ich sie etwa nur besehen will, oder zufälliger Weise hinein-gehe; *ich gehe zu der Kirche,* aber sage ich nur, wenn ich mit der *Absicht* hingehe, dem Gottesdienste bei-zuwohnen: auch bei der Frage, *wozu?* denkt man sich immer so viel, als, *zu welchem Endzweck?* und das Wort *Zweck* selbst scheint vermittelst des Fügeworts *zu* gebildet zu seyn. *Ich komme an dich oder gegen dich,* bezeichnet eine *zufällige* Richtung, aber, *ich komme zu dir,* bezeichnet eine *zweckmäßige, absichtliche* Richtung meines Kommens auf die Person. *Nach,* welches aus *nahe* zusammengezogen ist, bezeichnet ebenfalls eine *absichtliche* Richtung auf einen Gegenstand, und *ich gehe nach der Kirche,* heißt so viel als, *ich gehe, um der Kirche nahe zu kommen: ich gehe gegen die Kirche,* würde bloß eine *zufällige* Richtung meines Gehens auf die Kirche anzeigen, die ich etwa nur eine Zeitlang zum Ziele meines Gehens machte, um mich nicht zu verirren.

Ich gehe nach der Kirche, muß ich eigentlich so lange sagen, bis ich ihr so nahe wie möglich gekommen bin, dann kann ich erst sagen, *ich gehe in die Kirche.* — *Gegenüber* und *entgegen* sind zusammengesetzte Fügewörter, und machen ebenfalls gewissermaßen das folgende Wort zum *Zweckworte. Gegenüber* hat mehr den Ort, wo eine Person oder eine Sache befindlich ist, als die Person oder Sache selbst zum Ziele. *Ich stelle mich gegen dich,* heißt, du selber bist jetzt das *Ziel* der Richtung, welche ich nehme, *ich stelle mich dir gegenüber,* heißt, *der Ort,* wo du stehest, ist jetzt das *Ziel* meiner Richtung, und du bist der *Zweck* derselben. *Entgegen* hat mehr den Weg, den eine Person herkömmt, als die Person selber zum Ziele: ich *gehe dir entgegen,* heißt, der Weg, welchen du nimmst, ist das nächste Ziel meines Gehens, du aber bist der Zweck desselben. Daß man *gegenüber,* und nicht Z.B. *gegenneben* sagt, scheinet daher zu kommen, weil man sich die Sache mahlerisch vorstellt, indem man sich zuerst sieht, und also auf denjenigen, dem man gegenüber sitzt, gleichsam so herunter blickt, als ob man wirklich über ihm sitze, und sich den gegenübersitzenden wiederum eben so vorstellt, daß er gleichsam auf uns herunter blickt, als ob er über uns säße. — *Mit, nebst* und *ohne* sind noch drei Fügewörter, welche sehr nahe an die Bindewörter gränzen, indem sie nicht nur ein Wort, sondern zugleich mit demselben eine ganze ausgelaßne Rede an die andre fügen. Denn wenn ich sage, *ich gehe mit meinem Bruder spatzieren,* so drückt *mit* hier doch ganz etwas anders aus, als Z.B. das Füge-

wort *in,* wenn ich sage, *ich gehe in dem Walde spat-*
zieren. In dem letztern Falle denke ich mir bloß,
daß ich spatzieren gehe, und nicht, daß auch der
Wald spatzieren geht; in dem erstern Falle aber
denke ich mir nicht bloß, daß ich spatzieren gehe,
sondern daß auch mein Bruder spatzieren geht.
Das Fügewort *mit* knüpft also ein Wort so nahe an
das andre, daß es in Ansehung des Redeworts
gleichsam in eins verwandelt wird, indem die Rede
sowohl von dem einen als von dem andern gilt.
In dieser Rücksicht hat es viele Ähnlichkeit mit
und, so daß es beinahe einerlei ist, wenn ich sage,
ich und mein Bruder, wir gingen beide spatzieren, oder,
ich ging mit meinem Bruder spatzieren, nur daß *mit*
weit stärker verknüpft, als das Bindewort *und,*
indem es so viel ausdrückt, daß ich und mein
Bruder gerade *zu gleicher Zeit,* und an *gleichem Orte*
spatzieren gehen, beinahe, als ob wir eine Person
wären. Zwischen *neben, nebst* und *mit,* findet eine
artige Stuffenfolge statt: Sage ich, *mein Bruder*
steht neben mir, so brauche ich nicht zu stehen,
sondern kann liegen oder sitzen, und wenn ich
stehe, so ist dies bloß etwas *Zufälliges;* sage ich
aber, *mein Bruder steht nebst mir,* so ist es *nothwendig,*
daß ich auch stehe, weil das Fügewort *nebst* mich
so sehr mit meinem Bruder verknüpft, daß ich
alles das auch von mir selber behaupten muß, was
ich von ihm behaupte; sage ich nun gar, *mein*
Bruder steht mit mir, so denke ich mich und ihn
beinahe wie *eine Person,* und sein Stehen sowohl
als meinige stelle ich mir wie die Handlung oder
den Zustand eines einzigen Menschen vor. *Mit*

drückt also gewissermaßen den allerstärksten Grad
der Annäherung oder Berührung aus, wodurch
ein Ding dem andern gleichsam *einverleibt* wird:
daher sagen wir auch, *ich schneide mit dem Messer,*
indem wir das Messer unsrer Hand gleichsam
einverleiben, und eben so damit handeln, als ob es
wirklich ein Glied wäre, das zu unserm Körper
gehörte. *Nebst* hat nicht völlig eine solche ein-
verleibende Kraft, darum kann ich nicht sagen,
ich schneide *nebst* dem Messer, weil das Messer an
und für sich nicht schneiden kann. *Nebst* drückt
nur so viel aus, daß ich mit jemanden *einerlei*
Handlung verrichte, *mit* aber bezeichnet so viel,
daß ich *eine einzige* Handlung mit jemanden unter-
nehme. *Nebst* und *mit* machen daher ihr nach-
stehendes Wort mehr mit zum *Grunde der Rede,*
als zur *Hinanfügung* an dieselbe, demohngeachtet
aber bekömmt es die Endigung des *Nebenwortes,*
weil es doch eigentlich weder *Ziel,* noch *Zweck,* der
Rede ist; allein wir müssen es wenigstens eine
Hinanfügung an das Grundwort nennen, weil die
Rede wiederum eine ganz andre Hinanfügung
haben kann, wie in folgender Darstellung:

Grund	*Rede*		*Hinanfügung*	*Hinanfügung*
mein Bruder steht			nebst mir	auf dem Hügel.

Grund	*Rede*	*Ziel*	*Hinanfügung*	*Hinanfügung*
mein Bruder geht	in den Wald.		mit mir	bei frühem Morgen.

Es stellt sich jemand neben mich, kann ich wohl
sagen, aber nicht, *er stellt sich nebst mich,* oder *mit
mich,* weil *nebst* und *mit* mich schon so nahe mit der

Person, die sich irgendwohin stellt, verknüpfen, daß ich auf keine Weise mehr das Ziel ihres Hinstellens seyn kann, sondern mich selber mit ihr nach irgend einem andern Ziele hinstellen muß. Hieraus werden Sie deutlich genug einsehen, weswegen *nebst* und *mit* nie ein *Zielwort* nach sich haben können. — Man sagt nicht gern, *ich stelle mich bei dich,* sondern statt dessen lieber, *ich stelle mich neben dich,* auch nicht, *ich komme bei dich,* sondern statt dessen, *ich komme zu dir.* — *Ohne* zeigt die *Ausschließung* oder *Hinwegdenkung* desjenigen an, was man sich vorher als einem Dinge einverleibt gedacht hat, und scheinet ebenfalls zwei Reden in eine zu verkürzen, indem es die eine so unmerklich an die andre hinanfügt, daß sie mit ihr gleichsam eins wird. Anstatt, *ich besuchte ihn, und kante ihn nicht,* sagt man, *ich besuchte ihn, ohne ihn zu kennen;* und anstatt, *ich gehe spatzieren, und habe meinen Bruder nicht bei mir,* oder *ich gehe spatzieren, ohne meinen Bruder bei mir zu haben,* sagt man, *ich gehe ohne meinen Bruder spatzieren,* und läßt also die Rede aus, welche durch *ohne* an die vorhergehende Rede *hinangefügt,* oder vielmehr durch dasselbe *aufgehoben* wird. Eine solche ausgelaßne zweite Rede muß man sich bei *ohne* beständig denken, weil es vermöge seiner Natur immer eine Rede *aufheben* muß; dächte man sich also bei *ohne* nur *eine* Rede, so hätte man nichts gesagt, weil eben diese Rede durch *ohne* wieder aufgehoben würde. Allein diese zweite Rede, welche man sich bei *ohne* denkt, wird sehr oft ausgelassen, wenn sie sich gleichsam schon von selbst versteht, als, *er nahm Abschied ohne*

Thränen (zu vergießen), *ich thue es ohne dich* (zu fragen), *zehn Personen ohne die Kinder* (zu rechnen): das *Zielwort* aber, welches in diesen Fällen immer nach *ohne* steht, rührt nicht von *ohne,* sondern von der ausgelaßnen Rede her; weil aber beständig bei *ohne* eine solche Rede ausgelassen ist, so muß es nothwendig ein *Zielwort* nach sich haben. *Ohne* ist eins der schwersten Wörter, seine innre Natur zu erklären: in den Zusätzen zu meinen Briefen vom Unterschiede des Akkusativs und Dativs habe ich vieles über dieses Wort sowohl, als über mehrere Dinge die Sprache betreffend, gesagt, welches alles hier zu wiederhohlen zu weitläuftig seyn würde, und weswegen ich Sie also auf diese kleine Schrift selbst verweisen muß. Nur bemerken Sie sich noch dieses, daß *ohnedem* und *demohngeachtet* einmal so allgemein angenommen sind, daß es zu auffallend seyn würde, wenn man schreiben wollte, *ohnedas* und *dessenohngeachtet.* — Nun giebt es noch einige zusammengesetzte Fügewörter, welche größtentheils aus einem Fügeworte und einem Hauptworte bestehen, und eben daher auch füglich ein Erklärungswort dieses Hauptwortes nach sich haben können, als *anstatt des Mannes, vermittelst der Feder, diesseits des Flusses, während der Zeit, wegen der Sache,* welches so viel heißt, als, *an der Stelle des Mannes, durch das Mittel der Feder, an dieser Seite des Flusses, in der Dauer der Zeit,* und *in Erwägung oder Ansehung der Sache.* Lassen Sie uns nun noch einmal die Fügewörter nach dem Worte, welches sie jedesmal nach sich haben, untereinander stellen:

Fügewörter mit dem Ziel- und Nebenworte
auf, über, neben, an, unter, vor, hinter, zwischen, in.

Fügewörter mit dem Zielworte allein
um, durch, für, gegen, wider, ohne.

Fügewörter mit dem Nebenworte allein
von, aus, außer, seit, mit, nebst, bei.

Fügewörter mit dem Zweckworte
nach, zu, gegenüber, entgegen.

Fügewörter mit dem Erklärungsworte
anstatt, vermittelst, diesseits, während, wegen.

Nun bemerken Sie sich noch, daß ein Fügewort sehr oft die Endigung des *Nebenworts* oder *Zweckworts,* vor dem es steht, annehmen kann, wenn *der, die,* oder *das* ausgelassen ist, als *vom Baume,* anstatt *von dem Baume, zur Belohnung,* anstatt *zu der Belohnung,* und *am Himmel,* anstatt *an dem Himmel.* Ist aber *der, die,* oder *das* nicht der Verkürzung wegen, sondern ohnedem schon mit Fleiß ausgelassen, weil ich eine Sache nicht genau bestimmen will, so bleibt auch das Fügewort unverändert, als wenn ich sage, *ein Dach von Stroh;* sagte ich *ein Dach vom Stroh,* so wäre es, als ob ich gerade den Haufen von Stroh bezeichnen wollte, woraus *das Dach* gemacht wäre: stünde aber vor *Stroh* ein Eigenschaftswort, so müßte dieses die Endigung des Nebenwortes annehmen, weil es gleichsam die Stelle des *dem,* oder des Bestimmungswortes vertritt, und ich müßte Z.B. sagen, *ein Dach von dürrem Stroh.* Sobald aber vor dem Eigenschaftsworte noch *der, die,* oder *das* steht, so vertauscht es die Endigung des Zweckworts, Nebenworts und

Erklärungsworts mit dem biegsamern *n,* und ich sage, *dem guten Manne,* und *des guten Mannes;* nicht etwa *dem gutem Manne,* denn einmal darf der bezeichnende Buchstabe nur stehn, um anzuzeigen, ob ein Wort das Zielwort, Zweckwort, oder Erklärungswort ist. — Auf meiner Tabelle von den Fügewörtern, die ich Ihnen hier beilege, werden Sie nur die eigentlichen Fügewörter, ihrer wahren, innren Bedeutung nach, geordnet, und durch Beispiele erläutert finden. Den zusammengesetzten Fügewörtern, und denjenigen, welche schon an die Bindewörter gränzen, als *mit* und *ohne,* läßt sich unter den übrigen nicht füglich ein Platz anweisen. Die Verlassung ist in unsrer Sprache durch die Fügewörter am mangelhaftesten bezeichnet, dieser Mangel mußte also durch Umschreibungen und Zusammensetzungen mit *weg, ab* u.s.w. so gut wie möglich ersetzt werden. Meine erläuternden Beispiele sind nur von körperlichen Gegenständen, als den leichtesten und natürlichsten Erklärungen der Fügewörter hergenommen, und enthalten daher nur die eigentlichen und nicht die figürlichen Bedeutungen derselben, welche sich aber aus den eigentlichen Bedeutungen sehr leicht schließen lassen.

Da wir nun alle Fälle werden durchgegangen seyn, worinn sich das Nennwort nach dem Redeworte fügen muß, so wollen wir jetzt das Blatt umwenden, und untersuchen, in wie fern sich wiederum das Redewort selbst nach dem Nennworte richten, und sich in den Zusammenhang der Rede, und in den Zusammenhang unsrer

	sich nähernd.	
	über.	
Dem *Kopfe* (den Kopf) einer Person, oder der (die) *Spitze* eines Dinges.	Als dem Orte. *Über* seinem Kopfe hing ein Schwerdt.	Als dem Ziele. *Über* mich stürze der Himmel ein!
	bei.	**neben.**
Der (die) *Seite* einer Person oder eines Dinges.	Als dem Orte. *Bei* mir stand mein Freund.	Als dem Ziele. *Neben* mich stellte sich mein Bruder.
	unter.	
Dem *Fuße* (den Fuß) einer Person, oder dem niedrigsten *Theile* (Theil) eines Dinges.	Als dem Orte. *Unter* dem Himmel schwebt das Gevögel.	Als dem Ziele. *Unter* den schattigten Baum lagern sich die Thiere.
	vor.	
Dem *Gesichte* (das Gesicht) einer Person, oder dem Theile(den Theil) eines Dinges, welcher unserm Gesichte am meisten zugekehrt seyn soll.	Als dem Orte. *Vor dem* Richter stand die Tafel.	Als dem Ziele. *Vor* die Tafel trat der Missethäter.
	hinter.	
Dem (den) *Rücken* einer Person, oder dem Theile (den Theil) eines Dinges, welcher von unserm Gesichte am meisten entfernt seyn soll.	Als dem Orte. *Hinter* mir stand der Mörder.	Als dem Ziele. *Hinter* die Wand hatte er sich versteckt.
	zwischen.	
Den (die) *Seiten zweier* Personen oder Dinge zugleich.	Als dem Orte. *Zwischen* beiden stand das Opfer.	Als dem Ziele. *Zwischen* sie trat sein Retter.
	um.	
Allen (alle) *Horizontalseiten* einer Person oder eines Dinges.	Nur als dem Ziele. *Um* den Saturnus ist ein Ring.	
	um.	
Allen (alle) *möglichen Seiten* einer Person oder eines Dinges.	Nur als dem Ziele. *Um* die ganze Erde wölbt sich der Himmel.	
	in.	
Allen (alle) *Seiten* eines Dinges, das sich wiederum *von allen Seiten* dem nähernden nähert, den berührenden berührt, und den verlaßenden verläßt, oder: *allen* (alle) Seiten der *Umgebung.*	Als dem Orte. *In* dem Tempel steht der Altar.	Als dem Ziele. *In* den Tempel brachte er sein Opfer.
	durch.	
Allmälig der (die) *Umgebung* eines Dinges und dieselbe zugleich verlassend.	Nur als dem Ziele. Ich gehe *durch* die Thüre.	

	gegen.	**nach.**	**zu.**
Einem Dinge überhaupt, ohne zu bestimmen, ob die Annäherung auf Spitze, Seite, Fuß oder Umgebung desselben gerichtet ist.	Nur als dem Ziele. Ich seegle *gegen* den Wind. Ich marschiere *gegen* den Feind.	Nur als dem Zweck. Ich gehe *nach* Hause. Ich reise *nach* Spanien.	Nur als dem Zweck. Ich komme *zu* dir. Ich gehe *zu* Bette.

Präpositionen oder Fügewörtern.

berührend.		*verlaßend.*	
auf.		Nach der Berührung.	Nach der Annäherung.
Als den Ort.	Als das Ziel.	*über — weg.*	*von.*
Auf seiner Scheitel ruhte die Last einer Krone.	*Auf* sein Haupt fiel der Schlag.	*Über* dem Berge zog sich die Wolke *weg.*	*Von* seinem Haupte wurde der Lorbeerkranz gerissen.
an.		Nach der Berührung.	Nach der Annäherung.
Als den Ort.	Als das Ziel.	*von ab.*	*von.*
An seiner Hüfte glänzte sein Schwerdt.	Der Pfeil flog *an* den Schild.	*Von* seinem Schilde prallte der Pfeil *ab.*	Sein Freund ging *von* ihm.
unter.		Nach der Berührung.	Nach der Annäherung.
Als den Ort.	Als das Ziel.	*von ab.*	*unter weg.*
Unter meinen Füßen wankte der Boden.	*Unter* meine Füße trat ich den Wurm.	*Von* den Füßen schüttle ich den Staub *ab.*	*Unter* der Falle lief die Maus *weg.*
vor.		Nach der Berührung.	Nach der Annäherung.
Als den Ort.	Als das Ziel.	*vor weg.*	*vor weg.*
Vor dem Gesichte trug er eine Maske.	*Vor* das Gesicht hing sie einen Schleier.	*Vor* dem Gesichte nahm sie den Schleier *weg.*	*Vor* dem Tische trat er *weg.*
hinter.		Nach der Berührung.	Nach der Annäherung.
Als den Ort.	Als das Ziel.	*hinter weg.*	*hinter weg.*
Hinter dem Buche stand der Titel.	*Hinter* den Nachen schlugen die Wellen.	*Hinter* dem Wagen war der Koffer *weg.*	*Hinter* mir ging mein Begleiter *weg.*
zwischen.		Nach der Berührung.	Nach der Annäherung.
Als den Ort.	Als das Ziel.	*zwischen weg.*	*zwischen hervor.*
Zwischen den Klauen trug der Adler die Beute.	*Zwischen* die Zähne nahm der Krieger sein Schwerdt.	*Zwischen* den Klauen fiel dem Adler die Beute *weg.*	*Zwischen* seinen Feinden trat er *hervor.*
um.		Nach der Berührung.	Nach der Annäherung.
Nur als das Ziel.		*um weg.*	*um weg.*
Um seine Stirne windet sich ein Kranz.		*Um* die Stirne ist der Kranz *weg.*	*Um* die Saturnus ist der Ring *weg.*
um.		Nach der Berührung.	Nach der Annäherung.
Nur als das Ziel.		*um weg.*	*um weg.*
Um das ganze Brodt zieht sich die Rinde.		*Um* das ganze Brodt fiel die Rinde *weg.*	*Um* ihn zog sich das Dunkel *weg.*
in.		*aus.*	
Als den Ort.	Als das Ziel.	Nach der Berührung.	Nach der Annäherung.
In dem Meere schwimmt der Fisch.	*In* das Meer taucht sich der Schwimmer.	*Aus* dem Meere stieg Aphrodite.	*Aus* dem Tempel trat der König.
durch.			
Nur als das Ziel.		Anm. Die Verlaßung liegt bei *durch* schon mit in der Annäherung und Berührung.	
Ich steche *durch* das Papier.			

Anm. Um die Berührung im Allgemeinen anzuzeigen, giebt es keine eigne Präposition.	Anm. Um die Verlaßung im Allgemeinen anzuzeigen, giebt es ebenfalls keine eigne Präposition: denn *weg* kann nicht für sich allein vor einem Worte stehen.

Begriffe, fügen muß? — In Ansehung des Nenn-
worts richtet sich das Redewort bloß nach dem
Grundworte, weil dieses in der Rede das herrschende ist, und von ihm die Rede ausgeht, auch
alles übrige sich an ihm festhält, wie der Cirkel
an seinem Mittelpunkte.

Die Fugen des Redeworts, wodurch es sich nach
dem Grundworte richtet, sind in der einfachen Zahl,
die Buchstaben *e, st,* und *t,* und in der mehrfachen *n*
und *t,* indem wir Z. B. sagen, *ich liebe, du liebest,*
er liebet, wir lieben, ihr liebet, sie lieben. Sage ich,
du liebest, so verstärkt das *st* gleichsam meine Vorstellung von der Handlung des Liebens durch die
Bezeichnung ihrer *Wirklichkeit,* indem ich mir eine
Person dabei vorstelle, die ich anrede, und die
wirklich der Urheber dieser Handlung ist, wovon
ich rede, so daß ich die Person und die Handlung
nicht voneinander trennen kann. Sobald ich mir
aber in der Anrede die *Wirklichkeit* von der Handlung hinwegdenke, fällt auch das *st* weg, und ich
sage, im befehlenden Tone, *liebe du,* und nicht,
liebest du, weil die Handlung des Liebens durch
meinen Befehl erst *wirklich* werden soll, aber es
noch nicht ist; so sage ich, *du giebst,* aber im
befehlenden Tone, wo das Geben noch nicht wirklich geschieht, sage ich, *gieb!* Sage ich nun, *er*
liebet, so bezeichnet das *t* ebenfalls eine Wirklichkeit der *Handlung,* aber nicht mit solchem Nachdruck, wie das *st,* weil ich hier keine Person
anrede, sondern nur *von* einer Person rede, die der
Grund desjenigen ist, was ich rede, und die ich
gleichsam in einem schwächern Lichte betrachte,

als die Person, welche ich anrede. Denke ich mir aber die *Wirklichkeit* von der Handlung hinweg, und wünsche ich Z.B. bloß, daß dieselbe geschehen möchte, so fällt auch hier das nachdruckvolle *t* weg, und ich sage anstatt, *er geht,* oder, *er kömmt,* bloß *er gehe!* oder, *er komme!* Daß aber *st* und *t* die *Wirklichkeit* bezeichnen, scheinet daher zu kommen, weil sie verursachen, daß die Stimme länger auf dem Worte ruhet, und am Ende gleichsam noch einen gewissen Stoß oder einen Nachdruck darauf setzt. Wenn wir aber von uns selber reden, so scheinet es, als ob wir es für überflüßig halten, die *Wirklichkeit* desjenigen, was wir von uns *selber* reden, oder dessen wir uns selbst schon hinlänglich *bewußt* sind, noch besonders zu bezeichnen; daher sagen wir, *ich liebe,* indem wir bloß ein *e* hinzusetzen, oder von *lieben* das *n* wegwerfen, wodurch sonst eigentlich die Wirklichkeit aufgehoben wird: denn wenn ich sage, *das Lieben,* oder *zu lieben,* so nenne ich beinahe bloß den Nahmen einer Handlung, ohne mir dabei vorzustellen, daß sie *wirklich geschiehet.* Demohngeachtet aber heißt es nun in der mehrfachen Zahl, *wir lieben, ihr liebet,* und *sie lieben:* eigentlich sollte es heißen, *wir liebent,* und *sie liebent,* wie man es auch in alten deutschen Schriftstellern findet, allein wir haben schon bemerkt, daß der Begriff von der *Mehrheit* gern die übrigen Begriffe zu verdrängen pflegt, und das ist auch hier der Fall; weil die Handlung nicht einer einzigen Person, sondern mehrern zugeschrieben wird, so denkt man sich auch ihre *Wirklichkeit* nicht so genau und bestimmt, als ob sie nur einer einzigen Person wirklich zugeschrieben würde. Allein bei der Anrede wird auch in der mehrfachen, eben so wie in der einfachen Zahl, der stärkste Nachdruck auf das Redewort gesetzt, und es heißt, *ihr liebe t*. Auf die Weise haben wir gesehen, wie sich das Redewort nicht nur nach dem Grundworte richtet, sondern sich zugleich als gewiß oder ungewiß, als wirklich oder nicht wirklich, in den Zusammenhang unsrer übrigen Vorstellungen fügt. — Da sich aber alle unsre Vorstellungen an dem Begriffe von der *Zeit* fest halten müssen, so muß sich das Redewort auch nach diesem Begriffe fügen. Dieses thut es nun, indem sich, um die Vergangenheit zu bezeichnen, noch ein *t* zwischen das *b* und *e* einschiebt, so daß es heißt, *ich liebte, du liebtest*, u. s. w. Um das Vergangne zu bezeichnen, muß die Stimme gleichsam einen Aufenthalt finden, und darf nicht so schnell von dem *b*, als von dem letzten Buchstaben des eigentlichen Worts, zu dem angehängten *e, st*, u. s. w. hinüber gehen, als wenn die gegenwärtige Zeit ausgedrückt werden soll: denn der Begriff von der Vergangenheit schiebt sich gleichsam zwischen die Vorstellung von der Handlung und von ihrer Wirklichkeit hinein, weil das Vergangne doch eigentlich *jetzt* nicht mehr wirklich ist; darum fällt auch, wenn ich nur *von* einer Person rede, das Zeichen der Wirklichkeit wieder weg, und es heißt nicht *er liebtet*, sondern *er liebte*. Allein unsre Sprache bezeichnet die Vergangenheit auch auf eine andre Art, die zwar nicht so künstlich und so regelmäßig als die vorhergehende ist, aber weit natürlicher und ausdruckvoller zu seyn scheinet. Sie verwandelt nehmlich, um die Vergangenheit zu bezeichnen, den höhern Vokal gewöhnlich in den tiefern, als, *ich singe, ich sang; ich fließe, ich floß; ich grabe, ich grub,* u. s. w. Hiebei werden Sie sich an das zurückerinnern, was ich schon in einem meiner vorigen Briefe über unsre Vorstellung von der Vergangenheit gesagt habe: sie verhält sich nehmlich, in unsrer Vorstellung, zu der Gegenwart, wie die entferntere, gedämpfte Musik zu der tönenden und rauschenden, wie die Dämmrung zu dem Lichte — und wie bedeutungsvoll wird dieses durch die Verwandlung des höhern Vokals in den tiefern ausgedrückt! Freilich wird auch zuweilen der tiefere Vokal in einen höhern verwandelt, indem unsre Sprache die Vergangenheit bezeichnet, als *ich blase, ich bließ; ich gehe, ich ging:* allein hieran mag wohl eine übertriebne Verfeinerung der Sprache schuld seyn; und daß die Verwandlung des höhern Vokals in den tiefern natürlicher ist, sieht man auch daraus, weil die Sprache des gemeinen Volks sich wieder dahin neigt, indem man unter demselben weit öfter hört, *ich bluß,* und *ich gung,* als *ich bließ,* und *ich ging.* Diese übertriebne Verfeinerung der Sprache macht, daß sie immer mehr und mehr von ihrer bedeutenden Kraft verliert: so vertauscht man z. B. schon das nachdrucksvolle *erscholl,* mit dem matten und regelmäßigen *erschallte,* und eben so macht man es in mehrern Fällen. Nun ist es merkwürdig, daß man dasjenige, was nicht wirklich ist, ebenfalls beinahe so wie die Vergangenheit bezeichnet, indem man

Z. B. sagt, *ich liebte dich, wenn du es verdientest.* Weil nehmlich die Vergangenheit *jetzt* auch nicht mehr wirklich ist, so hat man sich das *gar nicht Wirkliche,* und *das jetzt nicht Wirkliche* beinahe auf einerlei Art gedacht und bezeichnet. Bei den Rede-wörtern aber, wo der höhere Vokal zu einem tiefern herabgestimmt wird, um die Vergangenheit zu bezeichnen, als, *ich trage, ich trug,* unterscheidet man *das gar nicht Wirkliche* von dem *nicht mehr Wirklichen,* indem man den tiefern Vokal wie-derum gleichsam zu einem halben, schwankenden Tone stimmt, und sagt Z. B. *ich trüge deine Bürde, wenn sie mir nicht zu schwer wäre.* Denn *ä, ö,* und *ü* sind gleichsam unter den Vokalen das, was in der Musik die halben Töne sind, darum sind sie am schicklichsten, das Schwankende, Ungewisse, und nicht Wirkliche bei den Redewörtern zu bezeich-nen. Wir sagen daher, *ich sang, ich flog, ich trug,* um etwas anzuzeigen, das *nicht mehr wirklich ist;* und *ich sänge, ich flöge, ich trüge,* um etwas anzuzeigen, das *gar nicht wirklich,* sondern nur *möglich ist* — Allein wenn ich Z. B. sage, *ich sang,* so denke ich mir die Handlung meines Singens als vergangen, und doch als *unvollendet;* ich stelle mir vor, daß sie noch *fortdauerte,* indeß etwas anders anging, als, *ich sang ein tröstend Lied, da verschwand mein Kummer,* u. s. w. Es wird uns schwer, wenn wir uns irgend etwas als *ganz vollendet,* oder als *ganz vergangen* denken wollen, weil die Folge der Dinge in der Welt einen so festen Zusammenhang hat, wie die Glieder einer Kette, wo sich immer eins in das andre schließt, und wo man sich also nicht gut eins ohne das andre denken kann. So müssen sich unsre Vorstellungen von dem Entferntern auch an den Vorstellungen von dem Nähern und Gegenwärtigen festhalten, wenn die Kette unsrer Gedanken nicht zerreißen soll. In unsrer Seele verdrängt ein Bild nicht plötzlich das andre, sondern schiebt sich ihm allmälig vor, und fügt sich zugleich an dasselbe hinan, wie Sie dieß selbst bemerken können, wenn Sie unsre Idylle noch einmal in dieser Rücksicht durchlesen. Weil es nun, wegen des genauern Zusammenhanges der aufeinanderfolgenden Dinge, am allernatürlichsten ist, sich das Vergangne *nicht als vollendet,* sondern in Ansehung desjenigen, was darauf folgt, noch als *fortdaurend* zu denken, so bezeichnet unsre Sprache die Vergangenheit auch bloß auf diese Art *unmittelbar.* Wollen wir uns aber demohngeachtet das Vergangne als *ganz vollendet* denken, so müssen wir dieses *mittelbar* thun, indem wir zu den Begriffen von *seyn* oder *haben* unsre Zuflucht nehmen, das wir uns vorher als *gegenwärtig* gedacht haben müssen, um zu dem Begriffe von der *gänzlichen Vergangenheit* zu gelangen. — Sie werden sich hierbei an das zurückerinnern, was ich Ihnen schon in einem meiner vorigen Briefe hierüber gesagt habe; allein ich werde Sie jetzt demohngeachtet nicht von *Perfektum* und *Plusquamperfektum* unterhalten, wie ich Ihnen damals drohete, eben so wenig, wie Sie von *Akkusativ* und *Dativ* weiter etwas von mir gehört haben, womit ich Ihnen doch auch einmal gedrohet habe. — Um uns also die gänzliche Vergangenheit Z. B. der Handlungen des Liebens und des Gehens zu denken, sagen wir, *ich habe geliebt,* und *ich bin gegangen.* Durch *haben* bezeichnen wir sonst dasjenige, was *außer* uns ist, und was wir nur mit in den Kreis unsers Daseyns ziehn; durch *seyn* aber was *in* uns ist, und was mit zu unserm Wesen gehört, indem wir Z. B. sagen, *ich habe ein Kleinod,* und *ich bin ein Mensch:* eben so sagen wir auch, *ich habe geliebt,* und, *ich bin gegangen,* indem wir uns *lieben* als eine Handlung vorstellen, die von uns *ausgeht, gehen* aber als eine Handlung, die sich gleichsam in uns selber zurückwälzt, und auf die Weise schon mehr in unser Daseyn verwebt ist. So lange aber eine Handlung noch nicht *vollständig* oder *ganz vollendet* ist, kann ich sie noch nicht zu dem zählen, was ich *habe* oder was ich *bin:* diese *Vollständigkeit* der Handlung nun, welche nothwendig ist, wenn ich mir dieselbe, als *ganz vergangen,* denken will, wird durch die Silbe *ge* ausgedrückt, die gemeiniglich eine Zusammenfassung desjenigen bezeichnet, was aufeinander folgt, so wie Z. B. in dem Worte *Gemurmel,* wo ich ein oftwiederhohltes Geräusch, das ich *murmeln* nenne, zusammenfasse, und mir es wie ein Ganzes denke. Eben so fasse ich nun unter der Silbe *ge* in *geliebt,* die Vollständigkeit der Handlung meines Liebens zusammen, wie dieselbe nicht nur von mir *ausgegangen,* sondern auch schon auf einen andern Gegenstand *übergegangen* ist, und also ihre Endschaft erreicht hat; und in *gegangen* fasse ich eine wiederhohlte Bewegung, die ich *gehen* nenne, zusammen, und denke sie mir nun als etwas *vollständiges,* oder als etwas, das seine *Endschaft* erreicht hat. Wollen wir uns nun das völlig Vergangne nicht einzeln und gleichsam abgeschnitten, sondern im Zusammenhange mit etwas darauf folgendem denken, das auch schon vergangen ist, so müssen wir sogar die Mittelbegriffe von *seyn* und *haben* in die Vergangenheit zurückschieben, und sagen, *ich hatte geliebt,* und *ich war gegangen.* Auf die Art machen wir die dunkelste Perspektive in unsrer Seele, indem wir die völlige Vergangenheit selbst noch hinter eine andre Vergangenheit zurückschieben. Die Zukunft können wir uns ebenfalls nicht unmittelbar denken, sondern müssen sie uns erst *mittelbar,* durch den Begriff des *Werdens* oder allmäligen Entstehens, vorstellen, indem wir Z.B. sagen, *ich werde rufen, ich werde gehen.* Das *Werden* oder *Entstehen* dieser Handlungen, indem sich meine Gedanken jetzt dazu entschließen, denke ich mir als *wirklich* und *gegenwärtig,* die Handlungen selbst aber kann ich mir unmöglich als wirklich denken, daher drücke ich ihnen auch nicht das Gepräge der Wirklichkeit auf, und sage nicht, *du wirst rufest,* sondern, *du wirst rufen,* u.s.w. Ist aber auch dieß Entstehen der Handlung noch nicht einmal wirklich, so bezeichne ich diese Ungewißheit durch einen halben, schwankenden Ton, und sage anstatt, *ich werde rufen, ich würde rufen,* u.s.w. — Wenn wir nun blos sagen, *ich werde rufen,* so rufen wir oder handeln wir noch nicht wirklich, sondern so lange die Handlung noch in uns entsteht, verhalten wir uns gleichsam *unthätig.* Daher kömmt es nun, daß wir uns durch den Mittelbegriff von *werden* auch das *unthätige* Verhältniß denken, worinn wir uns befinden, wenn wir nicht selbst handeln, sondern die Handlung eines andern auf uns *übergeht,* und daß wir also Z.B. sagen, *ich werde geliebt, ich werde gerufen.* Daß aber in diesem Falle die *übergegangne* Handlung durch die Silbe *ge* bezeichnet wird, erklärt sich sehr natürlich daraus, daß man sich die Handlung schon wie *vollständig,* oder gewissermaßen wie *vollendet* denken kann, sobald sie auf ihren Gegenstand schon wirklich *übergegangen* ist. Weil aber das *Werden* etwas ist, was nicht von mir *ausgeht,* sondern gleichsam *in* mir selber bleibt, so kann ich auch nicht sagen, *ich habe geworden,* sondern, *ich bin geworden:* allein man sagt demohngeachtet, vielleicht des Wohlklangs wegen, nicht, *ich bin geliebt geworden,* sondern, *ich bin geliebt worden.* Bei alle den Redewörtern, die auf die Art etwas anzeigen, das mehr *in* uns bleibt, als von uns *ausgehet,* so daß wir uns mehr *leidend* als *thätig* verhalten, wird das *völlig Vergangne* nicht durch *haben,* sondern durch *seyn* bezeichnet, daher sagen wir *ich bin begegnet, ich bin gefallen, ich bin gestürzt,* weil alle diese Redewörter etwas bezeichnen das von uns unabhängig ist, und wobei wir uns mehr *leidend* als *thätig* verhalten. Demohngeachtet aber sagen wir, *es hat mich gefreuet, es hat mir geahndet,* u. s. w. weil wir uns bei den unpersönlichen Redewörtern zwar selbst wie *leidend* verhalten, aber dasjenige, was auf uns wirkt, sich gewissermaßen *thätig* gegen uns verhält. Wir sagen sogar, *ich habe gelitten, ich habe geruhet, ich habe geschlafen,* obgleich alles dieses eigentlich keine Handlungen sind, die von uns ausgehen, allein wir denken sie uns doch einmal, als von uns abhängig, so daß es auf uns ankömmt, ob wir leiden, ruhen, oder schlafen *wollen* oder nicht, kurz wir denken uns gewissermaßen *thätig*. Bei den *Verändrungen des Orts* aber, als *gehen, laufen, kommen,* scheinen wir uns am wenigsten *thätig* zu denken, weil die Bewegung unsern Körper gleichsam fortzieht, und derselbe sich also nur *leidend* verhält, darum sagen wir, *ich bin gegangen, gelaufen, gekommen,* u.s.w.: deswegen ist auch nur ein kleiner Unterschied dazwischen, wenn wir sagen, *ich bin gefahren,* und, *ich bin gefahren worden. Werden* läßt sich beinahe durch alle Vokale abändern, nachdem man Gegenwart, Vergangenheit, und Wirklichkeit oder Möglichkeit, darinn bezeichnen will, als *wird, werde, ward, worden, wurde, würde.* Vermöge dieses Wortes nun können wir uns eine jede wirkliche Handlung denken, wie sie schon auf ihr *Ziel* übergegangen ist, und dieses *Ziel* der *ausgehenden* Handlung, denken wir uns nunmehro als den *Grund* der *übergegangnen* Handlung, und verwandeln auf die Weise das *Zielwort* in das *Grundwort,* und das *Grundwort* in ein *Nebenwort,* wie in folgender Darstellung:

Grundwort	*Redewort*	*Zielwort*	*Grundwort*	*Redewort*	*Nebenwort*
du —	liebtest —	mich	ich —	werde geliebt	von dir.

Auf die Art stellen wir den leidenden Gegenstand ins Licht, indes wir die handelnde Person gleichsam im Schatten stellen. Dieses kömmt uns nun im Reden sehr zu statten, indem sich Z.B. eine und eben dieselbe Person, von der wir reden, bald handelnd und bald leidend verhält, und demohngeachtet immer der *Grund* unsrer Rede bleiben kann. Wenn das Redewort vermittelst der vorgesetzten Silbe *ge* eine *vollständige* oder schon auf ihr *Ziel übergegangne* Handlung bezeichnet, so kann es sogar zum *Eigenschaftsworte* werden, indem ich mir die *übergegangne* Handlung als eine Eigenschaft desjenigen denke, auf den sie übergegangen ist, so sagen wir, *der Mann ist gelehrt worden,* und, *er ist ein gelehrter Mann;* ja wir verwandeln *gelehrt* sogar in ein *Hauptwort,* indem wir sagen, *er ist ein Gelehrter.* — Man setzt auch zu dem bloßen Nahmen der Handlung ein *d,* und bezeichnet auf die Art das *Geschehen* derselben, ohne auf eine Person dabei Rücksicht zu nehmen, indem man Z. B. sagt, *ich bin sehend, du bist sehend,* u. s. w. Man betrachtet also hier das Sehen, in Ansehung der Person, mehr wie eine Beschaffenheit, als wie eine wirkliche Handlung derselben, indem man nicht an *sehen,* sondern an dem eingeschobnen *bin,* die Wirklichkeit in Ansehung der Person, durch das *st* in *du bist* und *wirst,* bezeichnet, und auf die Weise nicht sowohl die Wirklichkeit einer Handlung, als vielmehr einer Beschaffenheit ausdrückt. Hat man sich nun das Redewort einmal als eine Beschaffenheit gedacht, so kann man sich es auch leicht wie eine *Eigenschaft* denken, indem man z. B. sagt, *der sehende, hörende, und fühlende Mensch.* Und so läßt sich auch sogar das Redewort in Schatten stellen, wenn man ihm gleichsam seine *redende* oder *urtheilende* Kraft benimmt, und es in ein *Eigenschafts-*

oder *Beschaffenheitswort* verwandelt, um die *Haupt-rede,* hinter welche man es zurückschiebt, desto mehr ins Licht zu stellen, als:

Schatten	*Licht*
bittend, flehend, und weinend — warf er sich zu seinen Füßen.	

anstatt, *er bat, flehete, weinte, und warf sich zu seinen Füßen.* Und:

Schatten	*Licht*
gerührt, erweicht, besänftigt — vergab er ihm	

anstatt, *er ward gerührt, erweicht, besänftigt, und vergab ihm.* Was also sonst für sich eine eigne Rede würde ausgemacht haben, wird jetzt eine bloße *Hinan-fügung* an die *Hauptrede,* nachdem es in Schatten gestellt ist. Sie sehen hieraus wiederum, wie sich eine Art von Wörtern unmerklich in die andre verliert; wie durch ein angehängtes *d,* oder vorge-setztes *ge,* der feinste Übergang vom *Redeworte* zum *Beschaffenheitsworte* gemacht wird, so daß man unschlüssig ist, zu welcher Klasse man es zählen soll.

Da wir nun die Wörter sowohl nach den *Ein-drücken,* die sie auf unsre Seele machen, als nach den *Gegenständen,* die sie bezeichnen, und nach ihrem *Zusammenhange,* und ihren *Fugen,* unter-scheiden gelernt haben, so ist uns noch ein Ge-sichtspunkt übrig, woraus wir dieselben betrach-ten können, wenn wir auf ihre *Bildung* in sich selber, oder auf ihre kleinsten Bestandtheile, auf-merksam sind, und auf die Art bis in die Kenntniß der einfachsten Laute dringen, woraus die Wörter entstanden sind. — Und hier eröfnet sich uns nun ein so weites Feld, daß wir nur noch einen Blick dahin thun dürfen, wenn wir uns nicht in den unabsehlichsten Fernen des menschlichen Denkens verlieren wollen.

———————————————

Dreizehnter Brief.

---

*Von der Bildung, Aussprache, und Schrift
einzelner Wörter und Töne.*

Wir sind nun schon auf verschiedne einzelne
Laute aufmerksam gewesen, welche nicht
sowohl zu der Bezeichnung der Dinge selbst, als
ihrer Verhältnisse untereinander, dienen. So wird
Z. B. durch *n* das *Ziel,* und durch *m* der *Zweck* der
Rede, durch *e* und *r* die *Mehrheit* der Dinge, und
durch *st* und *t* die *Wirklichkeit* einer Handlung in
Ansehung der handelnden *Person,* bezeichnet,
außer den übrigen Verhältnissen, zu deren Bezeichnung man sich eben dieser Laute bedienet.
Allein die *innern* Bestandtheile der Wörter, oder
die einfachern Laute, woraus sie zusammengesetzt
sind, müssen wir jetzt erst näher kennen lernen.
Die *Richtigkeit* in der *Aussprache* und *Schreibart*
dieser einfachen Laute darf aber hiebei nur vorzüglich unser Augenmerk seyn, weil die zweckmäßige Bildung derselben zu ganzen Wörtern ein
Gegenstand ist, den wir, wegen seines weiten
Umfangs, wozu ein eignes Studium erfordert
wird, nur noch berühren können. Auf diese
zweckmäßige Vereinigung der einfachen Laute zu

ganzen Wörtern gründet sich die Entstehungsart der menschlichen Sprache und des menschlichen Denkens; ihr nachzuspühren ist die angenehmste Beschäftigung für den Geist, und gewährt uns die tiefsten Blicke in das Innerste unsrer Seele. Betrachten Sie also dasjenige, was ich hierüber sagen werde, nur als einen Wink, der Ihnen zu weiterm Nachdenken Veranlassung geben kann. Die einfachen Laute, woraus die Wörter bestehen, sind entweder ganz einfach, wie *f, r, e, u, n, d,* in dem Worte *Freund,* oder sie sind zusammengesetzt, wie *Freund, lich,* und *keit,* in dem Worte *Freundlichkeit.* Die einfachen Laute, als, *f, r,* u. s. w. heißen *Buchstaben;* die zusammengesetzten, als *lich* und *keit* heißen *Silben.* Eine Silbe nennt man also dasjenige, was man in einem Athem, oder mit einer einzigen Anstrengung der Sprachwerkzeuge aussprechen kann, ohne daß es an und für sich einen Sinn ausmacht oder ausmachen soll, als *lich* und *keit,* welche einzeln und abgesondert nichts bedeuten, und *Freund,* welches in dem Worte *Freundlichkeit* auch nicht an und für sich, sondern erst in Verbindung mit den Silben *lich* und *keit,* einen Sinn haben soll; steht *Freund* aber für sich allein, so kann es nicht mehr eine Silbe heißen, sondern es ist ein *einsilbigtes Wort.* Die mehrsilbigten Wörter bieten nun einen reichen Stoff zu mancherlei Betrachtungen dar, je nachdem sie auf verschiedne Weise von andern Wörtern abgeleitet sind, und sich vermittelst des Tons eine Silbe der andern unterordnet, so daß sich immer die herrschende vor den übrigen merklich auszeichnet, und eine jede zur Bildung des ganzen Worts das ihrige beiträgt. Nur Schade, daß wir diesen reichen Stoff zum Denken jetzt übergehen müssen, und daß ich Ihnen von so vielen Bemerkungen, die ich hierüber gesammlet habe, jetzt nichts mittheilen kann, weil ich sie aus einem zusammenhängenden Ganzen reißen müßte, wohinein sie gehören, und welches ich Ihnen bald zu liefern verspreche. Wir haben eine ganze Anzahl von Silben in unsrer Sprache, die jetzt an und für sich gar keinen Sinn mehr haben, als *lich, keit, heit, schaft,* u.s.w.; allein alle diese Silben müssen ehemals Wörter gewesen seyn, und man muß sich auch abgesondert unter ihnen etwas gedacht haben, ehe man auf das Geheimniß fiel, vermöge derselben ganz neue Arten von Wörtern zu bilden. Man kann diese Silben mit einem allgemeinen, kostbaren Zusatze vergleichen, der bei den Metallen oft das Wesen derselben verändert. Das macht, diese Silben bezeichnen mehr die Art unsrer Vorstellungen, als die Dinge selbst, welche wir uns vorstellen: nun war es aber wohl der höchste Schwung des menschlichen Geistes sich erstlich Vorstellungen von Dingen, und dann wieder Vorstellungen von seinen eignen Vorstellungen zu machen. — Ganz dunkel dämmerte es vor der Seele, da sie ihre eignen Vorstellungen wieder beschauen wollte, der Mund strebte nach einem Laute, um die Ähnlichkeit auszudrücken, welche die gegenwärtige Vorstellung mit vielen tausend andern hatte. — Man wollte Z.B. nicht die Vorstellung *Freund* selber bezeichnen, sondern nur etwas, das dieser Vorstellung ähnlich oder *gleich* wäre, und so sagte man *freund-lich,* welches beinahe so viel heißt, als *freundgleich.* Man wollte die Vorstellung *freundlich* zu seiner längern Beschauung gleichsam vor seine Seele hinstellen, um ihr nun mehr Festigkeit zu geben, setzte man die Silbe *keit* hinzu, worunter man sich immer etwas *für sich bestehendes* denkt, und so entstand endlich das Wort *Freundlichkeit,* welches eigentlich so viel heißt, als, *die Ähnlichkeit, welche etwas mit meiner Vorstellung von einem Freunde hat, als etwas für sich bestehendes gedacht.* So vieles ist hier in den zwei Silben *lich* und *keit* zusammengedrängt. *Freund* aber ist demohngeachtet die *herrschende* Silbe in dem Worte *Freundlichkeit,* ohne welche dasselbe keinen Sinn haben würde, auf diese fällt daher auch der *Ton* im Reden; so fällt in dem Worte *Vergebung* der Ton auf die mittelste Silbe, weil die deutliche Vorstellung von *geben,* welche durch die dunkleren Vorstellungen von *ver* und *ung* nur näher bestimmt wird, ebenfalls erst dem Worte einen Sinn giebt. Das Wenige, was ich Ihnen jetzt von den Silben, als den größern Bruchstücken oder Bestandtheilen der Wörter gesagt habe, wird gerade hinlänglich seyn, Sie auf diesen wichtigen Gegenstand des menschlichen Denkens aufmerksam zu machen: also für jetzt genug hievon! — Die kleinsten Bestandtheile der menschlichen Rede sind die einzelnen Töne, welche durch die Buchstaben im Alphabet bezeichnet werden. Ohne diese Buchstaben, oder Schriftzeichen der einzelnen Töne wüßten wir nicht, daß es solche kleine Bestandtheile der Rede gäbe, denn sie fließen im

Reden so unmerklich ineinander, und vermischen sich untereinander auf so mannichfaltige Weise, daß wir tausendmal das Zusammengesetzte für das Einfache nehmen würden. So wie das Wort also den unkörperlichen Gedanken, dem Ohre hörbar machen muß, wenn wir ihn bemerken sollen, so müssen wiederum die geschriebenen oder gedrukten Buchstaben die einzelnen Bestandtheile der Wörter dem Auge sichtbar machen, wenn wir einen Begriff davon haben wollen. Und welch ein Schwung des menschlichen Geistes war es, solche Zeichen zu erfinden, vermöge deren wir nun durch das Auge einen weit vollkommnern Begriff von den Wörtern und ihrer Entstehung, als durch das Ohr, erhalten. Ohngeachtet der genauen Verbindung des Ganzen in der Natur scheinet doch das Hörbare vom Sichtbaren so sehr unterschieden und abgesondert zu seyn, daß sich beinahe kein möglicher Übergang von dem einen zum andern, kein gemeinschaftliches Band zwischen beiden denken läßt, und doch hat die Sprache dieses wunderbare Band geknüpft, indem sie sichtbare Gegenstände durch Töne bezeichnet, und indem sie eben diese Töne wiederum durch sichtbare Zeichen dem Auge darstellt. Welch eine Üppigkeit des menschlichen Verstandes war es, und was für Umstände mußten den dazu vorbereiten, der diese Zeichen zuerst erfand, die Wörter, die man so nöthig braucht, um tausend Dinge damit zu bezeichnen, selber zum Gegenstande seiner Aufmerksamkeit zu machen, und sie in ihre kleinsten Bestandtheile zu zergliedern, da ein

ganzes gebildetes Volk, die Chineser, nicht auf
diesen erhabnen Gedanken gefallen ist, sondern
sich mühsam zu einem jeden Worte eines eignen
symbolischen Zeichens bedienen muß. Wie
schwer mußte es seyn, die Vokale, welche sich
mit den Konsonanten so genau und fest vereinigen, daß sie mit denselben in einen ganz einfachen
Laut zusammen zu fließen scheinen, aus dieser
Vermischung herauszuheben, und sie nebeneinander zu stellen; und wiederum die Konsonanten,
diese beinahe ganz unhörbaren Bewegungen der
Sprachwerkzeuge, von den Vokalen abzusondern,
wodurch sie erst hörbar werden. Welche oft
wiederhohlte Vergleichungen, welche ununter-
brochne Aufmerksamkeit auf jedes Wort setzt
dieses voraus! Die Noten in der Musik dürfen
nur die Höhe und Tiefe der Töne bezeichnen,
allein die Buchstaben sollen ihre auf so mancherlei
Weise verschiedne Herauspressung, Herausstos-
sung, Heraushauchung, u. s. w. bezeichnen. Und
wodurch konnte dieß nun wohl leichter geschehen, als durch einfache, ungekünstelte Abbildun-
gen der menschlichen Sprachwerkzeuge, indem
vermittelst derselben ein Ton entweder heraus-
gepreßt, herausgestossen, oder herausgehaucht
wird; und worauf konnte der menschliche Verstand wohl eher fallen, als eben hierauf, da doch
die ersten Zeichen der Töne nothwendig auch
eine gewisse innre Bedeutsamkeit müssen gehabt
haben, um nicht gleich anfangs gar zu sehr ein
müßiges Spielwerk eines bloß aufs Gerathewohl
hin spekulirenden Kopfes gewesen zu seyn. Nach-

her sind diese Zeichen freilich auf mancherlei
Weise verändert worden, aber einige höchst wahrscheinliche Spuren ihres ersten Ursprungs tragen
sie demohngeachtet jetzt noch an sich. Ist nicht
das *o,* so wie es im Lateinischen geschrieben wird
(o), die treffendste Abbildung der geründeten
Lippen, wodurch dasselbe gebildet wird? Ist
nicht das grosse Lateinische *B* eine sehr natürliche
Darstellung der sanftaufeinandergedrückten Lippen? Und bildet nicht das große Lateinische *A* die
weiteste Eröfnung des Mundes bei der Aussprache
desselben ab? — Die kleinsten Bestandtheile der
Sprache neigen sich schon vermöge ihrer Natur
zur zusammenhängenden Rede, indem sie auf
mancherlei Weise ineinander überfließen, und sich
gleichsam von selbst durch die unmerklichsten
Übergänge ineinander fügen. — Alle Töne, welche
die Werkzeuge der menschlichen Sprache hervorbringen können, haben ein gemeinschaftliches
Band, welches sie zusammenknüpft, und sie
zugleich dem menschlichen Ohre hörbar macht,
das sind die Vokale, *a, ä, e, i, o, ö, u, ü,* welche man
zu sehr zu erniedrigen scheint, wenn man sie bloß
Hülfslaute nennen will, da sie doch eigentlich die
einzigen wahren Laute in der Sprache, und der
Grundstoff derselben sind. Denn so, wie die
Redewörter erst Leben und Bewegung, oder
Wirklichkeit und Darstellung in die Rede bringen,
eben so bringen die Vokale erst Hörbarkeit und
Leben in das Wort; die Vokale tönen fort, indeß
die Konsonante schon wieder erstorben sind: der
merkbare Laut der erstern dauert nur einen Augen-

blick, so wie der Schall, welcher vom Schlage eines Hammers entsteht; so oft man ihn wieder hören will, muß man auch den Schlag wiederhohlen, indeß die Flöte so lange forttönet, als der Athem des Blasenden zureicht. Eben so erwecken auch die bloßen *Nahmen* der Dinge, oder die *Nennwörter* nur augenblickliche Vorstellungen in der Seele, denen die *Redewörter* erst ihre Wirklichkeit und Fortdauer geben müssen, indem sie den *fortwährenden* Zustand der benannten Dinge gleichsam *aneinanderhängen,* und *ununterbrochen* darstellen, welches die größte Kraft der menschlichen Sprache ist. Sie sagen Z. B. *der Baum, der Bach,* und denken sich weiter nichts dazwischen, so werden die Bilder, welche durch *Baum* und *Bach* in Ihrer Seele erweckt werden, beinahe in dem Augenblicke wieder verschwinden, da sie entstanden sind. Sagen Sie aber, *der Baum stand an dem Bache,* so bringt das Redewort *stand* die Bilder von *Baum* und *Bach* in ein *fortdaurendes* Verhältniß miteinander, indem es gleichsam ihr Wesen *fortsetzt:* eben so trägt nun auch in dem Worte *Baum,* der zusammengesetzte Vokal *au,* und in dem Worte *Bach* der Vokal *a,* gleichsam das Wesen des einen Konsonants zu dem andern hinüber, und setzt dieselben auch gewissermassen in ein *fortdaurendes* Verhältniß miteinander, indem der erste Konsonant noch im Ohre tönt, wenn der andre ausgesprochen wird. — Was nun die Entwicklung der einzelnen Laute aus den Sprachwerkzeugen anbetrift, so müssen wir auch dieses so kurz wie möglich zusammenfassen, wenn es uns nicht zu weit führen soll. — Das *a,* womit unser Alphabet anhebt, ist der einfachste, sanfteste, und leichteste Vokal, welchen die ungezwungenste Öfnung des Mundes, ohne alle Mühe, hervorbringt. Sobald sich aber die Zunge nur ein wenig dem Gaumen nähert, so daß der Durchgang der Luft verenget wird, verwandelt sich das tiefere *a* in *ä,* und wird auf die Weise gleichsam einen halben Ton heraufgestimmt. Wenn sich nun die Zunge dem Gaumen noch mehr nähert, so entsteht aus dem *ä* das noch hellere und zartere *e;* und aus diesem bildet sich endlich durch die stärkste Annäherung der Zunge an den Gaumen, das *i,* als der feinste und zarteste Vokal. Einen feinern, zartern und höhern Ton, als diesen, können die menschlichen Sprachwerkzeuge nicht mehr hervorbringen: die Stimme sinkt also wieder bis zum *a* herab, und giebt diesem Vokale durch die Ründung der Lippen eine andre Gestalt und Form; diese wird durch das *o* bezeichnet, welches ein Zeichen der Verwundrung ist, wobei sich die Lippen unwillkürlich in eine solche Ründung zusammenziehen, da sich hingegen beim Schreck der ganze Mund eröfnet. Wird nun bei einerlei Ründung der Lippen die Zunge dem Gaumen näher gebracht, so kann das *o,* eben so wie das *a,* um einen halben Ton heraufgestimmet werden, wodurch es sich denn in *ö* verwandelt. Der dunkelste und tiefste Vokal, der durch die stärkste Ründung und Verengung der Lippen gebildet wird, ist das *u,* welches ebenfalls, durch Annäherung der Zunge an den Gaumen, bei fortdauernder Lippenründung, um einen halben Ton hinaufgestimmt, und in *ü* verwandelt werden kann. — Die Konsonante sind entweder *Lippen-laute,* als, *b, f, m, p, v, w;* oder *Gaumenlaute,* als *c,* (wenn es wie *k* gelesen wird) *ch, g, h, j, k, q;* oder *Zungenlaute,* als *c,* (wenn es wie *z* gelesen wird) *d, l, n, r, s, sch, ß, t, z.* — In unserm Alphabete stehen diese einzelnen Laute in folgender Ordnung:

a, b, c, d, e, f, g, h, i, k, l, m, n, o, p, q, r, s, t, u, v, w, x, y, z. —

Diese Ordnung scheint nicht ganz zufällig zu seyn: Die Vokale sind eben so, wie in den Wörtern, unter die Konsonante gemischt, und ein jedweder hat gleichsam sein Gebiet von Konsonanten, die ihm untergeordnet sind: insbesondre ist es merkwürdig, daß fast ein jeder Vokal, das *i* ausgenommen, einen Lippenlaut unmittelbar nach sich hat; so daß *a* in *b, e* in *f, o* in *p,* und *u* in *w,* am leichtesten und natürlichsten übergeht, indem bei den Vokalen, die Lippen sich nur wieder schließen dürfen, um die Lippenlaute hervorzubringen. Demohngeachtet aber lassen sich auch die Mängel dieses Alphabetes leicht einsehen: Die einfachen Vokale, *ä, ö* und *ü* fehlen gänzlich darinn, weil man sie immer für zusammengesetzt aus *a* und *e, o* und *e,* und *u* und *e,* gehalten hat; die einfachen Laute, *ch* und *sch,* werden durch zusammengesetzte Zeichen, und hingegen die zusammengesetzten Laute *x* und *z,* die eigentlich aus *ks* und *ts* bestehen, durch einfache Zeichen ausgedrückt. Einerlei Laut wird oft durch mehrere Zeichen, und dann wieder verschiedne Laute durch einerlei Zeichen angedeutet. So wird Z.B. ein und eben derselbe Gaumenlaut erstlich durch *k,* dann durch *c,* wenn dasselbe vor *a, o,* und *u* oder einem Konsonant steht, und endlich auch durch *q* bezeichnet, als, *Carl, Kelle, Quelle.* Eben so wird ein und eben derselbe Lippenlaut sowohl durch *f* als durch *v,* ein und eben derselbe Zungenlaut sowohl durch ein langes *s,* als durch ein kurzes *s,* und der durch *t* und *s* zusammengesetzte Laut nicht nur durch das *z,* sondern auch durch das *c,* wenn es vor *e, i* oder *y* steht, bezeichnet, als *ich fiel,* und *das ist viel; das Glas,* und *des Glases; Cyrus* und *Zahl.* So werden auch noch die verschiednen Laute, *ä* und *e,* in manchen Fällen beide durch *e* bezeichnet, als *leben* und *gehen.* Vielleicht haben alle die verschiednen Zeichen, die jetzt einerlei Laut anzeigen, ehemals verschiedne Laute ausgedrückt, die aber nach und nach ineinander geflossen sind. Und die verschiednen Laute, welche jetzt durch einerlei Zeichen ausgedrückt werden, sind vielleicht ehemals nicht verschieden gewesen. Mit alle diesen Fehlern ist demohngeachtet unsre Schreibart der Töne für einen Ausländer noch lange so schwer nicht zu begreifen, als Z.B. die Englische und Französische es für uns ist. Die Engländer und Franzosen haben nicht allein dem Wohllaut, sondern auch der Bequemlichkeit und der Trägheit im Reden mehr geopfert, wie wir; allein sie haben demohngeachtet die Buchstabenschrift, diese ehrwürdige Urkunde der Sprache nicht entweihet, und sie der Üppigkeit oder Trägheit im Sprechen mit aufgeopfert; und wir sollten allein unsre feste ehrwürdige Schrift, nach einem so schwankenden Dinge, als die Aussprache ist, von Jahr zu Jahre modeln? — Könnten wir uns eine Büchersprache, aus allen Dialekten Deutschlands bilden, wo die kraftvollsten, edelsten, und bedeutendsten Wörter noch verborgen liegen, so wäre vielleicht kein Buchstabe, kein einzelner Laut in unsrer Sprache unzweckmäßig, und gedankenleer, und man würde mit wenigen Worten einen Strom von Gedanken erschöpfen können, da man jetzt den Gedanken oft erst in einem Strome von Worten ersäufen muß, ehe er einigermaßen anschaulich werden kann. Dieses konnte nicht wohl anders seyn, da man die Sprache, dieses starke Gemählde der Gedanken, bis zu einer leeren Musik und einer Belustigung für die Ohren herabzuwürdigen anfing, gleichsam, als ob nicht das der edelste Wohlklang eines Worts wäre, wodurch es sich der bezeichneten Sache am meisten nähert, und woraus das Zweckmäßige eines jeden einfachen Lauts hervortönt. Da wir uns nun aber eine solche in ihren kleinsten Bestandtheilen zweckmäßige Sprache nicht mehr zu bilden, oder wenigstens sie nicht allgemein zu machen, vermögen, in welcher sich die Aussprache gänzlich nach der Schreibart, und die Schreibart wiederum nach der Aussprache mit Bedeutung, Zweck, und Absicht richten könnte; so müssen wir den übereinstimmigen Gebrauch, als einen Herrn anerkennen, der unsrer Schreibart und Aussprache Gesetze vorschreibt. Wir müssen daher untersuchen, wie sich die einzelnen Laute, nicht sowohl nach ihrer innern Natur und Bedeutung, als vielmehr nach dem herrschenden Gebrauche, sowohl geschrieben als gesprochen, zu ganzen Wörtern bilden. Wir opfern also jetzt eine Zeitlang den höhern Endzweck der Sprachlehre einem niedrigern auf, dessen unmittelbarer Nutzen aber freilich mehr ins Auge fällt, indem wir, anstatt das Wesen und die innre Natur der einzelnen Laute zu erforschen, blos darauf sehen, wie dieselben in unsrer verfeinerten, hochdeutschen Büchersprache am *richtigsten* ausgesprochen und geschrieben werden. — Was nun zuerst die Aussprache und Schreibart der Vokale anbetrift, so versteht es sich beinahe von selbst, daß jeder Vokal *gedehnt* oder *lang* ausgesprochen wird, sobald in der Mitte des Wortes ein einfacher Konsonant steht, und er die eine Silbe endiget, so daß er hinlänglich austönen kann, ohne von dem Konsonant verdrängt zu werden, als in dem Worte *schlafen; kurz* aber muß er ausgesprochen werden, sobald in der Mitte des Worts ein doppelter Konsonant steht, der den Vokal nicht austönen läßt, als in dem Worte *erschlaffen*. Was nun auf die Weise in der Mitte der Wörter gilt, das lassen wir auch am Ende derselben gelten, und bezeichnen da ebenfalls die Verkürzung des Vokals gemeiniglich durch die Verdoppelung des Konsonants. Wenn man also *schaff Speise* mit *einem f* schreiben wollte, so würde es in der Aussprache wie *Schafspeise* klingen müssen. Die Bezeichnung der langen Aussprache oder der *Dehnung* des Vokals macht nun im Schreiben beinahe die größte Schwierigkeit, weil dieselbe in einigen Wörtern angezeigt wird, als in *Pfahl* und und *Zahl,* und in andern wieder nicht, als in *haben* und *laben;* ferner, weil sie in den Wörtern, wo sie angezeigt ist, zuweilen durch ein hinangefügtes *h,* als in *mahlen,* zuweilen aber auch durch eine Verdoppelung des Vokals, als in *Waare, Paar, Staar,* u.s.w., ausgedrückt ist. Woran sollen wir uns nun halten, um beständig die richtige Schreibart zu treffen, da dieselbe sich an gar keine Regeln zu binden, sondern bloß vom eingeführten Gebrauche herzuschreiben scheinet? — Allein oft findet man da Ursach und Grund, wo dieselben, dem ersten Anschein nach, gar nicht vorhanden zu seyn scheinen. Wenn wir die Wörter *laben, laden, strafen, sagen, Laken, rasen, waten,* und die Wörter *prahlen, Nahme, bahnen, fahren,* nebeneinanderstellen, so finden wir, daß in den erstern sieben Wörtern die Dehnung des Vokals vor den Buchstaben *b, d, f, g, k, s* und *t* nicht angezeigt, in den letztern vier Wörtern aber gerade vor den flüssigen Buchstaben *l, m, n, r,* durch *h* bezeichnet wird. Und was war wohl natürlicher, als der Verdoppelung des *l, m, n, r,* wozu die Zunge im Sprechen so sehr gereizt wird, auch im Schreiben vorzubeugen, indem man die Dehnung des Vokals, welche diese Verdoppelung unmöglich macht, noch besonders durch das *h* bezeichnete: und das um so viel mehr, weil es in dieser Rücksicht so viele ähnlichklingende Wörter giebt, die nothwendig unterschieden werden müssen, als *prahlen* und *prallen, bahnen* und *bannen,* u.s.w. Hieraus können wir schon gewissermaßen schließen, daß das Dehnungszeichen des Vokals eigentlich nur vor *l, m, n, r* statt findet. Allein wir haben schon bemerkt, daß die Dehnung des Vokals auch oft durch eine Verdoppelung desselben bezeichnet wird; nun frägt es sich also wieder, in welchen Fällen dieß geschieht? Wir finden das doppelte *a* in folgenden einsilbigen Wörtern, die sich auf ein *r* endigen, *Aar, Haar, Staar, Paar, Schaar,* und zweien, die sich auf ein *l* endigen, *Aal* und *Saal.* Allein in den Wörtern *Altan, Altar, Barbar, Fasan, Marschall, Roman, Spital,* wird die Dehnung des *a* gar nicht bezeichnet, ob es gleich vor den Buchstaben *l, n* und *r* steht; alle diese Wörter aber tragen auch noch das Gepräge ihres fremden Ursprungs, und können sich daher in Ansehung des Dehnungszeichens noch nicht nach der Schreibart der Deutschen Wörter bequemen. Daß in den kleinen Wörtern *dar, gar, zwar,* und in den Endsilben *sal, sam,* und *bar* die Dehnung des Vokals vor *l, m, r,* nicht bezeichnet wird, scheint daher zu kommen, weil man diese *kleinen* Wörter und Silben gleichsam nicht für so wichtig, wie die übrigen Wörter hielt, daß man die Dehnung des Vokals in denselben so genau hätten bezeichnen sollen. Nun giebt es aber freilich noch einige Wörter, worinn die Dehnung des Vokals vor *l, m, n, r,* ebenfalls nicht bezeichnet wird, ohne daß sie *fremden* Ursprungs wären, oder zu den *kleinen* Wörtern gezählet werden dürften; dieß sind erstlich folgende, wo der Vokal vor *l* steht, *Schale, schal, Qual,* und *mal,* in *einmal, zweimal,* u. s. w.

sonst aber die *Mahlzeit;* alsdann noch einige, wo der Vokal vor *m* steht, *Gram, Kram, kam, Scham, Hamen;* und wo er vor *n* steht, *Gran, Plan, Span, Schwan, Kranich;* endlich noch einige, wo er vor *r* oder *rt* und *rd* steht, *sparen, klar, rar, war, Pflugschar, Art, Bart, zart, ich ward.* Ob ich Ihnen nun gleich jetzt keinen Grund davon angeben kann, warum gerade in diesen Wörtern die Dehnung des *a* vor *l, m, n, r,* nicht bezeichnet wird, so werden Sie doch in der Folge sehen, daß wir beinahe zu allen diesen Wörtern ähnliche Wörter auffinden werden, worinn ebenfalls die Dehnung des *e, o,* u. s. w. nicht bezeichnet wird. Noch eins müssen Sie bemerken, daß die Dehnung des Vokals, aber nur in äußerst wenigen Fällen, auch vor dem *s* und *t* bezeichnet wird, als *Staat, Saat, Aas, Maas.*— Sie sehen, wir haben jetzt die Beispiele zu unsern Regeln bloß von *a* hergenommen, nun wollen wir also Acht geben, ob unsre Bemerkungen auch bei dem *e, o,* und *u* zutreffen werden; denn auf das *i* scheinen sie nicht so gut zu passen, weil wir die Dehnung des *i,* auf eine ganz besondre Art, durch ein hinzugefügtes *e* bezeichnen. Lassen Sie uns also untereinander stellen

laben,	laden,	Hafen,	fragen,	fahen,	rasen,	waten
leben,	reden,	Hefen,	regen,	sehen,	lesen,	beten
loben,	Boden,	Ofen,	Bogen,	drohen,	losen,	Boten
Bube,	Bude,	Hufen,	genug,	ruhen,	Busen,	bluten.

So sehen Sie, daß hier die Dehnung des *a, e, o* und *u,* weder vor *b, d, f, g, h, s,* noch *t* bezeichnet wird. Nun wollen wir aber untereinander stellen:

prahlen,	Nahmen,	bahnen,	fahren
fehlen,	nehmen,	lehnen,	lehren
hohlen,	Ohm,	bohnen,	bohren
Spuhle,	Ruhm,	Huhn,	Uhr.

Und hier sehen wir, daß vor *l, m, n,* und *r,* sowohl
die Dehnung des *a,* als des *e* und *o* durch *h* bezeichnet wird. Allein so wie bei dem *a* die Dehnung
des Vokals auch oft durch die Verdoppelung desselben bezeichnet ward, so müssen wir jetzt
zusehen, ob dieses auch bei dem *a* und *o* vielleicht
in ähnlichen Wörtern zutrift, und in dieser Rücksicht wollen wir wiederum zuerst folgende einsilbigten Wörter, die sich auf *r* und *l* endigen,
untereinander stellen:

Aar, Haar, Staar, Paar, Schaar, Waare, Saal, Aal,

leer, Heer, Speer, Meer, Theer, Beere, Seele.

Die Dehnung des *o* wird nur äußerst selten, und
die Dehnung des *u* gar nicht, durch die Verdoppelung, bezeichnet. Wir haben bei dem *a* bemerkt,
daß die Dehnung des Vokals vor *l, m, n, r,* in
Wörtern, welche fremden Ursprungs sind, gar
nicht bezeichnet wird; daß dieses nicht nur bei
dem *e, o,* und *u,* sondern auch sogar bei dem *i*
zutrift, werden Sie sehen, wenn wir folgende Wörter untereinander stellen, die alle das Gepräge ihres
fremden Ursprungs an sich tragen:

Altan, Altar, Marschall, Barbar, Fasan, Roman, Spital

Herold, Juwele, Galere, Scene, Fasele

Berlin, Bibel, Bisam, Biber, Kamin, Rubin, Tiger, Titel,
Stil (im Schreiben)

Dom, Krone, Kanone, Pistole, Person, Pol

Muse, Schule, Chur, Natur.

Wir haben ferner bei dem *a* bemerkt, daß die Dehnung des Vokals in solchen kleinen Wörtern, als *dar, gar, zwar,* u.s.w. nicht bezeichnet wird; daß auch dieses nicht nur auf *a, e, o* und *u,* sondern zugleich auf *i* paßt, werden Sie aus folgenden untereinander gestellten kleinen Wörtern und Silben sehen, bei denen man es nicht so wie bei den andern Wörtern, der Mühe werth gehalten hat, die Dehnung des Vokals noch besonders zu bezeichnen:

dar, gar, zwar, da, ja, *und die Silben* bar, sal, sam
den, wen, wer, her, je, denen, derer
mir, dir, wir
schon, so, vor
nur, zur, zu, du *und die Silbe* ur.

Allein in verschiednen Wörtern, welche weder fremden Ursprungs sind, noch zu den kleinen Wörtern gezählet werden dürfen, wird demohngeachtet die Dehnung des Vokals nicht bezeichnet, wie wir bei dem *a* gesehen haben. Wir wollen also zu jenen Wörtern, die wir uns schon bemerkt haben, ähnliche aufsuchen, in welchen die Dehnung des *e, o,* oder *u,* vor *l, m, n, r* ebenfalls nicht bezeichnet wird, und also zuerst untereinander stellen:

Schale, schal, Qual, mal
Elend, schel,

ferner:

Gram, Kram, kam, Scham, Hamen,
bequem, Demuth, Schemel,
Strom, Blume, Krume,

ferner:

Gran, Kranich, Span, Plan, Schwan,
Ton, Honig, Mond, Monath, schonen,

endlich noch:

sparen, klar, rar, war, Pflugschar, Art, Bart, zart, ward,
scheren, quer, schwer, Schere, Herd, Schwerd, Pferd,
geschoren, fror, Flor, empor, verloren, erkoren, Bord,
Geburt, Schwur, Flur, Spur, Schwur.

Die Ähnlichkeit, welche hier zwischen den unter-
einandergestellten Wörtern, worinn die Dehnung
des Vokals nicht bezeichnet wird, zuweilen statt
findet, kann dazu dienen, diese wenigen Wörter
dem Gedächtniß desto leichter einzuprägen, indem
man doch wenigstens einigen wahrscheinlichen
Grund sieht, wie sich vielleicht, eben wegen dieser
Ähnlichkeit, die Schreibart des einen Worts nach
der Schreibart des andern gerichtet haben könne.
— Endlich haben wir noch bei dem *a* bemerkt,
daß die Dehnung des Vokals auch in einigen Wörtern vor *s* und *t* statt findet, wo sie durch die
Verdoppelung bezeichnet wird; auch dieses trift
beim *e* und *o* in einigen Wörtern zu, die wir noch
untereinander setzten wollen:

Saat, Staat, Maas, Aas,
Beet, Boot, Moos, Loos, Schoos.

Bei dem *i* bemerken wir nun ein ganz andres
Dehnungszeichen, als bei den übrigen Vokalen,
bei denen das hauchende *h,* die Verlängerung des
Athems beim Aussprechen derselben anzeigt.
Weil nehmlich dieser Hauch, welchen das *h*

bezeichnet, das *i* beinahe in ein *j* verwandeln würde, so hat man, um dieser falschen Aussprache vorzubauen, das Dehnungszeichen *h* mit dem zarten Vokale vertauscht, welcher dem *i* am nächsten liegt, und wodurch es ganz unmerklich zu dem folgenden Konsonante übergeht: denn indem sich die Zunge nur ein klein wenig niedersenkt, um den Konsonant, welcher auf das gedehnte *i* folgt, auszusprechen, muß sie nothwendig in die Lage kommen, wodurch das *e* sich bildet, wie man dieß Z.B. in dem Worte *Bier* sehr deutlich hört, wo das *e* zwischen *i* und *r* vernehmlich tönt. Merkwürdig ists hiebei, daß die Engländer ebenfalls ihr gedehntes *i* durch ein hinzugefügtes *e* bezeichnen. Weil nun der Übergang vom *i* zu dem folgenden Konsonant, nicht nur vor *l, m, n, r,* sondern vor allen übrigen Konsonanten, durch ein dunkles *e* gemacht werden muß, so scheinet dieß der Grund zu seyn, weswegen das gedehnte *i,* einige Fälle ausgenommen, beständig von einem *e* begleitet wird, es mag auch stehen, wo es wolle. Auch wenn das *i* am Ende eines Worts steht, muß sich bei der Dehnung desselben, die Zunge sanft herunter senken, so daß es sich beinahe in *e* auflöset, deswegen wird auch in diesem Falle seine Dehnung beständig durch ein hinzugefügtes *e* bezeichnet; hier sind selbst nicht einmal die kleinen Wörter, *die, sie, nie,* u.s.w. ausgenommen, und wir können nicht *si* und *di,* schreiben, so wie wir *da* und *ja, du* und *zu* u.s.w. ohne Dehnungszeichen, schreiben: auch das Wort *hier* wird deswegen, ob es gleich unter die kleinen Wörter gehört, noch mit einem *e* geschrieben, weil es ehemals fast immer *hie* geschrieben und ausgesprochen wurde, und das *r* nur des Wohlklangs wegen hinzugesetzt ist, so daß das *i* noch betrachtet wird, als ob es am Ende stünde. Hiebei bemerken Sie sich noch, daß das *e* dieß mit dem *i* gemein hat, daß es am Ende noch ein *e,* als Dehnungszeichen, zu sich nimmt, als:

See, Spree, Klee, Schnee,

sie, die, nie, hie,

und:

Armee, Kaffee, Rappee,

Philosophie, Harmonie, Melodie.

In den Wörtern *ihm, ihnen, ihr,* und *ihren,* wird demohngeachtet die Dehnung des *i* durch *h* bezeichnet, vermuthlich, um dadurch einer falschen Aussprache vorzubeugen, weil man Z.B. *ihnen,* wenn es *ienen* geschrieben wäre, gar leicht wie *jenen* lesen könnte. Sonst wird das gedehnte *i* in den wenigen Wörtern, wo es zu Anfange steht, gar nicht bezeichnet, als *Ibis, Igel, Ino, Ida, Iman,* u.s.w. Ob nun gleich das *i* sein Dehnungszeichen so selten wegwirft, so thut es dieses doch bei den Wörtern, welche fremden Ursprungs sind, wie wir dieß schon bei den vorhergehenden Vokalen mit bemerkt haben. Sobald aber ein ursprünglich fremdes Wort schon mehr das Bürgerrecht bei uns erhalten hat, bekömmt auch das *i* das Dehnungszeichen wieder; daher schreiben wir, *Fiebel, Fieber, Fiedel, Niete, Anies,* und *Paradies.* Da nun die Dehnung des *i* schon durch das hinzugesetzte *e* hinlänglich bezeichnet wird, so ist es fehlerhaft, wenn man Z. B. anstatt *verlieren, verliehren* schreiben wollte. Ein anders ist es, wenn wir schreiben, *du siehest,* weil hier das *h* kein Dehnungszeichen ist, sondern eigentlich zur folgenden Silbe gehört, und wegen der Abstammung stehen bleiben muß. Ja es ist auch nicht unrichtig das Dehnungs *h* Z. B. vor dem Worte *befehlen,* auch in der Anrede beizubehalten, und zu schreiben, du *befiehlst,* damit von dem Eigenthümlichen des Worts bei seinen Abändrungen so wenig wie möglich verloren gehe. In den Wörtern *dieß, Dienstag, Viertel, vierzehn, vierzig,* bleibt das *ie,* ihrer Abstammung wegen, mit sehr gutem Grunde stehen, ob man es gleich nach einer fast allgemeinen Gewohnheit kurz ausspricht. — Die Dehnung der noch übrigen drei Vokale *ä, ö,* und *ü,* wird nur vor *l, m, n, r,* und nur durch *h,* niemals aber durch die Verdoppelung, bezeichnet, wie in folgenden Wörtern:

Pfähle,	lähmen,	Kähne,	nähren,
Höhle,	gewöhnen,	Söhne,	Röhre,
Stühle,	rühmen,	Bühne,	rühren.

Wir wollen von diesen Wörtern folgende drei heraus nehmen, worinn durch die Verwandlung des *a, o,* und *u,* in *ä, ö,* und *ü,* die mehrfache Zahl mit ausgedrückt wird:

| | Pfähle, | Söhne, | Stühle |
| von | Pfahl, | Sohn, | Stuhl. |

Hieraus sehen Sie, daß die verwandelten Vokale das Dehnungszeichen beibehalten, welches der ursprüngliche Vokal in der einfachen Zahl hatte.

Haben aber nun diese ursprünglichen Vokale in der einfachen Zahl kein Dehnungszeichen, so können sie auch keins bei ihrer Verwandlung in der mehrfachen Zahl annehmen, wie Sie aus folgenden Wörtern sehen:

Altar,	Strom,	Schwur,
Altäre,	Ströme,	Schwüre.

Jetzt kommen uns also alle die Bemerkungen wieder zu statten, die wir über die Wörter angestellt haben, worinn der Vokal kein Dehnungszeichen hat, ob er gleich vor *l, m, n,* oder *r* steht, und wir wissen nun, warum in den Wörtern

schälen,	quälen,	schämen,	krönen,	tönen,	spüren.

die Dehnung des *ä, ö,* und *ü* nicht bezeichnet wird, weil nehmlich dieselbe in den ursprünglichen Wörtern

schal,	Qual,	Scham,	Krone,	Ton,	Spur,

nicht bezeichnet ward. Sie können dieses leicht auf alle übrigen Fälle anwenden. — Wird aber in dem ursprünglichen oder Stammworte die Dehnung des Vokals durch eine Verdoppelung desselben angezeigt, und dieser Vokal wird bei der Ableitung verwandelt, welches aber nur beim *a* statt findet, so drängt sich in dem abgeleiteten Worte der doppelte Vokal in ein einfaches *ä* zusammen, als:

Haar,	Paar,	Saal,	Aas,
Härchen,	Pärchen,	Säle,	Äser.

Moos und *Loos* aber heißen in der mehrfachen Zahl *Moose* und *Loose.* — Ob nun gleich *ä, ö,* und *ü,* nur vorzüglich als Verwandlungen des *a, o,* und *u,* bei der Ableitung oder Abändrung der Wörter betrachtet werden, so kommen sie doch auch in verschiednen Wörtern vor, ohne daß dieselben von andern abgeleitet wären, oder irgend eine Veränderung gelitten hätten; von diesen wollen wir uns nur diejenigen bemerken, bei denen die Dehnung des Vokals vor *l, m, n, r,* nicht bezeichnet wird, weil wir sie als Ausnahmen von der ordentlichen Regel betrachten müssen; wir wollen sie auf folgende Weise untereinander stellen:

Bär,	gebären,	gären,	schwären,		
Stör,	stören,	hören,	schwören,	König,	schön,
Thür,	küren,	Willkür,	Ungestüm,	Dünen,	grün.

Das Fügewort *für* gehört mit zu den *kleinen* Wörtern, worinn die Dehnung des Vokals niemals angezeigt wird. — Nun scheinet aber dieses noch eine große Schwierigkeit zu verursachen, daß *ä* und *e* in der Aussprache oft gar nicht verschieden sind, indem wir Z. B. das *e* in *schweben* eben so wie das *ä* in *schwären* lesen. Allein diese Schwierigkeit ist wirklich so groß nicht, wenn man nur erst einige Übung darinn hat, die Ableitung des einen Worts von dem andern zu bemerken. Wem wird es wohl Z. B. nicht sogleich auffallen, daß die Redewörter, *zählen, wählen,* und *schämen,* von den Nennwörtern, *Zahl, Wahl,* und *Scham,* abgeleitet sind, und eben daher auch mit einem *ä* müssen geschrieben werden? Wer siehet nicht den Augenblick, daß *äußern* und *räuchern* von *außer* und *Rauch* abstammen, und also mit einem *äu,* und *au* geschrieben werden müssen? Aber freilich ist die Abstammung nicht immer so auffallend, und der herrschende Gebrauch beobachtet sie nicht immer, denn man schreibt Z.B. *edel, Heft, Hecke, Mehl, messen, netzen,* obgleich, diese Wörter von *Adel, haften, hacken, mahlen, Maaß, naß,* abstammen, und also eigentlich statt des *e* mit *ä* geschrieben werden sollten; allein dieser Ausnahmen, welche man sehr bald aus dem Gebrauche lernet, giebt es doch immer verhältnißmäßig nur wenige. — Was aber nun noch die eigentliche Aussprache des *e* anbetrift, wo man es wie *ä,* oder wie *e* lesen soll, so ist freilich der herrschende Gebrauch hierinn sehr schwankend und unbestimmt. Doch scheinet es immer, als wenn das zarte *e* dem Ohre weit besser klingt, als das blökende *ä:* die Aussprache der Niedersachsen ist dem *ä* so gram, daß sie es oft selbst da nicht einmal hören läßt, wo es wirklich steht, indem nach dieser Mundart *ich wäre,* wie *ich were,* gelesen wird. Die Wörter *Meer, sehen, reden,* werden in Niedersachsen nicht wie *Mähr, sähen, räden* ausgesprochen, wie es sonst im Hochdeutschen sehr häufig geschiehet. Allein vor *b, g, l, m, s,* und *t,* wird demohngeachtet auch in Niedersachsen das *e* größtentheils wie *ä* gelesen, als in den Wörtern *beben, legen, fehlen, nehmen, lesen, beten;* vor *d, f, n,* und *r,* hingegen, wird es wie *eh* gelesen, als in den Wörtern *reden, sehen, lehren, ehren.* — Wegen des Wohlklangs also würde ich dieser Niedersächsischen Aussprache des *e* den Vorzug geben. — Ehe wir nun zu den Konsonanten übergehn, um die richtige Aussprache und Schreibart derselben zu bestimmen, müssen wir erstlich noch unser *th* näher kennen lernen, welches mit den Vokalen in sehr genauer Verbindung steht, weil das angehängte *h* nichts weiter, als das versetzte Dehnungszeichen des Vokals ist; wie Sie bald daraus sehen werden, daß es größtentheils nur vor langen Vokalen steht, auf welche, *l, m, n,* oder *r* folgt, wie in folgenden Wörtern und eignen Nahmen:

> *vor* l *in* Thal, Thaler, theilen, Theil, Thiele, Thaulow.
>
> *vor* m *in* thum, Reichthum, Fürstenthum, *u. s. w.*
>
> *vor* n *in* thun, Thon *(des Töpfers),* Thron, Thräne, Thran, Karthaune,
>
> *vor* r *in* Theer, Thier, Thor, Thür, Thurm, Thurnier.

Diese Wörter lauten im Englischen größtentheils so wie im Deutschen, werden aber nicht mit einem *th,* sondern mit einem bloßen *d* geschrieben. Da nun die Engländer sonst das alte *th* immer beibehalten haben, und es sogar auf eine ihnen eigne, lispelnde Art aussprechen, es aber gerade in diesen Wörtern nicht schreiben, die im Deutschen mit einem *th* geschrieben werden, so ist es höchst wahrscheinlich, daß unser *th* in diesen Wörtern kein eigner ursprünglicher Buchstabe ist, sondern seinen Ursprung vielleicht bloß den Schreibmeistern zu verdanken hat, die wegen der Kürze und Bequemlichkeit im Schreiben, das Dehnungs *h* sogleich dem *t* hinanfügten. Nun haben wir schon bemerkt, daß die Dehnung eines Vokals auch in einigen Wörtern vor *s* und *t* bezeichnet wird; zu denen, wo sie vor *t* bezeichnet wird, müssen wir noch folgende Wörter rechnen, wo ebenfalls das Dehnungs *h* dem *t* hinangefügt, und eben deswegen ans Ende geschoben wird:

Monath, Rath, gerathen, Zierrath, Heirath, Pathe,

Koth, Loth, Noth, roth,

Muth, Wuth, Ruthe, Gemüth, Blüthe, wüthen.

In dem Worte *Athem* steht das *th* wegen der Silbe *ath,* die nicht nur am Ende, sondern auch im Anfange der Wörter auf die Weise geschrieben wird. In dem Worte *Werth* scheint das *h* am Ende sogar das Dehnungszeichen des *e* vor dem *r* zu seyn. In dem Worte *That* steht es wegen der Abstammung von *thun.* In solchen Wörtern, als *Theater, Theorie,* u.s.w. läßt man es stehen, damit sie das Gepräge ihres fremden Ursprungs nicht verlieren sollen. Durch ein dornichtes Feld hätten wir uns also wiederum glücklich hindurchgedrängt, indem wir uns den Weg, den wir zurückgelegt haben, so viel wie möglich zu bahnen suchten: dieß soll uns Muth geben, weiter fortzugehn, und es wird uns gewiß gelingen, uns auch den kurzen ungebahnten Weg zu ebnen, den wir nun noch vor uns haben.

Vierzehnter Brief.

_____

Eine Fortsetzung des vorigen.

Obgleich die verwandten einfachen Laute als *b, p, f,* und *w,* u.s.w. in den verschiednen Mundarten Deutschlands sehr oft ineinander übergehn, so darf doch dieses in der eigentlichen verfeinerten, hochdeutschen Büchersprache nicht mehr geschehen, sondern ein jeder einfacher Laut muß seinen ihm eigenthümlichen, bestimmten Ton haben, um sich mit mehreren zu einem ganzen Worte zu vereinigen. Die erstaunliche Mannichfaltigkeit und Verschiedenheit der Bedeutungen beinahe ähnlichklingender Wörter scheint dieses auch schon zu erfordern. Deswegen müssen also die verwandten Konsonante *b* und *p, d* und *t, g* und *k,* auf das genaueste unterschieden werden, weil durch ihre Verwechselung mancherlei Mißverstand entstehen könnte. Demohngeachtet aber läßt sich dieser Unterschied nicht gut beobachten, so bald *b, g,* und *d,* und zwar das letztere nach einem *n,* ans Ende eines Worts oder einer Silbe zu stehen kommen, wie in den Wörtern, *Lob, Lied,* und *Klang,* welche völlig, wie *Lop, Liet,* und *Klank* ausgesprochen werden. Eben so wird *Labsal, leidlich,* und *Drangsal,* völlig wie *Lapsal, leitlich* und *Dranksal* gelesen. Um nun aber gewiß zu wissen, ob man am Ende solcher Wörter und Silben, ein *b* oder *p, d* oder *t,* und *g* oder *k* setzen soll, darf man dieselben nur durch irgend einen kleinen Zusatz *verlängern,* als von *Lob, Lied,* und *Klang, des Lobes, Liedes,* und *Klanges,* von den Silben *Lab, leid,* und *Drang,* in *Labsal, leidlich,* und *Drangsal, laben, leiden,* und *drängen:* denn weil auf die Weise das *b, d,* und *g,* vom Ende der Silben und Wörter, in die Mitte derselben geschoben wird, so kann man sie auch in der Aussprache sehr gut von *p, t,* und *k* unterscheiden. Eben so macht man es auch, um den Unterschied zwischen *ch* und *g* im Schreiben zu beobachten, der ebenfalls am Ende der Wörter im Sprechen nicht bezeichnet wird; denn das *ch* und *g* am Ende der Wörter *Dach* und *Tag* klingt völlig einerlei; sobald man aber diese Wörter verlängert, indem man sagt, *des Daches,* und *des Tages,* bemerkt man in der Aussprache sogleich den Unterschied, und weiß, wo man ein *ch* oder ein *g* setzen soll. Auch den Unterschied des kleinen *s* und des *ß* am Ende der Wörter kann man auf die Weise im Schreiben sehr gut beobachten, ob er gleich auch im Reden nicht bemerkt wird. Das kleine *s* muß sich nehmlich bei der Verlängerung des Worts in ein einfaches, das *ß* aber in ein doppeltes *s* auflösen. Ich schreibe daher das *Gras,* weil ich nicht *des Grasses,* sondern *des Grases,* und das *Faß,* weil ich nicht *des Fases,* sondern *des Fasses,* sage. — Das *c* scheint im Alphabet ein überflüssiger Buchstabe zu seyn, weil es allemal entweder wie *z* oder wie *k*

lautet; allein man findet es in den ältesten Denk-
mälern unserer Schrift weit häufiger, als das *k,* und
die Engländer haben es noch bis jetzt, aus Ehrfurcht für das Alterthum ihrer Schrift, in den
meisten Wörtern beibehalten, die wir jetzt mit
einem *k* schreiben; daher ist es nicht ganz zu verwerfen, ob wir gleich jetzt die meisten Wörter, in
welchen es sonst geschrieben wurde, und wie *k*
lautete, auch mit einem *k* zu schreiben angefangen
haben. Wenigstens verräth es Neuerungssucht,
wenn man das *c* in allen den Wörtern, wo es wie
ein *z* lautet, auch im Schreiben mit dem *z* vertauschen, und also Z. B. *Zizero* und *Zäsar,* anstatt
Cicero und *Cäsar,* schreiben will. Freilich würde es
lächerlich seyn, wenn man solche Wörter, als *Zins,*
umzingeln, Sedez, u. s. w. wegen ihrer Abstammung,
noch mit einem *c* schreiben wollte, weil die
Schreibart derselben mit einem *z* schon einmal
allgemein angenommen ist. Übrigens scheinet es,
als ob man es immer schon ehr wagen darf, das *c*
im Schreiben mit dem *k* als mit dem *z* zu vertauschen. — Vor dem *k* vertritt das *c* die Stelle
eines andern *k,* wodurch dasselbe verdoppelt wird,
welches sich vielleicht von einer Gewohnheit der
Alten herschreibt, das *k* am Ende eines Worts
durch *c* auszudrücken. Dieß *ck* kann nun, sowohl
wie alle andre doppelte Konsonanten, niemals
nach einem gedehnten Vokale stehn, weil derselbe
eben dadurch seine lange oder gedehnte Aussprache verlieren würde: es würde daher sehr
unrichtig seyn, wenn man *Hacken, schlaffen,* und
wir sassen, anstatt *Haken, schlafen,* und *wir saßen,*

schreiben wollte: in den Wörtern *hacken, erschlaf-*
fen, und *Landsassen* hingegen muß der Konsonant
verdoppelt werden, weil allemal ein kurzausge-
sprochener Vokal vorhergeht; das *ß* ist nicht, wie
Sie vielleicht glauben, ein doppelter, sondern ein
einfacher Buchstabe. — An das *h* hinangefügt,
bezeichnet das *c* den einfachen Gaumenlaut, welchen wir durch unser *ch* ausdrücken, und dieses
nicht ohne Grund: denn da das *c* am Ende einer
Silbe ohnedem schon wie *k* gelesen werden muß,
so wird durch das hinzugefügte *h* sehr zweckmäßig
bezeichnet, daß der Hauch nicht wie bei dem *k*
völlig zurückgeschlagen, sondern zwischen der
Zunge und dem Gaumen herausgelassen werden
soll. Diese Durchlassung des Athems wird auch
bei dem *ph* durch das hinzugefügte *h* bezeichnet. —
Beim *ch* müssen wir uns die Ähnlichkeit desselben
in der Aussprache mit den verwandten Lauten,
g, j, und *k* bemerken, und zugleich den Unterschied zu bestimmen suchen, welcher zwischen
diesen Lauten herrscht. Beim *j, ch,* und *g* höret
man die Luft durchpfeifen, beim *k* aber wird sie
gänzlich zurückgeschlagen, Beim *j* nähert sich die
Zunge dem vordern Theile des Gaumens, beim *g*
drückt sie sich an dem tiefern, und beim *ch* an den
noch tiefer liegenden Theil des Gaumens. Die
nahe Verwandtschaft dieser Laute macht, daß sie
sehr oft, vorzüglich im Reden, verwechselt werden. Besonders ist das *g* ein schwebender Laut,
welcher sich bei den Obersachsen zum *k,* bei den
Märkern zu *j* und bei den Niedersachsen, insbesondre um Göttingen, zum *ch* neigt. In und um

Hannover aber hört man diesen sanftern, gemilderten Gaumen- und Gurgellaut am allerreinsten, und man sagt weder *Kott, Jott,* noch *Chott,* sondern *Gott.* Das *g,* besonders wenn es in einen weichen Konsonant übergeht, als in *Glocke, Gnade,* bringt einen außerordentlichen Wohlklang in unsre Sprache, so daß wir dasselbe auf alle Weise nach seiner ächten sanften Aussprache müssen beizubehalten suchen. — Aber das *g* sowohl als das *ch* verlieren nach *e, i, ä, ö,* und *ü,* ihren eigenthümlichen Laut, und werden wie ein *j* gelesen. Dieß ist sehr natürlich, weil die vorhergehenden Vokale schon an sich durch eine Annäherung der Zunge an den Gaumen gebildet werden, und also der Übergang von ihnen zu dem *j* sich schon von selber darbietet; da man hingegen, um das *g* und *ch* unmittelbar nach diesen Vokalen auszusprechen, gleichsam mit der Zunge einen Sprung thun müßte, um diesen Laut hervorzubringen. Daß sich aber das *ch* und *g* nach *a, o,* und *u,* mit Bequemlichkeit richtig ausspricht, hat darinn seinen Grund, daß sich die Zunge bei der Aussprache dieser drei Vokale lange nicht so sehr, als bei den übrigen, dem Gaumen nähert, und sich also auch leichter zu der Aussprache des *g* und *ch* wieder herabsenken kann. *Bach, Tag, Woche, Buch, Zug,* sprechen wir daher so aus, wie wir es schreiben; aber *Blech, Weg, Strich, mich,* lesen wir eigentlich wie *Blej, Wej, Strij, mij,* nur daß das *j* geschärfter ausgesprochen wird, als wenn es im Anfange eines Worts steht. Wollten wir aber in dem Worte *mich* Z.B. dem *ch* seinen eigentlichen Laut geben, so müßten wir es nach der rauhen Aussprache der Schweizer *miach* lesen, indem wir erst durch das *a* den Übergang vom *i* zum *ch* machten: allein wir opfern hier, so wie in mehrern Fällen, die strengste Richtigkeit in der Aussprache dem Wohlklange auf. — Im Anfange einiger fremden Wörter, als *Charakter, Chor, Christus,* spricht man gemeiniglich das *ch* wie *k* aus, allein es würde der Abstammung dieser Wörter und dem Wohllaute weit mehr gemäß seyn, wenn man in denselben dem *ch* seinen eigenthümlichen Laut ließe, so wie man es in dem Worte *Chaos* thut, welches auch nicht *Kaos* gelesen wird. Wollte man aber in den Wörtern *Wachs, Flachs,* und ähnlichen, dem *ch* seinen eigenthümlichen Laut geben, so würde dieses lächerlich klingen, weil jedermann *Waks, Flaks,* u.s.w. lieset, und also das *ch* in diesen Wörten, wegen des unmittelbar darauf folgenden *s,* allgemein wie *k* ausgesprochen wird. In den Wörtern *flugs,* und *Weg* pflegt man auch das *g* wie *k* auszusprechen; allein es scheinet doch immer wohlklingender zu seyn, *Wej,* als *Wek,* zu lesen; eben so scheinet es auch dem Wohllaut und der Abstammung des Worts gemäßer zu seyn, wenn man *flugs* so lieset, daß man die Zusammenziehung dieses Worts aus *Fluges* bemerken kann, als wenn man es *fluks* ausspricht. — Noch eine besondre Aussprache hat das *g,* wenn unmittelbar vor demselben ein *n* vorhergeht. Weil nehmlich *n* und *g* zugleich vermittelst der Nase gebildet werden, so schmelzen sie beinahe in einen eignen einfachen Laut zusammen, der ein Lieblingslaut der Franzosen ist, und der auch wirklich nicht unangenehm klingt, indem er sich uns gleichsam von selber aufzudringen scheinet. Daher ist es sehr falsch, wenn einige, um das *g* in diesem Falle von dem *n* ja recht zu unterscheiden, dasselbe wie ein *j* aussprechen, und *Dinje* anstatt *Dinge,* *sinjen* anstatt *singen,* lesen. Daß nun dieses *g* nach *n,* am Ende der Wörter, wie *k* ausgesprochen wird, haben wir schon bemerkt. Wollte man das *b, d,* und *ng* am Ende der Wörter weich aussprechen, so müßte man dieses durch Hinzufügung eines fast unmerklichen dunklen *e* bewerkstelligen, welches im Schreiben mit einem Apostroph bezeichnet werden könnte, als:

> Der Stab' ist gebrochen.
> Der Tod' ist besieget.
> Der Klang' ist entflohen.

Sprechen Sie nun aber *Stab, Tod,* und *Klang* so aus, daß anstatt *p, t,* und *nk* das weiche *b, d,* und *ng* am Ende dieser Wörter deutlich gehört wird, so werden Sie das Unangenehme, Träge, und Widrige dieser Aussprache sehr auffallend bemerken können. — Im Anfange der Wörter aber muß das *g* seine eigentliche Aussprache, als ein Mittellaut zwischen *ch, j,* und *k,* nothwendig behalten, so häufig es auch mit den verwandten Lauten, insbesondre mit dem *j* verwechselt wird, wie in folgenden Beispielen, wo diese Verwechselung des *g* mit dem *j* sehr sonderbare Mißverständnisse verursachen kann:

> Ich weiß das gar nicht,
> Ich weiß das Jahr nicht.

Er sieht wie ein Gott aus,
Er sieht wie ein Jod aus.

Der erste Gönner,
Der erste Jänner.

Von *h* dürfen wir uns nur noch bemerken, daß es zwischen zwei Vokalen weit gelinder haucht, als im Anfange eines Worts, weil es in diesem Falle bloß eine fast unmerkliche Verstärkung des Athems ausdrückt, welcher bei dem ersten Vokal schon in Bewegung gesetzt war, als in den Wörtern *Ehe, sahe, frühe,* u. s. w. Zum Dehnungszeichen ist es sehr zweckmäßig gewählt, weil der Vokal nicht anders gedehnt werden kann, als wenn ein hinlänglicher Athemhauch dazu vorhanden ist: so wie nun das *h,* wenn es vor dem Vokale steht, denselben herausstößt, so hilft es, wenn es nach ihm steht, seinen Laut, der sich sonst sogleich wieder verlieren würde, fortsetzen und verlängern. — Eine der größten Schwierigkeiten scheinet es zu seyn, den Unterschied zwischen *f* und *v* im Schreiben gehörig beobachten zu lernen, weil derselbe im Sprechen gar nicht beobachtet wird, und auch nicht einmal nach der Abstammung der Wörter zu bestimmen ist, indem Z. B. *für* und *vor, voll* und *füllen,* als Wörter von einerlei Abstammung, das eine mit einem *f,* und das andre mit einem *v* geschrieben werden. Allein Sie werden sogleich sehen, wie sich dieser dem Anschein nach so schwer zu beobachtende Unterschied auf wenige gewisse Regeln zurückführen läßt. Fürs erste machen wir von dem *f* ehr zwanzigmal, als von dem *v* ein einzigesmal, Gebrauch; daß es aber noch so oft im Schreiben vorkommt, rührt bloß daher, weil es in einigen kleinen Wörtern und Silben, als *vor, voll, ver,* u.s.w. statt findet, mit denen eine große Menge andrer Wörter, als *vorstehen, vollziehen, verzeihen,* u.s.w., zusammengesetzt sind, die wir nun freilich alle mit einem *v* schreiben müssen. Ferner kann das *v* weder vor einem Konsonant, noch vor *u* und *ü* jemals statt finden. Denn nach der alten Schreibart betrachtete man das *v,* sobald es vor einem Konsonant stand, wie ein *u,* und sprach es auch so aus: man wagte es daher nicht Z. B. *vlach,* und *vragen,* anstatt *flach,* und *fragen,* zu schreiben; eben so wenig, wie man *Vuge,* und *vügen,* ansattt *Fuge,* und *fügen,* schrieb, weil man das *v,* welches selber oft wie *u* gelesen ward, sich nicht vor ein andres *u* oder *ü* zu setzen getrauete. Vor den übrigen Vokalen aber findet das *v* nur in äußerst wenigen ursprünglich Deutschen Wörtern statt, die man sich gar leicht bemerken kann. Vor *a* bloß in dem Worte *Vater* und was davon abgeleitet ist; vor *e* in *Vetter, Vestung, Veste,* und in der Silbe *ver;* vor *i* in *Vieh, viel,* und *vier;* vor *o* in *Vogel, Vogt, Volk, voll, von,* und *vor.* Außer diesen findet das *v* nur noch in einer geringen Anzahl Wörter fremden Ursprungs statt, welche aus der Lateinischen oder Französischen Sprache in die unsrige aufgenommen sind, und worinn es zum Theil auch etwas weicher, wie das *f,* ausgesprochen wird: als vor *a* in *Vakanz, Valet, Vasall:* vor *e* in *Venedig, Ventil, Veilchen, Vesper, Vettel, vexieren, Vezier:* vor *i* in *vice* und was damit zusammengesetzt ist, ferner in *Vik-*

tualien, Violine, Visier, Visite, Vitriol; vor *o* in *Vokal, Voluntär;* in der Mitte und am Ende in *brav, massiv, naiv, Nerve, Sklave, Frevel.* Freilich bedienen wir uns also des *v* nur noch aus Ehrfurcht für das Alterthum, und für das Gepräge fremder Wörter; aus eben dem Grunde aber möchte es auch wohl schwer zu verbannen seyn, welches auch um so weniger nothwendig ist, da der Gebrauch desselben im Ernst keine so große Verwirrung in unserer Rechtschreibung hervorbringen kann, indem die Fälle, wo man sich desselben noch bedienet, bloß als Ausnahmen von der Regel zu betrachten sind. — Wenn wir nun noch die richtige Aussprache und Schreibart des *s* in allen Fällen bestimmt haben, so ist wiederum ein Berg von uns erstiegen. Was wir von *b, d,* und *ng* bemerkt haben, daß sie am Ende der Wörter und Silben *hart* ausgesprochen werden, das gilt auch vom *s,* welches in diesem Falle aber auch ein andres Zeichen erhält, und mit *s* oder *ß* vertauscht wird. Wir schreiben daher nicht, *das Eis' ist geschmolzen,* sondern *das Eis ist geschmolzen;* weil die weiche und gelinde Aussprache des *s* am Ende der Wörter ebenfalls widrig und unangenehm klingen würde. Aber man siehet auch hieraus, wie wenig wir Ursach haben, das kurze *s* zu verwerfen, da durch dasselbe wirklich ein von der Aussprache des langen *s* verschiedner Laut bezeichnet wird. Freilich bekömmt das lange *s* zuweilen die geschärfte Aussprache des kürzern *s;* aber dieß ereignet sich doch nur mehr zufälligerweise vor *p* und *t,* und nach *g* und *k,* weil diese harten Laute, vor oder nach welchen das *s* unmittelbar ausgesprochen werden soll, die sanftre und gelindre Aussprache desselben unmöglich machen, wie in den Wörtern *lispeln, gestern,* u.s.w.; und weil *b, g,* und *ch,* am Ende einer Silbe, und insbesondre vor dem *s* wie *p* und *k* gelesen werden, so machen sie ebenfalls die gelinde Aussprache des langen *s* unmöglich, wie in den Wörtern *wachsen, Labsal, Drangsal,* u.s.w. Sonderbar ist es, daß in Obersachsen das lange *s* vor *p* und *t* zu Anfange der Wörter, immer wie *sch* ausgesprochen wird, gleichsam als ob es ohne dieses Zischen nicht zu dem *p* oder *t* übergehen könnte. Unsre Vorfahren müssen doch irgend einen Grund gehabt haben, warum sie Z.B. *schlagen, schweigen, schreiben, schmerzen,* mit einem *sch,* und hingegen gerade die Wörter, wo das *s* im Anfange vor *p* oder *t* zu stehen kömmt, ohne das *ch* schrieben. Und sind denn nicht *p* und *t* gerade die beiden härtesten Laute ihrer Art, vor welchen man vielleicht nicht ohne Grund das Gezisch des *sch* zu vermeiden suchte, um sie nicht noch härter und rauher zu machen? Warum sollen wir nun diese Ausnahme nicht auch in der Aussprache beobachten, welche nicht ohne Grund im Schreiben gemacht ist? Der Niedersachse thut dieses beständig, aber freilich fällt er wieder in den gegenseitigen Fehler, macht die Ausnahme zur Regel, und spricht *slagen, sweigen, swarz,* u.s.w. anstatt *schlagen, schweigen,* und *schwarz,* welches aber doch niemand thun wird, der seine Aussprache gebildet hat. Da es nun im Deutschen ein Grundgesetz der Aussprache zu seyn scheinet, dieselbe der einmal angenommenen Schreibart so nahe wie möglich zu bringen, so sollte man, auch in diesem Falle, nach eben dem Grundgesetze verfahren. Allein es ist freilich niemanden zuzumuthen, seinen Sprachwerkzeugen Gewalt anzuthun, wegen eines einzigen Lautes, worauf weder Glück noch Wohlfahrt beruhet, ob derselbe mehr gezischt oder gelispelt wird. Aber wenn eine allgemein richtige Aussprache festgesetzt werden soll, so darf in diesem Falle der Niedersachse dem Obersachsen gewiß nichts nachgeben, und der letztre darf es bei dem erstern für kein fehlerhaftes Gelispel halten, wenn derselbe *stehen* und *sprechen,* anstatt *schtehen* und *schprechen,* sagt. Am Ende der Wörter aber ist die Aussprache des *st* wie *scht* völlig unerträglich. Wie rauh klingen die Konsonante *r, sch,* und *t* unmittelbar nacheinander, in *Fürst, Bürste, bersten,* wenn es *Fürscht, Bürschte, berschten,* gelesen wird! — Wir haben schon bemerkt, daß am Ende der Wörter und Silben anstatt des langen *s* immer ein *s* oder *ß* gesetzt wird: es wird zwar das eine völlig so wie das andre ausgesprochen, aber, in Rücksicht auf die *Verlängerung* des Worts, sind sie demohngeachtet eben so wie *b* und *p, d* und *t,* oder *ch* und *k* verschieden. Eben so wie Sie daher *Tag* mit einem *g* schreiben, weil es nicht *des Taches,* sondern *des Tages,* und *Bach* mit einem *ch,* weil es nicht *des Bages,* sondern *des Baches* heißt, eben so schreiben Sie auch *Beweis* mit einem kurzen s, weil es nicht *des Beweißes,* sondern *des Beweises,* und *Fleiß* mit einem *ß,* weil es nicht *des Fleises,* sondern *des Fleißes* heißt. *Buß-*

fertig schreiben Sie mit einem *ß*, weil Sie nicht die *Buse*, sondern die *Buße* sagen; *boshaft* aber mit einem kurzen *s*, weil es nicht *böße*, sondern *böse* heißt. Allein wo muß denn nun eigentlich in der Mitte der Wörter ein *ss* oder ein *ß* gesetzt werden? Man hat häufig angefangen, anstatt des *ß* und *ss*, entweder nur ein *ß*, oder ein *ss* zu schreiben, weil man das *ß* für weiter nichts, als ein doppeltes *s* gehalten hat. Allein das *ß* ist ein *einfacher* Laut, der wirklich aus einem *s* und einem angehängten *z* besteht, wodurch das *s* aber nicht verdoppelt, sondern nur geschärft wird. So wenig also ein einfacher Laut die Stelle eines doppelten, oder ein doppelter die Stelle eines einfachen vertreten kann, eben so wenig kann das *ß* anstatt des *ss*, oder das *ss* anstatt des *ß*, im Schreiben gesetzt werden. Der doppelte Konsonant verkürzt immer den Vokal, so wie ihn der einfache verlängert; wollte ich daher *die Maße*, wenn es von *Messen* herkömmt, mit einem *ss* schreiben, so müßte ich nothwendig das *a* kurz aussprechen, und dann würde man sich nicht mehr eine Abmessung, sondern die Materie oder den Stoff zu einer Sache darunter denken, welcher *die Masse* heißt; wollte man aber *die Masse* mit einem *ß* schreiben, so müßte man das *a* nothwendig lang aussprechen, und dann würde man sich wieder eine Abmessung darunter denken müssen. Sie sehen also hieraus, daß das *ß* nichts weniger, als ein überflüssiger Buchstabe ist; auch wissen Sie nun gewiß, wo Sie ein *ss* oder *ß* setzen sollen, indem das *ß*, in der Mitte der Wörter, nur nach einem langen, das *ss* aber nach einem kurzen

Vokale, stehen kann. Am Ende der Wörter aber, und vor einem *t*, kann das *ß* auch nach einem kurzen Vokale stehen, und dieß ist der einzige Fall, wo es die Stelle eines doppelten *s* vertritt, als in *Haß, Faß, ißt, wißt,* u. s. w. So wie man das lange einfache *s* am Ende der Wörter nicht stehen läßt, eben so sucht man auch das doppelte lange *s* daselbst zu verbannen, und vertauscht es mit dem geründeten *ß:* aus eben dem Grunde scheinet man es vor dem *t* mit dem *ß* vertauscht zu haben, damit nicht zu viele lange Figuren nebeneinander stehen sollen; indem man also das *e* in *wisset* und *isset* ausließ, schrieb man, anstatt *wiss't* und *iss't, wißt* und *ißt:* wollte man *ist* anstatt *ißt* schreiben, so würde dieses auch im Schreiben einen Mißverstand veranlassen, der ohnedem schon im Reden nicht zu vermeiden ist. Noch eins müssen wir nachhohlen, weswegen das Wort *das,* wenn es sich auf ein *Redewort* bezieht, oder die Bindung ist, mit ein *ß,* und wenn es sich auf ein *Nennwort* bezieht, oder der *Artikel* ist, mit einem *s* geschrieben wird? Man kann sich dieses auf folgende Weise erklären: sagen wir, *ich wünsche, daß er komme,* so heißt das so viel, als, *ich wünsche das: er komme!* Dieses *das* soll also die genaueste Bezeichnung desjenigen seyn, was man wünscht, welches aber hier nicht in einem einzigen *Nennworte,* sondern in einer ganzen *Rede* enthalten ist. Das Wort *das* muß also hier weit mehr bezeichnen, als wenn es vor einem bloßen Nennworte stünde; was war daher wohl natürlicher, als daß man auch auf dieses so bezeichnende *das,* durch die Verdoppelung des *s,* welche hier durch *ß* bezeichnet wird, einen größern Nachdruck setzte, den man wenigstens im Schreiben beibehielt, ob man ihn gleich im Sprechen nicht mehr beobachtete. Übrigens werden die Wörter *was, als,* u. s. w., welche nicht verlängert werden können, allemal mit einem kurzen *s* geschrieben. — Das *sch* vertritt die Stelle des Französischen *ch* in den Wörtern *Maschine, Marschall, Marsch,* und ähnlichen. In solchen Wörtern aber, als *Chaise, Genie,* welche noch zu sehr das Gepräge ihres fremden Ursprungs an sich tragen, behält man lieber die Französische Schreibart bei. — Von den übrigen Konsonanten ist nun wenig mehr zu bemerken übrig, weil bei der Aussprache und Schreibart derselben keine große Schwierigkeiten statt finden. Nur erinnern Sie sich noch, daß kein doppelter Konsonant nach einem langen Vokale stehen kann, und daß es also fehlerhaft wäre, wenn Sie Z. B. *Laken, Haken,* u. s. w. mit einem *ck* schreiben wollten. Eben so wenig kann das *ck* und *tz* nach einem andern Konsonante gesetzt werden, daher würde es auch fehlerhaft seyn, wenn man *Danck* und *Hertz,* anstatt *Dank und Herz* schreiben wollte. — Da man das *pf* am Ende der Wörter, als in *Kopf, Zopf,* u. s. w. deutlich hören läßt, so sollte man es auch im Anfange der Wörter nicht wie ein bloßes *f* aussprechen, und Z. B. die Wörter *Pferd* und *Pfand* nicht wie *Ferd* und *Fand* lesen. — Bei dem *r* wird die schwächere, lallende, zwischen *e* und *l* schwankende Aussprache desselben, welche man Schnarren nennt, von einigen für schön und wohlklingend gehalten. Daß aber demohngeachtet das Schnarren ein Naturfehler sey, siehet man daraus, weil diejenigen, die es thun, es größtentheils thun müssen, und das *r* gar nicht ohne Schnarren aussprechen können, da hingegen diejenigen, die es nicht thun, es doch thun können, so bald sie wollen. Freilich klingt die allzurauhe und nachdrückliche Aussprache des *r* dem Ohre auch nicht angenehm, und man muß daher das Zittern der Zunge beim *r* nicht zu lange fortdauren lassen, damit es nicht gleichsam noch nachklinge, wenn das *r* schon ausgesprochen ist. — Hiebei wollen wir noch zuletzt bemerken, daß es auch eine Dehnung der Konsonanten giebt, welche ebenfalls im Reden länger oder kürzer ausgesprochen werden, je nachdem der Nachdruck verschieden ist, den man mit der Stimme darauf legen will, indem man gleichsam durch den Konsonant auf den Vokal einen Zulauf macht. Wenn man Z. B. mit Nachdruck, *nein,* oder *ja doch!* sagt, so verweilt man länger auf dem *n* und *j,* um dadurch die Idee, die man ausdrücken will, gleichsam desto fester zu fassen. Manchmal läßt man die Stimme in der Mitte eines Worts auf dem Konsonant ruhen, um dadurch in dem Worte selber eine Art von Unterbrechung oder Pause zu machen, indem man Z. B. sagt, *so fall — en Sie doch nicht!* und nun in der Mitte des Worts *fallen* auf dem *l* die Stimme ruhen läßt, als ob man gleichsam mit dem Worte den Fallenden zurückhalten wollte. Wie lange ruhet nicht die Stimme auf dem *s,* indem man mit Nachdruck sagen will, *still doch!* Wie gern dehnet man das *l* in der Aussprache sanftklingender Wörter, indem man die Zunge zurückhält, daß sie nicht zu schnell zu dem folgenden Vokal hinüber schlüpfen soll! Diese Dehnung der Konsonanten aber läßt sich freilich nicht nach Regeln, sondern bloß nach der jedesmaligen Empfindung des Redenden, bestimmen.

———————————

Funfzehnter Brief.

Beschluß.

Nachdem wir noch zuletzt ein etwas dürres und unfruchtbares Feld haben durchwandern müssen, so wollen wir uns nun noch einmal wieder erheben, und einen Blick in das graue Alterthum, auf den ersten Ursprung der Sprache werfen. — Nachahmung des Tönenden in der Natur scheinet zwar die erste Veranlassung zur Sprache gewesen zu seyn; aber wie wenige hörbare Gegenstände werden verhältnismäßig durch die Sprache bezeichnet? Nach was für einem Gesetz mögen sich also wohl die einfachen Laute, Z.B. in den Wörtern *Korb, Kessel, Kasten, Kanne, Köcher, Kelch, Keller, Kahn,* u.s.w., zu diesen Wörtern vereinigen, da dieses alles doch bloß sichtbare Gegenstände sind, die mit keinem Schalle in der Natur können verglichen werden? — Sie können freilich mit keinem Schalle verglichen werden, den wir außer uns in der Natur hören, allein zwischen dem Schalle, den wir selber hervorbringen, und zwischen den sichtbaren Gegenständen läßt sich demohngeachtet, wenigstens mittelbar, eine gewisse Ähnlichkeit denken. Wir empfinden nehmlich in

unserm Munde die jedesmalige Gestalt der Sprachwerkzeuge, wodurch wir irgend einen Schall
hervorbringen. So dunkel nun diese Empfindung
auch anfänglich seyn mochte, veranlaßte sie doch
den Menschen, die Gestalt eines sichtbaren Gegenstandes, vielleicht unwillkührlich, in seine Sprachwerkzeuge überzutragen, und ihn alsdann mit dem
Tone zu benennen, den dieselben in dieser Lage
beinahe von selber hervorbringen mußten. Diese
innre dunkle Empfindung von der jedesmaligen
Gestalt, und von der leichtern oder schwerern,
geschwindern oder langsamern Bewegung der
Sprachwerkzeuge ist es also höchst wahrscheinlich,
welche das geheime Band zwischen dem Sichtbaren und Hörbaren geknüpft hat. Daher kömmt
es auch, daß wir der ganzen Schöpfung um uns
her, durch den Stempel der Sprache, ein unver-
kennbares Bild von uns selber aufgedrückt haben.
Daher ist das *k,* wobei die Zunge die tiefste Wöl-
bung des Gaumens bezeichnet, in allen den obigen
Wörtern ein Ausdruck des Tiefen und *Ausge-
höhlten.* Das Niedersächsische Wort *Kuhle,* welches
so viel als eine *Grube* heißt, ist vielleicht eines der
ältesten Wörter in unsrer Sprache: lassen Sie uns
die wahrscheinliche Entstehungsart desselben zu
errathen suchen. Ein Mensch blickte vielleicht
zum erstenmal in eine Tiefe herab, wovor er ein
Kind oder seinen Nachbar warnen wollte, was
war natürlicher, als daß seine Zunge auf die Höh-
lung des Gaumens wieß, wodurch er in seinem
eignen Munde, das was er sahe, nachzubilden
suchte; das tiefklingende *u* mußte das Zeichen,

was er davon geben wollte, hörbar machen; die übrigen Töne aber, worinn alsdann das Wort überging, mögen vielleicht mehr zufällig gewesen seyn, je nachdem sie in den Sprachwerkzeugen dem erstern am nächsten lagen. Das gewarnte Kind, so oft es diese Tiefe sahe, lallte es jene Töne wieder nach, indem es vielleicht etwas hinzusetzte oder davon abnahm, welches denn wiederum die Eltern, bei denen das Wort noch nicht fest genug war, dem Kinde, mit dem sie zärtlich sprachen, nachzulallen suchten, bis das Wort endlich nach manchen Umänderungen, Dauer und Festigkeit erhielt. Was nun von dem *k* gilt, das gilt auch von den übrigen Gaumenlauten. Diese nähere oder entferntere Ähnlichkeit der Gegenstände mit den Sprachwerkzeugen, vermittelst deren wir sie benennen, läßt sich nun in unsrer Deutschen Sprache, so wie wir dieselbe jetzt reden, und wie sie durch ihre zunehmende Verfeinerung sich immer weiter von ihrem ersten natürlichen Ursprunge entfernt hat, nicht durchgängig mehr entdecken. Allein wir finden demohngeachtet, in den Überbleibseln aus dem Alterthume, und in den hin und her zerstreuten Mundarten, die noch am wenigsten von der Verfeinerung gelitten haben, die deutlichsten Spuren, von dem wahren ersten Ursprunge der meisten Wörter unsrer Sprache, woraus immer klärer wird, daß sich nach dem Hauptgesetze, die Sprachwerkzeuge den Gegenständen ähnlich zu bilden, die einfachsten Laute zu Wörtern vereiniget haben. Und so wie bei den Wörtern, die aus mehrern Silben bestehen, eine

Silbe immer die herrschende ist, welcher die übrigen untergeordnet sind, so ist auch bei den einsilbigten Wörtern, ein einfacher Laut der herrschende, welchem sich die übrigen nach ihrem Range, und nach ihren Nebenbedeutungen unterordnen müssen. Dieser herrschende Laut verändert nun mit seiner jedesmaligen Bekleidung auch seine *zufällige* Bedeutung, obgleich seine innre wesentliche Bedeutung beständig zum Grunde liegt, und unerschütterlich ist. — Das *L* Z.B. dieser biegsame Laut, welcher durch die Zunge, als das beweglichste und flüchtigste unter den Sprachwerkzeugen hervorgebracht wird, bezeichnet vorzüglich auch das *Schnelle* und *Flüchtige* sowohl außer uns in der Natur, als den *schnellen* und *flüchtigen* Übergang der Zunge zur Bezeichnung des Angenehmen in unsrer eignen Seele. Was in der Natur ist aber wohl schne*ll*er und f*l*üchtiger, als das f*l*ießende Wasser, die wa*ll*ende F*l*uth, der f*l*iegende Pfei*l*, das b*l*endende *L*icht, und der zückende B*l*itz? Was ist *l*eichter, und daher auch zu jeder schne*ll*en und f*l*üchtigen Bewegung geschickter, als das zitternde B*l*att am Baume, die *l*eichtherniederfa*ll*ende F*l*ocke, und die weiche gekräuse*l*te Wo*ll*e? Was ist in unsrer eignen See*l*e, das die Zunge *l*eichter zum Ausdruck hinüber *l*ockt, als die angenehmen Empfindungen des G*l*ücks, der *L*iebe, des *L*obes, Gefa*ll*ens, und Bi*ll*igens? Welches Gefüh*l* in unserm Körper ist *l*ockender zum *l*eichten und schne*ll*en Ausdruck, als das Gefüh*l* des *L*ebens, des *L*eibes und der G*l*ieder? — So wie aber beim Genuß einer übel schmeckenden Arznei die Zunge aus Ecke*l* und Überdruß im Munde wa*ll*t, so bezeichnet auch das *l* zuweilen gerade das Gegentheil vom Angenehmen, als das *L*eere, das K*l*eine, das *L*eiden, und das dem Anscheine nach traurige, und dem Tode ähnlichen *L*iegen und Sch*l*afen. Das *k* und die verwandten Gaumenlaute scheinen mehr die Gestalten der Dinge zu umfassen, das *l* und die verwandten Zungenlaute aber scheinen mehr die verschiednen Bewegungen der Dinge außer uns, und der Empfindungen in uns, nachzubilden. — Es ist gewiß keine thörichte Mühe, die Wörter auf die Art in ihre einfachsten Bestandtheile aufzulösen, und den herrschenden Hauptlaut in denselben aufzusuchen, da uns dieses die wichtigsten Aufschlüsse über die Entstehung und das Wesen aller menschlichen Begriffe geben kann, die bei ihrem ersten Ursprunge freilich nicht so fein, aber vielleicht *wahrer* gewesen sind, als sie es jetzt, bei ihrer höchsten Verfeinerung, noch seyn können. Wie sehr wünschte ich daher, mich jetzt in diesen reitzenden Betrachtungen verlieren zu können, um durch den getreuen Spiegel der Ursprache in die Tiefen des menschlichen Geistes zu blicken: aber wie weit würde mich dieses führen! Ich begnüge mich also damit, Ihnen wenigstens noch einen Blick in das innerste Heiligthum der Sprache verschaft zu haben, und lasse den Vorhang fallen.

Inhalt.

Es scheinet, als wenn Gott durch die ganze
Natur dem Menschen die Sprache in den Mund
gelegt, und sie zu dem Endzweck schon von

Dieses Buch wurde
in der Werkstatt von Franz Greno
in Nördlingen aus der Cicero Garamond
Monotype gesetzt und auf einer Condor-Presse
gedruckt. Das holzfreie 100 g/qm Werkdruckpapier
stammt aus der Papierfabrik Niefern. Den Einband
besorgte die Buchbinderei G. Lachenmaier in
Reutlingen. 1. Auflage. ISBN 3891900759.
In Leder ISBN 3891900767. Mai 1988.
Printed in Germany.